# 365 DÍAS DE DEVOCIÓN PROFÉTICA

*Un año de transformación diaria*

ALLISON VELAZQUEZ

Publicado por Johnson Tribe Publishing, LLC, Atlanta, GA

 La autora también está disponible para conferencias y puede ser contactada a través de allisonmfvelazquez1993@gmail.com

Fabricado en los Estados Unidos de América.

ISBN: 979-8-9936902-6-1

Primera edición USA $24.99

*Todas las referencias bíblicas hechas en este libro pueden encontrarse en la Santa Biblia, utilizando traducciones de tres versiones: La Versión King James (KJV), La Nueva Versión Internacional (NIV), y la Edición Actualizada de la Nueva Versión Estándar Revisada (NRSVUE).

# DEDICATORIA

Dedico este libro a todos mis hermanos y hermanas en Cristo Jesús. Rezo por que el Espíritu Santo les hable y el Señor les llene de su presencia al abrir este libro. Gracias a todos los que me apoyaron y rezaron por mí. Gracias a mi padre en el cielo, quien me dio la visión para escribir este libro. Sé que este devocionario profético cambiará muchas vidas. Que el Señor les bendiga y les guarde en el nombre de Jesús. Agradezco a mi esposo, que me ayudó a seguir adelante y me animó a escribir este libro, y a mis hermosos hijos, Christian y Sofia. ¡Los amo mucho! Son una bendición de Dios.

# INTRODUCCIÓN

He estado trabajando en este devocionario de 365 días desde 2022. Cuando Dios me dio la visión para escribir un devocionario de 365 días, empecé a escribir mientras el Espíritu Santo me hablaba. Quiero agradecer a Dios por no dejar que me rindiera. Muchos de ustedes me conocen de plataformas de medios sociales como YouTube, Facebook, Instagram, etc., y les agradezco por sus oraciones. Dios mismo ha ungido este libro. En cada página, encontrarán una palabra del Señor. No importa a dónde caminen con Él, el Señor está con ustedes y nunca los dejará o abandonará. Rezo para que este libro cambie sus vidas y les transforme en los hombres o mujeres de Dios que están llamados a ser. ¡Jesús les ama!

# ÍNDICE

## *1 de enero*

# RENDICIÓN

Éxodo 20:3-6: 3 "No tendrás dioses además de [a] mí.4 "No te harás imagen ni semejanza de lo que esté en el cielo, ni abajo en la tierra, ni en las aguas debajo de la tierra. 5 No te inclinarás ante ellos ni los adorarás; porque yo, el SEÑOR tu Dios, soy un Dios celoso, que castiga a los hijos por el pecado de sus padres hasta la tercera y cuarta generación de aquellos que me aborrecen, 6 pero que muestra amor por miles de generaciones a aquellos que me aman y cumplen mis mandamientos.

Levítico 19:4: 4 No se vuelvan a ídolos ni se hagan dioses de metal fundido. Yo soy el SEÑOR su Dios.

El Padre les está diciendo: Rindan todo su ser ante mí, que no haya cabida para la duda o la incredulidad, y que crean que todas las cosas son posibles conmigo. Este mensaje es para quienes piensan y tienen fe solo en Dios. Pidan al Espíritu Santo que les revele y hurgue en su corazón y rindan todo lo que no sea de mí, dice el Señor, porque siempre estoy obrando y en movimiento. He extendido mi gracia sobre ustedes para que entreguen aquello con lo que están luchando hoy y lo pongan en mis manos. Han idealizado a personas sin querer durante mucho tiempo, y sé que están listos para un nuevo comienzo. Hoy, arrepiéntanse de idolatrar a personas o cosas en su vida. Dejen ir, y déjenme obrar. Es hora de crecer espiritualmente conmigo mientras los guío y los conduzco en toda verdad. Nunca los llevaré por mal camino, ni les fallaré. Necesito que se perdonen a sí mismos por todo lo que les ocurrió en el pasado. Son una nueva creación en Cristo Jesús. Sé que han tomado algunas malas decisiones, pero esas decisiones erróneas no los definen. Yo, el Señor, he dicho que no tendrás otros dioses además de mí. "No te harás imagen ni semejanza de lo que está arriba en el cielo, ni abajo en la tierra, ni en las aguas debajo de la tierra. No te inclinarás ante ellos ni los adorarás, porque yo, el Señor tu Dios, soy un Dios celoso, que castiga a los hijos por la iniquidad de los padres, hasta la tercera y cuarta generación de los que me aborrecen, pero que muestra amor y misericordia a miles, a quienes me aman y cumplen mis mandamientos".

## 2 de enero

# PAZ

Juan 14:27 - Mi paz les dejo, mi paz les doy. No la doy a ustedes como la da el mundo. No se turbe su corazón, ni tengan miedo.

Juan 15:16 - No me eligieron ustedes a mí, sino que yo los elegí a ustedes y los comisioné para que vayan y den fruto, fruto que perdure, y para que todo lo que pidan al Padre en mi nombre, él se los dé.

El Padre está diciendo que no deben dejar que las cosas que suceden a su alrededor perturben su corazón. Manténganse enfocados en Él y en lo que Él ha dicho y hecho por ustedes. No teman. Sepan que Dios les dará la fuerza que necesitan para todo, no sólo para algunas cosas. Él estará con ustedes en este viaje, y nunca estarán solos. Él les ha dado el Espíritu Santo, su apoyo, para ayudarlos en todo lo que hagan. Cuando se sientan solos, tomen autoridad sobre el espíritu de la soledad y échenlo. El diablo quiere que crean que están solos, pero él siempre es un mentiroso y un ladrón. Recuerden, Dios los ha elegido y comisionado a ustedes, no los hombres. Como Dios los ha elegido, tienen la autoridad de vivir una vida de fe que lo honre y produzca buenas obras.

## *3 de enero*

# ESCUCHAR

Juan 10:27- Mis ovejas escuchan mi voz; yo las conozco y ellas me siguen.

El Padre está diciendo que, como hijos de Dios, deben escuchar y reconocer Su voz porque Él los alimentará, guiará y protegerá. Dios es tu pastor y te guiará y dirigirá si le pides al Espíritu Santo que silencie otras voces y aumente la Suya para que puedas oírlo y seguirlo. A través de Su palabra, Dios les asegura que siempre pueden contarle sus preocupaciones y pedirle cualquier cosa. No es necesario ocultarle nada porque has sido elegido, y si escuchas, Él te permitirá oír la verdad. Si lo sigues, no debes temer al mañana, porque Él te dará vida eterna, un futuro y esperanza.

*4 de enero*

# El poder de la humildad y el honor

Isaías 25:11-Y Dios extenderá Sus manos como un nadador extiende sus manos para nadar, y derribará su orgullo junto con la destreza de sus manos.

1 Samuel 2:30-Por eso el SEÑOR, Dios de Israel, dice: "Prometí que tu casa y la de tu padre me servirían para siempre", pero ahora el SEÑOR declara: "ya no será así, porque a quienes me honran yo los honraré, y quienes me desprecian serán humillados".

El Padre está diciendo en Isaías 25:11 que vemos una poderosa imagen de Dios extendiendo Sus manos, como un nadador abriéndose paso a través del agua, para derribar el orgullo de aquellos que se oponen a Él. Este pasaje nos recuerda que no hay orgullo ni engaño que pueda resistir el poder soberano de Dios. Así como el agua cede ante las manos de un nadador, los orgullosos serán humillados por la poderosa mano de Dios. Dios no tolera el orgullo, especialmente cuando va acompañado de engaño y manipulación.

1 Samuel 2:30 nos muestra la respuesta de Dios tanto al honor como al deshonor. Dios le había prometido a la casa de Elí un sacerdocio perpetuo, pero al ser deshonrado por ellos, Dios retiró

esa promesa. El principio aquí es claro: Dios honra a quienes lo honran, pero quienes lo desprecian serán humillados.

Estas escrituras nos llaman a una vida de humildad y honor ante Dios. El orgullo y la autosuficiencia son trampas peligrosas que acaban en desgracia, pero la humildad abre la puerta al favor de Dios. Cuando honramos a Dios en nuestros pensamientos, palabras y obras, nos disponemos para recibir su honor a cambio. Es un recordatorio de que Dios no sólo es justo, sino también profundamente personal en cómo responde a nuestras actitudes y comportamientos.

Debemos esforzarnos por honrar a Dios en todo lo que hacemos, confiando en que Él derribará las fortalezas del orgullo en nuestras vidas y nos elevará según Su perfecta voluntad.

## *5 de enero*

# CONFÍA EN EL PASTOR

Salmo 23:1-3;

El SEÑOR es mi pastor, nada me falta; en verdes praderas me hace descansar. Junto a tranquilas aguas me conduce y me refresca el alma; me guía por sendas de justicia por el honor de su nombre.

Ezequiel 12:25;

Pero yo, el SEÑOR, hablaré, y lo que diga se cumplirá sin demora. Porque mientras vivan, pueblo rebelde, cumpliré lo que diga, declara el SEÑOR Soberano.

El Padre dice que cuando nos enfrentamos a batallas brutales o la vida nos abruma, nunca debemos huir con miedo, porque el Señor es nuestro Pastor y no temeremos ningún mal. Saber que Dios es nuestro Pastor implica comprender que no nos faltará nada de lo que necesitamos. Él provee para cada necesidad y cumple cada deseo en nuestros corazones.

Dios nos recuerda que no debemos temer al mal porque Él siempre está con nosotros, sin importar dónde vayamos. Si Él ha hecho una promesa, podemos confiar en que se cumplirá. Aunque nuestra fe sea tan pequeña como un grano de mostaza, Dios cumple fielmente su palabra.

El Señor nos asegura que se cumplirá sin demora cuando Él hable. Para quienes esperan sólo en Él, sus promesas se cumplirán.

Incluso en medio de la rebelión o la duda, Dios declara que cumplirá lo que ha dicho.

Así que, anímense y confíen en el Pastor. Él está con ustedes, guiándoles, proveyéndoles y materializando Sus promesas en sus vidas.

# 6 de enero

# Alegría en el camino

Salmo 37:23;

El Señor sostiene los pasos de quien se deleita en Él;

Colosenses 1:10 [10] Para que puedan vivir una vida digna del Señor y complacerlo en todo sentido: dando fruto en toda buena obra, creciendo en el conocimiento de Dios.

Para que puedan vivir una vida digna del Señor y complacerlo en todo sentido: dando fruto en toda buena obra, creciendo en el conocimiento de Dios,

El Padre está diciendo: "Encuentren alegría en este viaje conmigo mientras caminan hacia mi voluntad y su propósito". Recuerden, el Señor ordena sus pasos y se deleita con la forma en que lo siguen. Confíen en Mí con todo su corazón en cada área de su vida. Han orado y pedido que se haga Mi voluntad, y Mi voluntad para su vida es que prosperen en todo lo que hagan.

Caminar de una manera digna del Señor significa agradarle a plenitud, dar fruto en toda buena obra y crecer en el conocimiento de Dios. El objetivo no es la perfección, sino la progresión y el avance. Juntos daremos mucho fruto y lograremos un objetivo a la vez.

No hay necesidad de apresurarse; descansen tranquilos en Mi presencia, sabiendo que soy su Padre que provee y les da todo lo que necesitan. Cada don perfecto viene de arriba, Mis amados. Confíen en este viaje, porque estoy con ustedes a cada paso.

*7 de enero*

# AYUNAR CON PROPÓSITO

Mateo 6:5-6

Y cuando oren, no sean como los hipócritas, porque a ellos les encanta orar de pie en las sinagogas y en las esquinas de las calles para que los demás los vean. En verdad, les digo, que ya han recibido su recompensa. [6] Pero cuando oren, entren en su habitación, cierren la puerta y oren a su Padre, que es invisible. Entonces su Padre, que ve lo que se hace en secreto, les recompensará.

Mateo 6:17-19 Pero cuando ayunes, unge tu cabeza con aceite y lávate la cara, 18 para que no sea obvio para los demás que estás ayunando, sino sólo para tu Padre, que no puede ser visto; y tu Padre, que ve lo que se hace en secreto, los recompensará.

El Padre está diciendo: "Cuando ayunen, unjan su cabeza con aceite y lávense la cara. Al hacer esto, dejan de lado sus deseos carnales y buscan Mi voluntad perfecta para su vida". En lugar de ceder a la debilidad o quejarse, dirijan su atención a la alabanza y la adoración. Inclinense ante Mí y canten alabanzas a Mi santo nombre, y observen cómo toda fuerza maligna huye de ustedes en el nombre de Jesús. Desvíen su atención de las distracciones que los rodean y vuelvan a enfocarse en Mí. El enemigo se nutre de las distracciones, así que pidan a Mi Espíritu Santo discernimiento para reconocer y resistir sus tácticas. Y cuando oren, no sean como los hipócritas a quienes les encanta orar en público solo para que los vean. Ustedes no, mis amados, yo los veo. Su carne puede ser débil, pero el Espíritu del Dios viviente mora en ustedes. Confíen en Mi fuerza y permitan que su ayuno y sus oraciones los acerquen más a Mi voluntad.

## *8 de enero*

# ACTUANDO CON FE

Isaías 51:16

He puesto mis palabras en tu boca

y te he cubierto con la sombra de mi mano—

yo, que coloqué los cielos en su lugar,

que puse los cimientos de la tierra,

y que he dicho a Sion: "Tú eres mi pueblo".

Deuteronomio 31:8

El SEÑOR mismo irá delante de ti y te acompañará; nunca te dejará ni te abandonará. No temas ni te desanimes.

El Padre está diciendo: cuando hagan algo en Mi nombre, háganlo con fe. Mi nombre está por encima de todos, y tiene todo el poder y la autoridad en el cielo y en la tierra. Cuando pronuncien el nombre de Jesús, los demonios deben inclinarse y la enfermedad se curará. Ya sea que coman, beban o se sientan guiados por el Espíritu Santo para orar por alguien, háganlo con fe y sin miedo.

Si profetizan, háganlo con fe y confianza. No teman, porque yo soy el Señor su Dios. Yo les sostendré con mi diestra justa, no caerán. Cuando hablen, pondré las palabras en su boca. De nuevo, les digo, no teman. No se preocupen por nada; oren por todo hasta que algo suceda.

Siempre les hablo. No se dejen engañar por el enemigo nunca más; sepan que estoy con ustedes. Voy delante, detrás y alrededor de ustedes; nunca están solos. Confíen en Mi presencia y actúen con valentía en Mi nombre, sabiendo que estoy con ustedes en cada paso del camino.

## 9 de enero

# UN SACRIFICIO VIVIENTE

Salmo 119:105

Tu palabra es una lámpara a mis pies, y una luz en mi camino.

Romanos 12:1

Por tanto, hermanos, les ruego por la misericordia de Dios, que ofrezcan sus cuerpos como sacrificio vivo, santo y agradable a Dios: esta es la auténtica y verdadera adoración que ustedes deben ofrecer.

1 Corintios 6:19-20

¿Acaso no saben que sus cuerpos son templo del Espíritu Santo, quien está en ustedes y al que han recibido de parte de Dios? Ustedes no son dueños de sí mismos; 20, fueron comprados por un precio. Por lo tanto, honren a Dios con sus cuerpos.

El Padre dice: Por tanto, les ruego, hermanos y hermanas, a la luz de la misericordia de Dios, que ofrezcan sus cuerpos como sacrificio vivo, santo y agradable a Dios. Esta es su verdadera y auténtica adoración. Los he llamado a ser santos porque yo soy santo. He retirado ciertas cosas de su vida que ya no les servían, y ahora que me las han entregado, puedo darles lo que realmente necesitan. Lo pondré en sus manos, y lo que les dé será suyo, nadie podrá quitárselo.

Yo sé lo que es mejor para ustedes, pues los creé. ¿No saben que su cuerpo es un templo del Espíritu Santo que está en ustedes, y que recibieron de Dios? Ustedes no son dueños de sí mismos; fueron comprados por un precio. Entonces, glorifiquen a Dios en su cuerpo, porque es Mi morada. Confíen en mi sabiduría y dejen que su vida sea un sacrificio dedicado a mi propósito y gloria.

## *10 de enero*

# DEVOCIÓN TOTAL

1 Reyes 8:61

Y que sus corazones estén dedicados totalmente al SEÑOR nuestro Dios, que vivan según sus decretos y obedezcan sus mandamientos, como así lo hacen.

Colosenses 4:2

Dedíquense a la oración, y háganlo siempre con gratitud.

El Padre dice, entrénguense por completo a mí. Que su corazón esté totalmente comprometido con el Señor nuestro Dios, para caminar en sus estatutos y guardar sus mandamientos, a partir de hoy. Soy fiel en el cumplimiento de mis promesas y nunca les he decepcionado. ¿Alguna vez les he fallado? Dios no es un hombre para que mienta o cambie de opinión. Lo que ha dicho, lo hará. Lo que ha hablado, lo cumplirá. Mis promesas son sí y amén.

Recuerden orar por los demás. Como su Padre, sé lo que necesitan y lo que desean de corazón. Pero los demás también necesitan conocerme; cuando me encuentren a través de ustedes, experimentarán el verdadero amor. Ustedes son un reflejo de mí, mis amados. Mi amor por ustedes es inquebrantable y no puede ser arrebatado, en el nombre de Jesús.

*11 de enero*

# DESCANSAR EN SU MANERA PERFECTA

Salmo 18:20

El SEÑOR ha obrado en mi conforme a mi rectitud;

conforme a la limpieza de mis manos, él me ha recompensado.

Mateo 11:28-30

"Vengan a mí todos los que están cansados y agobiados, y yo les
daré descanso. 29 Carguen con mi yugo y aprendan de mí, pues mi
corazón es compasivo y humilde, y encontrarán descanso para su
alma. 30 Porque mi yugo es suave y mi carga es ligera".

El Padre está diciendo que para Dios, Sus caminos son perfectos. La palabra del Señor es fidedigna y verdadera. Él es un escudo para todos los que confían en Él. Mi camino es excelente y Mi palabra es verdad. Todo lo que quieran y necesiten, lo encontrarán en Mí.

Puede que mi camino no siempre sea fácil, pero carguen mi yugo: es fácil, y Mi carga es ligera. Cuando se sientan cansados y agobiados, vengan a Mí y encontrarán descanso para su alma. Mi yugo es ligero porque es el yugo del arrepentimiento, la fe y el compromiso de seguirme. Confíen en mi camino perfecto y encontrarán paz y descanso en mi presencia.

## *12 de enero*

# Fuerza renovada en la fe

Isaías 40:31

pero aquellos que esperan en el SEÑOR

renovarán su fuerza.

Volarán como águilas;

correrán y no se cansarán,

caminarán y no flaquearán.

Isaías 41:13

Porque yo soy el SEÑOR su Dios

quien toma tu mano derecha

y te dice, no temas;

yo te ayudaré.

El Padre dice: acérquense a mí con fe, y yo me acercaré a ustedes. Renovaré su fuerza. Volarán como águilas; correrán y no se cansarán; caminarán y no flaquearán, incluso cuando se sientan débiles e incapaces de continuar. Recuerden, cuando estén débiles, son fuertes porque confían en Mí para que los ayude.

Sentirán que mi mano justa les fortalece cuando se apoyan en mí. Ya no se cansarán rápidamente, porque yo, el Señor, los sostengo y consagro. No serán movidos ni sacudidos. Mi fundamento es el que los planta y los sostiene, en el nombre de Jesús. Confíen en Mi fuerza y encuentren descanso y renovación en Mi presencia.

# *13 de enero*

# Fe y superación

Mateo 16:8

Consciente de su discusión, Jesús preguntó: "Hombres de poca fe, ¿por qué discuten entre ustedes sobre no tener pan?"

Lucas 12:7

De hecho, hasta los cabellos de su cabeza están contados. No teman; pues valen más que muchos gorriones.

El Padre está diciendo: Oh, hombres de poca fe, ¿hay algo imposible para Mí? Declara el Señor. No hay nada más allá de Mi poder. Es por medio de la fe que lograrán su superación. Por medio de la fe, encontrarán la libertad, la sanación y la restauración completas. Nunca les he fallado, ¿cierto?

Pídanle a mi Espíritu Santo que aumente su fe, y mi poder caerá renovado sobre ustedes. Estoy obrando en su nombre a diario. Recuerden, hasta los cabellos de su cabeza están contados. No teman; ustedes valen más que muchos gorriones. Confíen en Mi poder inagotable y dejen que su fe los lleve a los milagros que tengo guardados.

## *14 de enero*

# SUPERAR LA DUDA

Santiago 1:17-18

[17] Toda dádiva buena y perfecta viene desde lo alto, del Padre de las luces celestiales, quien no cambia como las sombras. [18] Eligió traernos al mundo a través de la verdad, para que fuéramos como los primeros frutos de todo lo que creó.

Deuteronomio 28:8

El SEÑOR enviará bendiciones a tus graneros y a todo lo que hagas con tus manos. El SEÑOR tu Dios te bendecirá en la tierra que te ha dado.

El Padre está diciendo que, al empezar a dudar, se limita lo que se puede lograr en nosotros y a través de nosotros. No duden de lo que les he dicho. En su lugar, busquen mi rostro y pidan a mi Espíritu Santo que elimine todo lo que no sea de mí. Sacudan todas las dudas y disipen toda confusión. Échenlas al abismo en el nombre de Jesús.

Tienen esperanza y un futuro en mí. Tienen acceso directo a mí, su Padre celestial. Yo soy su Padre Abba, y ustedes son un pueblo escogido, un sacerdocio real, una nación santa y posesión especial de Dios. Son llamados a proclamar las alabanzas de Él, quien los ha sacado de las tinieblas y los ha traído a su luz maravillosa. Confíen en esta verdad y dejen que su fe brille intensamente.

## *15 de enero*

# ESPERANDO ABUNDANTES BENDICIONES

Santiago 1:17-18

[17] Toda dádiva buena y perfecta viene desde lo alto, del Padre de las luces celestiales, quien no cambia como las sombras. [18] Eligió traernos al mundo a través de la verdad, para que fuéramos como los primeros frutos de todo lo que creó.

Deuteronomio 28:8

El SEÑOR enviará bendiciones a tus graneros y a todo lo que hagas con tus manos. El SEÑOR tu Dios te bendecirá en la tierra que te ha dado.

El Padre está diciendo: están a punto de sorprenderse con las bendiciones que pronto caerán del cielo. Todo don perfecto viene de lo alto, del Padre de las luces celestiales, que se mantiene constante e inmutable. Todo lo que han estado pidiendo está en camino.

Ese trabajo por el que han estado orando, el miembro de la familia por el que han estado elevando sus oraciones y el matrimonio que temen que nunca se restablezca, cada uno de ellos será sanado y restaurado en el poderoso nombre de Jesús. Su prosperidad financiera está llegando, tal como han creído por fe.

Si obedecen plenamente al Señor su Dios y siguen cuidadosamente todos Sus mandamientos, Él los pondrá por encima de todas las naciones de la tierra. Serán bendecidos en la ciudad y bendecidos en el campo. Confíen en estas promesas y prepárense para recibir las abundantes bendiciones que Él tiene reservadas para ustedes.

## *16 de enero*

# CONFIAR EN LA IMPOSIBILIDAD

1 Corintios 10:31

1 Ya sea que coman, beban, o hagan cualquier cosa, háganlo todo para la gloria de Dios.

Jeremías 23:24

¿Quién puede esconderse en lugares secretos

para que no lo encuentre?"

afirma el SEÑOR.

"¿No lleno yo el cielo y la tierra?"

afirma el SEÑOR.

El Padre está diciendo: nada es imposible para Mí. Cuando pidan con fe, recibirán todo lo que hayan pedido, de acuerdo con Mi voluntad. Muchos de Mis hijos se desaniman cuando no reciben lo que piden. Pero pregúntense: ¿Es Mi voluntad, y Me glorificará? Traigan cada petición a Mi Espíritu Santo para que los guíe.

Ya sea que coman o beban, o hagan cualquier cosa, háganlo todo para la gloria de Dios. Recuerden, siempre estoy con ustedes. Cuando se sientan abrumados o inseguros, susurren Mi nombre, Jesús, y estaré allí con ustedes.

¿Puede una persona esconderse para que yo no la vea? Declara el Señor. ¿No lleno yo el cielo y la tierra? Declara el Señor. Confíen en que estoy con ustedes en todo momento y encuentren paz en mi presencia.

*17 de enero*

# LA ÚNICA VOZ QUE IMPORTA

Lucas 10:42

Pero se necesitan pocas cosas, incluso sólo una.[a] María ha elegido lo que es mejor, y no le será arrebatado.

Hebreos 8:10

Este es el pacto que haré con el pueblo de Israel

luego de ese tiempo, afirma el SEÑOR.

Pondré mis leyes en sus mentes

Y las escribiré en sus corazones.

Seré su Dios,

Y ellos serán mi pueblo.

El Padre está diciendo que muchas voces claman por su atención, pero sólo una reside en ustedes y a través de ustedes, y esa es la mía, afirma el Señor. Recuerden que pasar tiempo conmigo en el lugar secreto realmente es importante en medio de las muchas distracciones que les rodean.

Sólo se necesitan unas pocas cosas, o más bien, sólo una. María ha elegido lo que es mejor, y no le será arrebatado. Sepan que están en el lugar correcto en el momento oportuno. Si se lo han estado preguntando, les confirmo que están exactamente donde deben estar. Elegir lo que es mejor implica asegurar lo que no se puede arrebatar. Confíen en esto y encuentren la paz en Mi presencia.

## 18 de enero

# REGOCIJARSE DURANTE LAS PRUEBAS

Isaías 43:2

Al cruzar las aguas, yo estaré contigo; al cruzar los ríos, no te cubrirán sus aguas. Al caminar por el fuego, no te quemarán; las llamas no te abrasarán.

2 Crónicas 20:15

Él dijo: ¡Escuchen, rey Josafat y todos los que habitan en Judá y Jerusalén! Esto es lo que el SEÑOR les dice: "No teman ni se desanimen por este vasto ejército. Porque la batalla no es suya, sino de Dios".

El Padre dice: "Arréglate la corona, hija de Sión". Se enfrentarán a muchas pruebas, dificultades e incluso persecuciones, pero yo les digo que se regocijen. Su sufrimiento no será en vano. Cuando caminen a través del fuego, no se quemarán; las llamas no los abrasarán. Ningún mal se acercará a ustedes.

Aunque puedas sentir que esta batalla es imposible, recuerda que la batalla no es tuya, es del Señor. Dado que la batalla es mía, la victoria ya está asegurada en todos los ámbitos de tu vida. Anímate y confía en que Mi voluntad para tu vida es perfecta. Regocíjate en la certeza de Mi victoria y el cumplimiento de Mis promesas.

*19 de enero*

# CUIDANDO TUS PENSAMIENTOS

2 Corintios 10:5

Derribamos argumentos y toda altivez que se levanta contra el conocimiento de Dios, y llevamos cautivo todo pensamiento para que sea obediente a Cristo.

Juan 1:1

Al principio eixstía el Verbo, y el Verbo estaba con Dios, y el Verbo era Dios.

El Padre está diciendo: Hay muchos pensamientos en tu mente, pero no todos son de Mí. Algunos pensamientos pueden venir del enemigo. Cuando esto suceda, pídanle a Mi Espíritu Santo que lleve cautivo cada pensamiento y lo haga obediente a Cristo Jesús.

Recen lo siguiente: "Espíritu Santo, te doy gracias por mi vida y mi mente, que son plenas y están cubiertas por la sangre de Jesús. Que tu presencia controle mi forma de pensar y me aparte en el nombre de Jesús. Rechazo toda imaginación y todo lo que se levanta contra el conocimiento de Dios, y someto todo pensamiento a la obediencia de Cristo Jesús".

Confíen en que mi Espíritu guiará sus pensamientos y protegerá su mente.

# *20 de enero*

# VICTORIA EN CRISTO

Deuteronomio 28:7

El SEÑOR se encargará de que los enemigos que se levanten contra ti sean derrotados. Vendrán a ti desde una dirección, pero huirán de ti en siete direcciones.

Marcos 4:35-41

Ese día, al caer la noche, dijo a sus discípulos, "Crucemos al otro lado". 36 Dejaron a la multitud y se lo llevaron en la barca donde estaba. Lo acompañaban también otras barcas. 37 Se desató una feroz tormenta, y las olas azotaban tanto la barca que empezó a llenarse de agua. 38 Jesús estaba en la popa, durmiendo con su cabeza en una almohada. Los discípulos lo despertaron, "¡Maestro!, ¿no le importa que nos ahoguemos?"

39 Él se levantó, reprendió al viento y dijo a las olas, "¡Silencio! ¡Cálmense!" El viento se calmó y todo quedó completamente en calma.

40 Dijo a sus discípulos, "¿Por qué tienen tanto miedo? ¿Todavía no tienen fe?"

41 Ellos estaban aterrados y se decían unos a otros, "¿Quién es este? ¡Hasta el viento y las olas le obedecen!".

El Padre está diciendo que, cuando la derrota intente derribarte, recuérdale al enemigo que ya fue derrotado. La victoria está asegurada en Cristo Jesús. El Señor hará que los enemigos que se levanten contra ustedes sean derrotados ante sus ojos. Vendrán a ustedes de una manera y huirán de ustedes en siete.

Cuando sientan los ataques del enemigo que intentan robarles la paz y la alegría, ordénenle que regrese al abismo. Corran al lugar secreto y búsquenme por encima de todo. Conforme pasen tiempo conmigo, verán al enemigo huir por siete caminos en el nombre de Jesús. Recuerden, no hay diablo o demonio más allá de Mi poder. Yo tengo toda la autoridad, y todo demonio tiembla ante Mí.

¿Quién es este, que hasta el viento y el mar le obedecen? ¡Oh, aleluya, esta es la buena noticia! Confíen en Mi poder y observen cómo la victoria se despliega en su vida.

*21 de enero*

# ABRAZA LAS BENDICIONES DEL PADRE

Isaías 43:4

Porque eres precioso ante mis ojos y digno de honra, y porque te amo, a cambio de ti entregaré pueblos, a cambio de tu vida entregaré naciones.

Santiago 1:7

Esa persona no debe esperar recibir nada del SEÑOR.

Génesis 3:13-14

Entonces Dios el SEÑOR preguntó a la mujer, "¿Qué has hecho?" Ella contestó, "La serpiente me engañó, y comí". [14] Entonces Dios el SEÑOR dijo a la serpiente, "Por lo que has hecho, "¡maldita serás entre todos los animales, tanto domésticos como salvajes! Te arrastrarás sobre tu vientre y comerás polvo todos los días de tu vida".

El Padre está diciendo: Recibe innumerables bendiciones sobre ti y tu familia. Nunca te sientas indigno de las cosas buenas que he preparado para ti. Cuando empieces a dudar de tu valor, echa esa mentira de vuelta al abismo. Toma autoridad sobre toda fuerza diabólica y átala en el nombre de Jesús.

Eres precioso y honrado a Mis ojos, y te amo profundamente. Pide a Mi Espíritu Santo que te conceda la bendición de Abraham. Me dispongo a derramar Mis bendiciones sobre ti, querido mío. Abre tu corazón y recibe todo lo que el Padre tiene para ti en el nombre de Jesús.

## *22 de enero*

# TRANQUILIDAD EN LA TORMENTA

2 Corintios 10:4

Las armas con las que luchamos no son armas del mundo. Al contrario, poseen el poder divino para derribar fortalezas.

Juan 15:5

"Yo soy la vid y ustedes las ramas. Quien permanece en mí, como yo en él, dará mucho fruto; separados de mí no pueden hacer nada.

El Padre está diciendo que puede que descubras que otros no comprenden la intensidad de los ataques a los que te enfrentas. Su comprensión puede ser limitada. Sin embargo, "Yo te veo y te oigo, dice el Señor. Conozco la disfunción, la confusión y las distracciones que el enemigo trae a tu vida".

El diablo suele influir en las personas sin que se den cuenta, utilizándolas a ellas, a los lugares y a las cosas para crear obstáculos. A veces, incluso los hábitos pueden distraerte. Pero anímate, mi amado hijo, te veo y te escucho. No estás solo en ninguna tormenta, batalla o situación. Las batallas a las que te enfrentas no son sólo tuyas; son Mías, afirma el Señor.

Te daré la gracia para vencer, independientemente de si te enfrentas a guerras, pruebas o tentaciones. Recuerda, las armas de nuestra guerra no son de la carne, sino que poseen el poder divino para derribar fortalezas. Puedes enfrentar cualquier cosa conmigo, pero sin Mí, no puedes. Confía en Mi fuerza y presencia, y ten la certeza de que venceremos todos juntos.

*23 de enero*

# ROMPIENDO BARRERAS

Marcos 7:24-30

Jesús partió de ese lugar y fue a la región de Tiro.[a] Entró en una
casa y no quería que nadie lo supiera, pero no fue posible pasar
inadvertido. 25 De hecho, pronto se enteró de su llegada una mujer
cuya pequeña hija estaba poseída por un espíritu maligno, por lo
que fue y se arrojó a sus pies. 26 Esta mujer era griega, sirofenicia
de nacimiento. Le rogaba a Jesús que expulsara al demonio que
tenía su hija. 27 "Deja que los hijos se sacien primero", le dijo,
"porque no está bien quitarles el pan a los hijos y echárselo a los
perros". 28 "SEÑOR", respondió ella, "pero hasta los perros bajo la
mesa comen las migajas que dejan los hijos". 29 Entonces, Él le dijo,
"Por tal respuesta, puedes irte tranquila; el demonio ha salido de
tu hija". 30 Ella fue a casa y encontró a su hija acostada en la cama,
y el demonio se había ido.

2 Corintios 10:4-6

4 Las armas con que luchamos no son armas del mundo. Al
contrario, poseen el poder divino para derribar fortalezas.5
Destruimos argumentos y toda altivez que se levanta contra el
conocimiento de Dios, y llevamos cautivo todo pensamiento a la
obediencia de Cristo. 6 También estamos dispuestos a castigar
cualquier acto de desobediencia una vez que yo cuente con la
obediencia de ustedes.

El Padre te está diciendo: "Permíteme desmantelar todas las barreras de tu vida, incluyendo las fortalezas que has construido a lo largo del tiempo a partir de experiencias pasadas. Estoy aquí para derribar todos los obstáculos y fortalezas que obstaculicen tu camino. Pídele a mi Espíritu Santo que elimine todas las fortalezas del miedo y la ansiedad en el nombre de Jesús".

Te conozco íntimamente; te formé con un propósito. El enemigo suele utilizar el miedo como táctica para perjudicarte. Recuerda, la batalla está en tu mente. Déjame liberarte de estas barreras mentales.

Reza ahora esta oración: "Espíritu Santo, gracias por hacerme pleno en cuerpo, alma y mente. Me arrepiento de todos mis pecados y te pido perdón. Señor Jesús, rompe todas las barreras que el enemigo ha puesto en mi mente. Alinea mi vida con Tu Palabra, que es la verdad, y deja que esa verdad me libere. Ruego que cada fortaleza sea enviada de regreso al abismo en el nombre de Jesús. Estoy libre de todas las barreras y fortalezas que el enemigo ha tenido en mi mente. Te alabaré y adoraré con acción de gracias, sabiendo que aquel a quien el Hijo libera, es libre de verdad".

Alégrate y da gracias, porque has sido liberado de toda fortaleza que te ha atado.

## *24 de enero*

# Esto también pasará

2 Corintios 4:17-18

Pues los sufrimientos ligeros y momentános que ahora padecemos traerán una eterna gloria que sobrepasa todo sufrimiento. [18] Así que no nos fijamos en lo visible, sino en lo invisible, ya que lo visible es pasajero, mientras que lo que invisible es eterno.

El Padre está diciendo: "Esto también pasará". Aunque sufras mucho, recuerda que tu dolor no será en vano. Es comprensible que sientas que no puedes continuar un día más debido al sufrimiento al que te enfrentas, por Mi nombre. No te dejes llevar por tus sentimientos o emociones. En lugar de ello, pide a Mi Espíritu Santo que te ayude a estabilizar tus emociones, dándote la estabilidad y el equilibrio necesarios. Soy el Dios del orden y estoy aquí para procurar ese equilibrio.

Nuestra aflicción ligera y temporal traerá a nosotros un peso eterno de gloria. Estamos llamados a mirar más allá de lo visible y centrarnos en lo invisible. Las cosas que vemos son temporales, pero las que no vemos son eternas. Aférrate a esta verdad y deja que te guíe a través de tus luchas.

## *25 de enero*

# VUELVE A TU PRIMER AMOR

Marcos 10:9

9 Por tanto, lo que Dios ha unido, que no lo separe el hombre."

Isaías 54:17

No triunfará ningún arma forjada contra ti,

y silenciarás toda lengua que te acuse.

Esta es la herencia de los siervos del SEÑOR,

Y esta es mi reivindicación hacia ellos,"

afirma el SEÑOR.

El Padre te está diciendo que debes volver a tu primer amor. Recuerda, estoy contigo siempre. Lo que sea que enfrentes, debes saber que nunca lo enfrentarás solo en el nombre de Jesús. Puede ser difícil levantarte y comenzar tu día, pero no estás solo. Te guiaré en cada paso, un día a la vez, mi amado. Respira profundo y exhala lentamente. No hay necesidad de apresurarse; todo se desarrolla en su propio tiempo. Mi Espíritu Santo está contigo, y yo estoy contigo. En el poderoso nombre de Jesús, toma autoridad sobre cada ataque del enemigo y cancela cada asignación demoníaca.

Pronuncia mi palabra sobre tu vida y tu familia. Reprende cualquier ataque a tu matrimonio y cualquier discusión provocada por el enemigo. Reconoce que son mentiras y rechaza todo pensamiento que se eleve contra el conocimiento de Dios. Haz cautivo todo pensamiento, haciéndolo obediente a Cristo. Prepárate para enfrentar toda desobediencia con la obediencia de Cristo. Recuerda, lo que Dios ha unido, que no lo separe el hombre.

*26 de enero*

# El enemigo

2 Corintios 10:5

Destruimos argumentos y toda altivez que se levanta contra el conocimiento de Dios, y llevamos cautivo todo pensamiento para que obedezca a Cristo.

El Padre está diciendo que el enemigo está intentándolo todo. Está atacando relaciones, matrimonios, e incluso tu ministerio. Ora y reprende cada ataque demoníaco a tu matrimonio, iglesia, hijos e hijos de tus hijos en el poderoso nombre de Jesús. Rechaza las imaginaciones y todo lo que se levanta contra el conocimiento de Dios y lleva cautivo todo pensamiento a la obediencia de Cristo. Dile al diablo: no puedes tener a mis hijos, no puedes tener mi matrimonio, no tienes poder aquí. La victoria es del Señor. Tengo la victoria gracias a Cristo Jesús. Declara y decreta que tienes la victoria sobre todos los aspectos en el nombre de Jesús.

## 27 de enero

# SANACIÓN Y PERDÓN

Isaías 53:3

Fue despreciado y rechazado por la humanidad,

un hombre de sufrimiento y familiarizado con el dolor.

Como alguien de quien la gente oculta su rostro

fue despreciado, y lo tuvimos en poca estima.

2 Timoteo 2:17

y sus palabras se extienden como la gangrena. Entre ellos están Himeneo y Fileto,

El Padre está diciendo: "Fui traspasado por tus transgresiones, aplastado por tus iniquidades; el castigo que te trajo paz recayó sobre Mí, y por Mis heridas, eres sanado". Esa enfermedad o dolencia que enfrentas, será curada ahora en el nombre de Jesús. Coloca tu mano en el área que necesita sanación y ordena que la enfermedad sea completamente sanada en el nombre de Jesús. Es por fe que recibes esta sanación completa.

Si hay algún rencor en tu corazón, tráelo ante Dios ahora. Di en voz alta que perdonas a la persona que te ha hecho mal para que nada pueda bloquear la sanación o la libertad que quiero traer a tu vida. El rencor es una barrera que obstaculiza la sanación y la libertad que deseo para ti. Di: "Padre Abba, renuncio a cualquier rencor hacia [nombre de la persona] y te la entrego, Señor".

El rencor puede extenderse por tu espíritu como una enfermedad. Si te cuesta perdonar, pide gracia al Espíritu Santo, y yo te la daré generosamente, dice el Señor tu Dios.

# *28 de enero*

# Fe en la acción

Romanos 6:19

Estoy usando un ejemplo de la vida cotidiana debido a sus limitaciones humanas. Así como antes ofrecían los miembros de su cuerpo para servir a la impureza y la creciente maldad; ofrézcanlos ahora para servir a la justicia que lleva a la santidad.

Santiago 1:2-4

Hermanos, considérense muy afortunados[a] cuando deban enfrentarse a diversas pruebas, 3 pues ya saben que la prueba de su fe produce perseverancia. 4 Permitan que la perseverancia culmine la obra, para que sean perfectos e íntegros sin que les falte nada.

El Padre está diciendo: "Debes actuar con fe". Todo lo que te propongas hacer: escribir un libro, iniciar un negocio, estudiar derecho o simplemente aferrarte a una semilla de fe, debe hacerse con fe. Todos los discípulos de la Biblia necesitaron fe para cumplir su propósito; sin fe, es imposible agradar a Dios.

Aunque tu carne pueda resistirse a Mi voluntad, yo sigo siendo fiel a cumplir Mi plan perfecto para tu vida. Hablo en términos humanos por la debilidad de tu carne. Así como una vez ofreciste partes de tu cuerpo a la impureza y a la anarquía, ahora ofrécelas como instrumentos de rectitud, que conducen a la santificación.

Es la fe la que agrada a Dios. Recuerda que poner a prueba tu fe, produce perseverancia. Permite que la perseverancia concluya su obra en ti para que puedas madurar y ser completo, sin que te falte nada. Confía en Mi fidelidad y deja que tu fe guíe tus acciones.

*29 de enero*

# Confía en el Señor por completo

Salmos 20:7

Algunos confían en sus carros de guerra, algunos en sus corceles,

pero nosotros confiamos en el nombre del SEÑOR nuestro Dios.

El Padre está diciendo: "Confía en Mí con todo tu corazón, mente y alma". Cuando el miedo comienza a escabullirse, puede ser una señal de que sólo me has confiado ciertos aspectos de tu vida. Es hora de dejarte llevar y dejarme entrar en cada área de tu vida.

Puedes poner toda tu fe y confianza en Mí. ¿Confiarás solo en Mí? Pídele a Mi Espíritu Santo que te revele aquellas áreas en las que no confías plenamente en Mí. A medida que el Espíritu Santo te muestre estas áreas, di: "Jesús, te confío a mis hijos, mi trabajo, mi carrera y mis finanzas". Entrégame todo, ponlo en Mis manos y déjalo ahí. Observa cómo lo cambio para tu bien.

Algunos confían en sus carros de guerra, algunos en sus corceles, pero nosotros confiamos en el nombre del Señor nuestro Dios. Que esta sea tu declaración al entregarme todo.

*30 de enero*

# PERMANECE EN MÍ

Santiago 1:2

2 Hermanos, considérense muy afortunados,[a] cuando deban enfrentarse a diversas pruebas,

Juan 15:4

Permanezcan en mí y yo permaneceré en ustedes. Así como ninguna rama puede dar fruto por sí misma, sino que debe permanecer en la vid, ustedes tampoco pueden dar fruto a menos que permanezcan en mí.

Mateo 11:28-30

"Vengan a mí todos los que están cansados y agobiados, y yo les
daré descanso. 29 Carguen con mi yugo y aprendan de mí, pues mi
corazón es compasivo y humilde, y encontrarán descanso para su
alma. 30 Porque mi yugo es suave y mi carga es ligera".

El Padre está diciendo: "Permanezcan en mí, y yo en ustedes". Así como una rama no puede dar fruto por sí misma a menos que permanezca unida a la vid, ustedes tampoco pueden dar fruto a menos que permanezcan en mí. Continúen buscando Mi rostro y Mis caminos. Pídanle a mi Espíritu Santo que les enseñe, porque aunque enfrenten dificultades, yo siempre soy fiel.

Soy omnipresente; nunca los dejaré ni los abandonaré, mis amados. Considérenlo dicha pura, hermanos y hermanas míos, cada vez que enfrenten pruebas de muchos tipos. Cuando el peso de la vida se sienta insoportable, comiencen a entregarme esas cargas, dice el Señor "Nunca debieron llevaran solos".

"Vengan a Mí todos los que están cansados y agobiados, y yo les daré descanso. Carguen con Mi yugo y aprendan de Mí, pues Mi corazón es compasivo y humilde, y encontrarán descanso para su alma. Porque Mi yugo es suave y mi carga es ligera".

# *1 de febrero*

# PON TUS MANOS SOBRE ELLO

Deuteronomio 30:9

Entonces el SEÑOR tu Dios te bendecirá con mucha prosperidad en todo lo que hagan tus manos y en el fruto de tu vientre, en las crías de tu ganado y en las cosechas de tus campos. El SEÑOR se deleitará nuevamente en tu prosperidad, así como lo hizo con tus antepasados.

El Padre está diciendo: "Pon tus manos sobre ello". El Señor te llama a actuar en el nombre de Jesús. Si es tu negocio, pon tus manos sobre él. Tus manos están ungidas para un momento como este. Si es tu trabajo, pon tus manos sobre él. Si es tu educación, pon tus manos sobre ella. Prometo bendecirla en el nombre de Jesús.

Todo lo que debes hacer es poner tus manos sobre ello y declarar y decretar que es tuyo en el nombre de Jesús. El enemigo te ha estado atacando con miedo y ansiedad, pero toma autoridad sobre esos espíritus y échalos al abismo en el nombre de Jesús. ¡El diablo es un mentiroso! Reprende cada ataque demoníaco en tu mente y olvida lo que el enemigo está diciendo.

El enemigo viene a robar, matar y destruir, pero yo he venido a traerte vida, y vida en abundancia. Darás mucho fruto en esta temporada en el nombre de Jesús; no te preocupes por tus enemigos. No importa lo que digan los demás o lo que pretendan hacer. A donde te llevo, tus enemigos no pueden seguirte. Reza por tus enemigos, pero debes saber que lo que necesitas ya está en tus manos. Es hora de usarlo en el nombre de Jesús.

# 2 de febrero

# "Cuida tu corazón y tus labios"

Proverbios 21:23

Quien cuida su boca y su lengua

se librará de muchas angustias.

Proverbios 4:23

Por sobre todas las cosas, cuida tu corazón,

porque de él fluye todo lo que haces.

Mateo 7:16

Por sus frutos los conocerán. ¿Acaso se recogen uvas de los espinos o higos de los abrojos?

1 Corintios 15:33

No se dejen engañar: "Las malas compañías corrompen el buen carácter".

El Padre está diciendo: "Pon guardia a tu boca; vigila tus labios. Evita el chisme. Cuando otros, incluso compañeros creyentes, vengan a ti con chismes, no los entretengas. Sobre todo, guarda tu corazón; pues todo lo que hagas fluye de él en el nombre de Jesús". Sé consciente de quiénes te rodean. 'No te dejes engañar. Las malas compañías corrompen el buen carácter'. No todos son para ti. Pídele a mi Espíritu Santo que aumente tu discernimiento para que sepas quién ha sido enviado por mí. Por sus frutos los conocerás. "¿Se recogen uvas de los espinos o higos de los abrojos?" Mantente alerta al cuidar tu corazón y tus labios, porque son las puertas por las que fluyen la vida y el carácter.

*3 de febrero*

# Aférrate a las promesas de Dios

2 Corintios 1:20

Todas las promesas que ha hecho Dios son "sí" en Cristo. Así que por medio él respondemos "amén" para la gloria de Dios.

Salmos 23:1-6

El SEÑOR es mi pastor; nada me falta.
2 en verdes praderas me hace descansar. Junto a tranquilas aguas me conduce y me refresca el alma; me guía por sendas de justicia por honor de su nombre.
4 Aunque camine por el valle más oscuro,[a] no temo al mal., porque tú vas conmigo; tu vara y tu bastón me reconfortan. Preparas ante mi una mesa en presencia de mis enemigos. Unges mi cabeza con aceite; llenas mi copa a rebosar.
6 Estoy seguro de qye tu bondad y amor me seguirán todos los días de mi vida; y en la casa del SEÑOR habitaré para siempre.

El Padre está diciendo: "Aférrate a Mis promesas para tu vida. Mis promesas son sí y amén. Estas son promesas del Dios vivo, porque no importa cuántas promesas haya hecho, son sí en Cristo. Y a través de Él, decimos amén para la gloria de Dios. ¡Aleluya!

Puede que te enfrentes a muchas pruebas, pero debes saber que siempre te llevaré a través de la tormenta. Aquí no hay nada que no vea o escuche. Mi fuerza está en ti. Cuando te sientes débil, yo soy fuerte. Aunque camines por el valle de la sombra de muerte, no temerás mal alguno, porque yo estoy contigo. Mi vara y mi bastón te reconfortan. Preparo ante ti una mesa en presencia de tus enemigos; unjo tu cabeza con aceite y lleno tu copa a rebosar. Aférrate a estas promesas, porque son tu ancla en cada estación.

## *4 de febrero*

# EXPULSA LA DUDA Y ABRAZA LA FE

Proverbios 3:5

Confía en el SEÑOR de todo corazón

y no te apoyes en tu propio entendimiento;

Isaías 55:8

"Porque mis pensamientos no son los suyos

ni sus caminos los míos",

afirma el SEÑOR.

El Padre dice: "Deshazte de toda duda. La duda ya no puede ocupar espacio en tu corazón. Entrégale hoy al espíritu de la duda una notificación de desalojo. Renuncia a toda duda e incredulidad, porque ya no tienen cabida en ti.

Pídele a mi Espíritu Santo que te llene desde la coronilla hasta la planta de los pies en el nombre de Jesús.** Recibe todo lo que tengo para ti, mi amado. Pídele a mi Espíritu Santo que aumente tu fe,** porque tu fe solo en Mí moverá montañas. De verdad, les digo que si alguien le dice a esta montaña: "Vete al mar y tírate al agua", y sin dudar en su corazón cree que lo que dice sucederá, pasará. Tu fe en Mí aumenta a medida que confías en Mí de todo corazón. **No dependan de su entendimiento. Mis pensamientos no son los suyos, ni sus caminos los míos, afirma el Señor.

Confía en Mí con todo tu corazón, mente y alma. Deja que la fe reemplace a la duda y observa cómo obro maravillas en tu vida.

*5 de febrero*

# Confía en Mi presencia y promesa

Génesis 28:15

Yo estoy contigo. Te protegeré por dondequiera que vayas y te traeré de regreso a esta tierra. No te abandonaré hasta cumplir con todas mis promesas".

Salmos 28:7

El SEÑOR es mi fuerza y mi escudo;

mi corazón confía en él, de él recibo ayuda.

Mi corazón salta de alegría,

y con canciones lo alabaré.

El Padre está diciendo: "Estoy contigo y velaré por ti dondequiera que vayas. Te traeré de vuelta a esta tierra y no te dejaré hasta que haya cumplido la promesa que te hice".

No escuches las mentiras del enemigo. Lleva cautivo todo pensamiento y hazlo obediente a Cristo Jesús en su nombre. No todos los pensamientos son tuyos, así que siempre pide al Espíritu Santo que renueve tu mente mientras pasas tiempo en la Palabra de Dios. Leer la Palabra de Dios también renovará tu mente.

Deja de coincidir con cualquier cosa que hayas dicho sobre ti mismo o sobre otros que no se ajuste a Mi verdad. Los problemas y circunstancias de la vida pueden agobiarte fácilmente si no renuevas tu mente a través de la Palabra.** Entrégamelo todo y abandona tu vida y tu voluntad.** Observa lo que haré con tu vida.

No confíes en tu fuerza para recorrer este camino. Reza: "Señor, te necesito. Sin Ti, no soy nada, pero contigo, puedo hacer todas las cosas por medio de Cristo, que me da fuerzas". El gozo del Señor es tu fuerza. Siempre estoy contigo, guiándote por el camino correcto y usando las palabras adecuadas en el momento adecuado.

# 6 de febrero

# BUA LA FUERZA EN MÍ

Juan 16:33

"Les he dicho todo esto para que hallen paz en mí. Enfrentarán aflicciones en este mundo, pero ¡anímense! Yo he vencido al mundo".

Hebreos 4:12

Porque la palabra de Dios es viva y tiene poder. Es más cortante que cualquier espada de dos filos, penetra hasta dividir el alma y el espíritu, hasta la médula de los huesos, y juzga los pensamientos y las intenciones del corazón.

El Padre está diciendo: "Yo soy tu fuerza. Puedes hacerlo todo a través de Cristo, que te fortalece en el nombre de Jesús. No hay necesidad de preocuparse o temer, porque estoy contigo, Mi amado. Ninguna batalla o tormenta es demasiado grande para Mí, dice el Señor Dios. Cuando te enfrentes a una batalla o tormenta, mírala y recuérdale lo grande que es tu Dios. Soy más poderoso que cualquier montaña a la que te enfrentes hoy".

Encomiéndame todas tus batallas. Te digo esto para que puedas tener paz en Mí. Sí, tendrás problemas en este mundo, pero anímate, Mi amado; Yo he vencido al mundo.

Renueva tu mente a diario en la Palabra de Dios. La Palabra de Dios es viva y tiene poder, más cortante que cualquier espada de dos filos; penetra hasta lo más profundo del alma y el espíritu, penetra hasta dividir el alma y el espíritu, hasta la médula de los huesos, y juzga los pensamientos y las intenciones del corazón. "Confía en mi fuerza y encuentra la paz en Mi presencia".

*7 de febrero*

# Dame tu quebranto

Mateo 10:22

Por causa de mi nombre todo el mundo los odiará, pero quien se mantenga firme hasta el fin será salvo.

El Padre está diciendo: "Dame todo tu quebranto y permíteme llenarte con Mi paz perfecta". No encontrarás la verdadera paz, porque Yo soy el Príncipe de la Paz. Aunque busques la paz en las personas o en los hábitos, solo la verás en Mí, dice el Señor.

Permite que Mi presencia fluya libremente en ti. "Libremente has recibido; libremente da". Empieza a liberar cada carga y cada parte rota de ti. Te quiero a ti entero, no sólo en parte, sino TODO. Pide a Mi Espíritu Santo que llene cada parte rota de ti, y mientras rezas en el nombre de Jesús, "Pide a Mi Espíritu Santo que sane cada aspecto de tu ser".

Cuando ministres a otros, no lo harás desde un lugar de dolor o sufrimiento, sino desde un lugar de sanación e integridad. Recuerda: "Todos pueden odiarte por causa mía, pero el que se mantenga firme será salvo en el nombre de Jesús".

## *8 de febrero*

# LIBÉRATE PARA SER LIBRE

Santiago 4:7

Entonces, sométanse a Dios. Resistan al diablo y él huirá de ustedes.

El Padre dice que te liberes de esa adicción. Libérate de esa mentalidad; libérate de la religión. Libérate de los hábitos que te mantienen atado, porque la libertad es tu herencia. En el nombre de Jesús. Mi deseo para Mis hijos es que todos sean completamente libres en el nombre de Jesús.

No te dejes engañar por las tácticas del enemigo. El enemigo te quiere atado a esa adicción, a ese mal hábito, a esa lujuria o incluso esa persona que tal vez no te das cuenta que idolatras. Pero hoy, la libertad está a tu alcance. Empieza a arrepentirte y a renunciar a todo lo que te aleja de la libertad que te ofrezco. Libérate hoy de todo ello en el nombre de Jesús.

Repite esta oración después de Mí:

*Señor, me arrepiento de idolatrar cualquier cosa o persona que no seas Tú. Creo en Ti, Señor. Creo que Tú moriste, fuiste sepultado y resucitaste al tercer día. Me vuelvo a Ti y Te hago mi Señor y Salvador. Me arrepiento de todos mis pecados y Te deseo a Ti. Entra en mi corazón y en mi vida; invade cada área en el nombre de Jesús. Creo por fe que puedo ser liberado de todas estas cosas. Me someto a Ti, Dios. Resisto al diablo; huirá de mí en el nombre de Jesús. Amén.*

La libertad es tuya, amado. Acéptala hoy por la fe.

## *9 de febrero*

# SE ACERCA TU GRAN AVANCE

*Santiago 2:26*

*Así como el cuerpo sin el espíritu está muerto, también la fe sin obras está muerta.*

*2 Corintios 10:5*

*Derribamos argumentos y toda altivez que se levanta contra el conocimiento de Dios, y llevamos cautivo todo pensamiento para que sea obediente a Cristo*

El Padre está diciendo: Prepárate para progresar como nunca antes. Lo has estado pidiendo, y ahora estoy dispuesto a romper tu carga financiera. En el nombre de Jesús, estoy derribando toda altivez que se levanta contra el conocimiento de Dios. Prepárate para recibir todo lo que tengo para ti, mi amado: progreso en tus finanzas, en tu matrimonio y en tu mente.

Pero entiende esto: un avance no siempre tiene que ver con el dinero o con conseguir una casa nueva. Se trata de tu salud mental, de tu bienestar y del nombre de Jesús. Para algunos de ustedes, el enemigo ha estado atacando su mente, provocando una intensa guerra en sus pensamientos. Pide al Espíritu Santo que envíe ángeles guerreros para que luchen en tu favor. Recuerda que tengo ángeles acampados a tu alrededor en Mi nombre cuando esto suceda.

Necesito que tengas una FE inmensa. La fe sin obras está muerta. Repite esta oración, mi amado:

*Ordeno que cada fortaleza de miedo y cada maldición se rompa y salga de mi vida en el nombre de Jesús. Yo ordeno que cada maldición generacional sea desmantelada en el reino espiritual en el nombre de Jesús. Por fe, declaro que estas fortalezas han sido derribadas en el nombre de Jesús. Rechazo las imaginaciones y toda altivez que se levanta contra el conocimiento de Dios, trayendo todo pensamiento a la obediencia a Cristo Jesús. El enemigo no tiene poder sobre mí ni sobre mi vida. Amén.*

Tu progreso se acerca, amado. Aférrate a tu fe y observa cómo me muevo en tu vida.

*10 de febrero*

# DÉJALO TODO

Efesios 6:12

Porque nuestra lucha no es contra la carne y la sangre, sino contra gobiernos, contra autoridades, contra poderes que dominan este mundo de oscuridad, contra fuerzas espirituales malignas en las regiones celestiales.

Gálatas 5:22-23

En cambio, el fruto del Espíritu es amor, alegría, paz, paciencia, amabilidad, bondad, fidelidad, [23] humildad y autocontrol. No existe ley que condene estas cosas.

El Padre está diciendo: Ven y ponlo todo a Mis pies: ese estrés, ansiedad y decepción. Suéltalo todo hoy. No lo cargues más contigo. Veo cómo te sientes, creyendo que la gente está en tu contra, pero recuerda, nuestra lucha no es contra la carne y la sangre. Es contra los principados, los poderes, los gobernantes de las tinieblas y las fuerzas espirituales del mal en las alturas.

Comprende que algunas personas están influenciadas por espíritus, y no son verdaderamente ellos, sino los espíritus que operan detrás de ellos. Cuando te sientas atacado, reza por esas personas y pide a Mi Espíritu Santo que toque sus corazones. El enemigo quiere que te aferres a la amargura y al resentimiento. Sin embargo, te he llamado a un camino más alto: amar y dar el fruto del Espíritu:

amor, alegría, paz, paciencia, amabilidad, bondad, fidelidad y autocontrol.

Continúa orando por tus enemigos y busca Mi rostro. Confía en que Yo me ocuparé de ellos. Suelta la carga de aferrarte al dolor y, en lugar de ello, camina en la libertad de Mi amor.

*11 de febrero*

# DESPEJA TU MENTE Y TU CORAZÓN

Salmo 121:8

el SEÑOR velará por tus pasos,

ahora y siempre.

Salmo 32:8

Te instruiré y te enseñaré el camino que debes seguir;

Te aconsejaré con mi amorosa mirada sobre ti.

El Padre está diciendo: "Despeja tu mente de todo el desorden que te agobia. Pide a mi Espíritu Santo que limpie tu mente y tu corazón de toda injusticia. Velaré por tus pasos, ahora y siempre. Esa es mi promesa para ti, ¡aleluya!"

El Espíritu Santo te enseñará Mis caminos. Te instruiré y guiaré por el camino que debes tomar. Nunca te dejaré; nunca estás solo. Incluso cuando la soledad te abrume, recuerda que Mi Espíritu mora en ti.

Cuando el espíritu de la soledad arremeta contra ti, toma autoridad sobre él. Ordena a todo espíritu de soledad que sea arrojado al abismo en el poderoso nombre de Jesús. No estás solo, porque yo estoy contigo siempre, guiándote y protegiéndote.

## *12 de febrero*

# VICTORIA EN MEDIO DE LA LUCHA

Efesios 3:16

Ruego que, por medio de su glorioso poder, él te fortalezca con poder en tu ser interior por medio de su Espíritu,

Hebreos 4:12

Porque la palabra de Dios es viva y eficaz, y más cortante que toda espada de dos filos. Penetra hasta lo más profundo del alma y del espíritu, hasta la médula de los huesos, y juzga los pensamientos y las intenciones del corazón.

El Padre está diciendo: Cuando sientas que estás perdiendo, recuerda: estás ganando. Como hijos míos, son más que vencedores por medio de Cristo. La victoria que Jesús obtuvo también es de ustedes en su poderoso nombre.

Mi Espíritu que está en ti está fortaleciendo tu ser. Cuando te sientas débil, pídele a Mi Espíritu Santo que fortalezca cada área de tu vida. Mi poder renovará tu mente, rejuvenecerá tu cuerpo y fortalecerá tu ser interior. Soy un Dios de orden, alinea todo a la perfección.

Conságrense a diario en Mi Palabra. La Palabra de Dios está viva y activa, más cortante que cualquier espada de dos filos, penetra hasta lo más profundo del alma y del espíritu, hasta la médula de los huesos, y juzga los pensamientos y las intenciones del corazón.

Cuando el enemigo intente acorralarte y atacarte desde todos los ángulos, ¡grita Mi nombre: JESÚS! Ordena al diablo que huya y sea arrojado al abismo. Tú tienes el mismo poder que resucitó a Jesús de entre los muertos, y ese poder está dentro de ti. Tú eres victorioso en Mí.}.

# *13 de febrero*

# PREPÁRATE PARA EL DÍA

*Efesios 6:11*

*Vístete con la armadura completa de Dios para que puedas enfrentarte a las artimañas del diablo.*

El Padre te está diciendo: ponte toda la armadura de Dios para que puedas mantenerte firme contra las artimañas del diablo. Ponte el cinturón de la verdad, la coraza de la justicia y el evangelio de la paz para calzar tus pies con presteza. Toma el escudo de la fe para apagar todas las flechas incendiarias del maligno, el yelmo de la salvación y la espada del Espíritu, que es la Palabra de Dios. Reza en el Espíritu en toda ocasión con toda clase de oraciones y peticiones.

Cada mañana, antes de salir de la cama, asegúrate de ponerte toda la armadura de Dios. Póntela, vívela y respírala. Sin ella, no podrás enfrentarte al enemigo en la batalla. Recuerda, ningún arma forjada contra ti prosperará.

## *14 de febrero*

# TOTALMENTE ENTREGADO AL SEÑOR

Juan 4:14

pero el que beba del agua que yo le dé, no tendrá sed jamás. En efecto, el agua que yo les dé se convertirá en ellos en un manantial de agua que brotará hasta la vida eterna".

Isaías 45:3

Te daré tesoros ocultos,

riquezas guardadas en lugares secretos,

para que sepas que yo soy el SEÑOR,

el Dios de Israel, que te llama por tu nombre.

Salmos 24:9

Alcen, portones, sus cabezas;

levántenlas, puertas antiguas,

para que entre el Rey de la gloria.

Lo que el Padre dice es: Entrégate a mí completamente. Confía en el Señor, y yo te ayudaré; ya no tendrás sed ni pasarás hambre. Yo te saciaré. El agua que yo dé se convertirá en un manantial de agua que brotará hasta la vida eterna.

Cuando empieces a sentirte espiritualmente apagado, pregúntate de qué pozo estás bebiendo. ¿Bebes del agua viva de Cristo o del mundo y sus placeres? Te daré tesoros ocultos y riquezas guardadas en lugares secretos para que sepas que yo soy el Dios de Israel, que te convoca por tu nombre. Alaben mi santo nombre, porque yo soy santo. Alcen, portones, sus cabezas; levántenlas, puertas antiguas, para que entre el Rey de la gloria.

# *15 de febrero*

# ABRAZA LA FE INFANTIL

Santiago 1:6-8

Pero cuando pidas, debes creer y no dudar, porque el que duda es como una ola del mar, agitada y sacudida por el viento. 7 Esa persona no debe esperar recibir nada del SEÑOR. 8 Tal persona es de doble ánimo e inestable en todo lo que hace.

Mateo 18:2-4

Él llamó a un niño y lo puso en medio de ellos.3 Entonces dijo: "En verdad les digo que si no cambian y se hacen como niños, no entrarán en el Reino de los Cielos.4 Por tanto, quien adopte la posición humilde de este niño será el más grande en el reino de los cielos.

Lo que el Padre está diciendo es verdad: a menos que cambies y te vuelvas como un niño pequeño, nunca entrarás en el reino de los cielos. Ven a mí con fe infantil. Pídele a mi Espíritu Santo que elimine cualquier obstáculo o barrera que te retenga. La duda puede obstaculizar tu fe, así que no seas indeciso e inestable como una ola sacudida por el viento. Debes tener fe y confiar en lo que te estoy diciendo, mi amado.

Filipenses 4:6

No se preocupen por nada; más bien, en toda ocasión, con oración y ruego, presenten sus peticiones a Dios y denle gracias.

Sigue buscándome con tu corazón, mente y alma. La vida y las responsabilidades a veces se sienten abrumadoras, pero en lugar de agobiarte, deja que te ayude a llevar esas cargas. No estás destinado a llevarlas solo. Pídele a mi Espíritu Santo que te ayude a gestionar estas tareas. Les daré una paz que sobrepasa todo entendimiento, que guardará sus corazones y mentes en Cristo Jesús.

*16 de febrero*

# RENUEVA TU MENTE

Juan 10:27-28

Mis ovejas oyen mi voz, yo las conozco y ellas me siguen.[28] Yo les doy vida eterna, y no perecerán jamás, ni nadie las arrebatará de mi mano.

El Padre te está diciendo que renueves tu mente en la Palabra de Dios. Concéntrate en Él, no en las distracciones que te rodean. No mires a la izquierda ni a la derecha. No te preocupes por lo que va mal o lo que no funciona. Algo que no funcionó puede ser una bendición disfrazada.

Céntrate en mí y medita en cada palabra que he pronunciado sobre tu vida. Al enemigo le gusta sembrar confusión, haciéndote pensar que no he hablado sobre tu vida. Incluso puede convencerte de que no es mi voz la que estás escuchando. Pero eso es una mentira que viene directamente del infierno. Te confirmo ahora: es mi voz la que oyes, ya sea un pensamiento, una palabra de Dios o incluso una voz audible. Hablo con todos mis hijos de diferentes maneras. Sumérgete conmigo. Mis ovejas oyen mi voz; yo las conozco y ellas me siguen.

*17 de febrero*

# Esperando a Dios

Santiago 1:4

Deja que la perseverancia concluya su obra para que puedan ser maduros y completos, sin que nada les falte.

El Padre está diciendo: "Espera ante mí mientras me adoras". Puede que sientas como si estuvieras vagando por el desierto, pero yo te veo. No estás solo. Estás a punto de elevarte más alto. Seguiste mi llamado cuando dejaste atrás tu hogar y tu pasado. Aunque puedas sentirte estancado, recuerda que no lo estás. Mi gracia te basta. Te estoy fortaleciendo como me has pedido. Confía en que todo lo que ocurre en tu vida está de acuerdo con mi plan. Aunque tu carne se debilite, mi Espíritu permanece fuerte en ti. Mi presencia habita en ti, dándote el poder para perseverar. Deja que la perseverancia concluya su obra en ti para que puedas ser maduro, completo y no te falte nada.

*18 de febrero*

# MANTENIÉNDOTE FIRME EN TU VOCACIÓN

Santiago 4:7

Así que sométanse a Dios. Resistan al diablo y él huirá de ustedes.

Isaías 41:9-10

Te tomé de los confines de la tierra; desde sus rincones más lejanos, te llamé. Dije: "Tú eres mi siervo"; te he escogido y no te he rechazado. Así que no temas, porque yo estoy contigo; no te desanimes, porque yo soy tu Dios. Te fortaleceré y te ayudaré; te sostendré con mi diestra justa.

El Padre está diciendo: "No dejes que tus circunstancias te definan o que definan a quien te he llamado a ser". Sé persistente y protégete de las mentiras del enemigo. Derriba todo espíritu de engaño en el nombre de Jesús. Sométanse a mí, resistan al diablo, y él huirá de ustedes. Los he elegido para este tiempo. Son mis amados, y no los he rechazado. No teman, porque yo estoy con ustedes. No se desanimen, porque yo soy su Dios. Les fortaleceré, les ayudaré y les sostendré con mi diestra justa. Pídanle a mi Espíritu Santo que renueve su fuerza y cambie su perspectiva. Busquen ver a los demás y las situaciones a través de mis ojos, mis amados.

*19 de febrero*

# ACERCÁNDOTE AL DIOS DESCONOCIDO

Hechos 17:23-24

Porque al pasar observé sus objetos sagrados, incluso encontré un altar con esta inscripción: A UN DIOS DESCONOCIDO. Así que ustedes ignoran lo que adoran, y esto es lo que voy a proclamarles.
24"El Dios que hizo el mundo y todo lo que hay en él es el Señor del cielo y de la tierra y no vive en templos construidos por manos humanas.

El Padre está diciendo: "Ven a mí con el corazón abierto". Estoy aquí, dispuesto a escucharte, mi amado. Nunca te dejaré. Aunque sientas que estoy distante, debes saber que estoy más cerca de lo que crees. Al observar lo que adoras, he visto un altar con la inscripción "a un Dios desconocido". Puede que no entiendas del todo a quién adoras. Quiero revelarte esto: el Dios que creó el mundo y todo lo que hay en él es el Señor del cielo y de la tierra y no habita en templos hechos por manos humanas. Honra a Cristo como santo en tu corazón. Que esto se refleje en tu comportamiento, palabras y pensamientos, porque Jesús es el Señor.

## *20 de febrero*

# El regalo de la paz duradera

Filipenses 4:7

Y la paz de Dios, que trasciende todo entendimiento, guardará sus corazones y sus mentes en Cristo Jesús.

Jeremías 33:6

Sin embargo, les traeré salud y sanación; sanaré a mi pueblo y les permitiré disfrutar de paz y seguridad abundantes.

El Padre está diciendo: "Cuando comiences a experimentar mi paz, debes reconocerla como una bendición mía". La verdadera paz viene de arriba. "Y la paz de Dios, que trasciende todo entendimiento, guardará sus corazones y mentes en Cristo Jesús". Las riquezas del mundo son fugaces y no perduran, pero la paz que yo les doy dura para siempre. Esta paz es la verdadera riqueza, una bendición de Dios. Les traeré salud y sanación, revelando una abundancia de paz y verdad, mis amados".

## 21 de febrero

# Abraza la fuerza de Dios en cada desafío

Josué 3:5

Josué dijo al pueblo: "Conságrense, porque mañana el SEÑOR realizará cosas asombrosas entre ustedes".

Proverbios 18:10

El nombre del SEÑOR es una torre fortificada; los justos corren a ella y están a salvo.

El Padre está diciendo: "Libérate de la ilusión de una vida sin problemas. Los obstáculos, las dificultades y las presiones forman parte de tu viaje, pero no los afrontas solo". El Espíritu Santo mora en ti como tu ayudante y abogado. El Espíritu Santo te guiará sin importar las montañas o dificultades que encuentres. No te quedarás estancado en el nombre de Jesús. Dedícate a la palabra de Dios, como Josué instruyó al pueblo: "Conságrense, porque mañana el Señor realizará cosas asombrosas entre ustedes". Alinea todo lo que hagas con el Señor. Él es tu fuerza y tu refugio; Su nombre es una torre fuerte donde los justos encuentran seguridad.

# *22 de febrero*

Números 23:19

Dios no es humano, para mentir ni cambiar de parecer. ¿Acaso habla y luego no actúa? ¿Promete y no cumple?

El Padre te está diciendo: "Po en mis manos toda decepción y traición". No dejes que tus emociones te guíen. Al mismo tiempo, tus sentimientos pueden fluctuar, pero recuerda que Yo permanezco inmutable. Mis promesas hacia ti son inquebrantables y verdaderas. Cada palabra que he pronunciado sobre tu vida es sí y amén. No te dejes engañar por las tácticas de distracción y confusión del enemigo, que son mentiras del pozo del infierno. Yo te guiaré a través de esto; soy el Hacedor de Caminos. Lo que de verdad importa es mi naturaleza inmutable y mis promesas. No soy un hombre que mienta o cambie de opinión. Si he hablado, sin duda lo cumpliré.

*23 de febrero*

# ACÉRCATE AL TRONO CON AUDACIA

Hebreos 4:16

Acerquémonos, pues, con confianza al trono de gracia de Dios, para recibir misericordia y encontrar gracia que nos ayude en nuestros momentos de necesidad.

1 Timoteo 6:15

que Dios hará cumplir a su debido tiempo: Dios, el bendito y único Gobernante, el Rey de reyes y Señor de señores,

Salmos 27:1

El SEÑOR es mi luz y mi salvación, ¿a quién temeré? El SEÑOR es el baluarte de mi vida- ¿de quién he de asustarme?

El Padre está diciendo: "Ven a mí con valentía. Acerquémonos con confianza al trono de la gracia de Dios para que podamos recibir misericordia y encontrar gracia en nuestro momento de necesidad". Pide al Espíritu Santo valentía para predicar el Evangelio y cumplir mi voluntad en el nombre de Jesús. Ven a mí seguro de tu identidad en mí. Yo soy el Rey de Reyes, el Señor de Señores, el Alfa y la Omega, el principio y el fin. Aunque no te sientas capacitado para la tarea, recuerda que soy Yo quien te capacita, no el hombre. Te he llamado por tu nombre y te he designado para este momento. No tengas miedo. El Señor es tu luz y tu salvación; ¿a quién temerás? El Señor es el baluarte de tu vida; ¿de quién has de asustarte?

*24 de febrero*

# ANTICIPAR LAS ABUNDANTES BENDICIONES DE DIOS

Joel 2:25

"Yo los compensaré por los años que se han comido las langostas -la langosta grande y la langosta joven, las otras langostas y la nube de langostas-, mi gran ejército que envié entre ustedes.

Deuteronomio 28:7

El SEÑOR se encargará de que los enemigos que se levanten contra ti sean derrotados. Vendrán hacia ti desde una dirección, pero huirán de ti en siete direcciones.

El Padre está diciendo: "Lo que estoy a punto de hacer por ti va más allá de lo que los oídos han escuchado o los ojos han visto". Me dispongo a abrir las compuertas del cielo en tu favor. Te has humillado ante el Dios Todopoderoso, y aunque otros te hayan pasado por alto, yo te he incluido en mis planes. Cuando tus enemigos se levantaron contra ti, yo los dispersé. No hay nada que no esté dispuesto a hacer por ti. Incluso cuando sentiste deseos de rendirte, te concedí la gracia que necesitabas para cumplir mi voluntad. Mi presencia te acompaña dondequiera que vayas. Restauraré lo que se ha perdido, devolviéndote el favor por los años que las langostas han consumido -todo tipo de langostas y el gran ejército que envié contra ti.

*25 de febrero*

# FORTALEZA EN LA DEBILIDAD

2 Corintios 12: 8-10

[8] Tres veces supliqué al SEÑOR que me lo quitara.[9] Pero él me dijo: "Te basta mi gracia, pues mi poder se perfecciona en la debilidad". Por tanto, con gusto presumiré de mis debilidades, para que el poder de Cristo descanse sobre mí. [10] Por eso, por Cristo, me deleito en las debilidades, en los insultos, en las penurias, en las persecuciones, en las dificultades. Porque cuando soy débil, entonces soy fuerte.

El Padre está diciendo: "Cuando te ataquen, recuerda que eres una amenaza para el enemigo". El adversario, el diablo, ya ha sido derrotado, y la victoria les pertenece, hijos míos. Regocíjense y alégrense, porque están caminando en mi perfecta voluntad. Nunca los defraudaré. Comprendo que el enemigo suele atacar cuando eres débil, pero recuerden mis palabras: "Te basta mi gracia, pues mi poder se perfecciona en la debilidad". Acepta tus debilidades, reproches, necesidades, persecuciones y angustias por amor a Cristo. Cuando eres débil, eres fuerte. No confíes en tus propias fuerzas; fracasarán, pero mi fuerza se perfecciona en tu debilidad.

*26 de febrero*

# PERMANECE ALERTA CONTRA EL ENEMIGO

1 Pedro 5:8

Manténganse alerta y con la mente clara. Su enemigo, el diablo, merodea como un león rugiente, buscando a quien devorar.

El Padre dice: "Manténganse alerta y con la mente clara, porque su enemigo, el diablo, merodea como un león rugiente, buscando a quien devorar". Cuando surjan la confusión y la discordia, pronuncia en voz alta la palabra de Dios para mantenerte firme frente a los ataques del enemigo. La palabra de Dios es la verdad y tu defensa. Aunque sientas que estoy lejos, debes saber que estoy contigo y que nunca me apartaré de tu lado. El Espíritu Santo te guiará y te conducirá por el camino correcto. Cuando tengas dudas, busca la guía del Espíritu Santo, y Él reafirmará tu camino.

## 27 de febrero

# PROTEGE TU MENTE CONTRA EL ENGAÑO

2 Corintios 10:5

Derribamos argumentos y toda altivez que se levanta contra el conocimiento de Dios, y llevamos cautivo todo pensamiento para que sea obediente a Cristo.

Salmo 110:1

El SEÑOR dice a mi Señor: "Siéntate a mi derecha hasta que ponga a tus enemigos por debajo de tus pies".

El Padre está diciendo: "No todo pensamiento que cruza por tu mente es tuyo". Pide al Espíritu Santo que lleve cautivo todo pensamiento y obedezca a Cristo Jesús. Busca Su ayuda para limpiar tu mente de pensamientos impíos. Estás llamado a derribar las imaginaciones y toda altivez que se levanta contra el conocimiento de Dios, llevando cautivo todo pensamiento a la obediencia de Cristo. El enemigo intenta inducirte a estar de acuerdo con las mentiras del pozo del infierno. Libérate declarando: 'Salgo de todo contrato y mentira del enemigo en el nombre de Jesús'. Rechaza toda palabra maldita en el espíritu y ordena que toda mentira sea demolida en el nombre de Jesús.

Recuerda que el Señor dice: 'Siéntate a mi derecha hasta que ponga a tus enemigos por debajo de tus pies'.

## *28 de febrero*

# INTERCAMBIAR CARGAS POR PAZ

1 Pedro5:7

Echa sobre él toda tu ansiedad, porque él cuida de ti.

Filipenses 4:7

Y la paz de Dios, que trasciende todo entendimiento, guardará sus corazones y sus pensamientos en Cristo Jesús.

El Padre está diciendo: "Echen toda su ansiedad sobre mí, porque me preocupo profundamente por ustedes, hijos míos". Entrégamelo todo -tu pasado, presente y futuro-. Permíteme llevar tus cargas, pues no hay nada a lo que te enfrentes que yo desconozca. Entrégame cada carga, una a una, pues nunca has debido llevarlas solo. Yo te daré paz en medio de todo. Cambia tus preocupaciones, inquietudes y ansiedades por mi paz perfecta que trasciende todo entendimiento. Incluso en medio de la complejidad, sentirás una paz que no tiene sentido para el mundo. Confíen sólo en mí; mi paz guardará sus corazones y sus mentes en Cristo Jesús. Acérquense a mí con acción de gracias y agradézcanme lo que he hecho y estoy a punto de hacer en el nombre de Jesús.

*29 de febrero*

# Obediencia en la separación

Éxodo 34:14

No adores a ningún otro dios, porque el SEÑOR, cuyo nombre es Celoso, es un Dios celoso.

Lucas 17:32

¡Acuérdense de la esposa de Lot!

El Padre está diciendo: "Me han escuchado correctamente, amados míos. Les pedido que se separen de ciertos miembros de su familia y de determinadas zonas, dándoles indicaciones claras sobre su camino". Comprendo que esto es un reto, pero puedes hacerlo todo a través de Cristo Jesús, que te fortalece. Incluso cuando te sientas solo, recuerda que nunca estás verdaderamente solo. Tu obediencia tendrá un impacto duradero, salvando a generaciones. Por eso no puedes llevarlos contigo. Sigue mis mandatos con diligencia, porque yo soy tu Señor. Es crucial que prestes atención al llamado que se ha hecho a tu vida. Te he apartado para revelarte visiones y sueños. No adorarás a ningún otro dios, porque el Señor, cuyo nombre es Celoso, es un Dios celoso'. Aléjate de quienes obstaculizan tu misión y concéntrate en hacer mi voluntad. No mires atrás ni seas como la mujer de Lot, que se convirtió en estatua de sal por mirar hacia atrás.

## *1 de marzo*

# RENUNCIAR AL MIEDO Y ABRAZAR LA LIBERTAD

Isaías 59:1

Ciertamente el brazo del SEÑOR no es demasiado corto para salvar, ni su oído es sordo para oír.

Mateo 3:2-12

"Arrepiéntanse, porque el reino de los cielos se ha acercado". 3
Este es aquel de quien habló el profeta Isaías: "Voz del que clama
en el desierto: 'Preparen el camino para el Señor, allanen las sendas
para él'".

4 Juan vestía ropas de pelo de camello y llevaba un cinturón de
cuero alrededor de la cintura. Se alimentaba de langostas y miel
silvestre.5 De Jerusalén y de toda Judea, y de toda la región del
Jordán, salía gente a su encuentro. 6Confesando sus pecados,
fueron bautizados por él en el río Jordán.7 Pero al ver que muchos
fariseos y saduceos se acercaban a donde él bautizaba, les dijo:
"¡Camada de víboras! ¿Quién les enseñó a huir de la ira venidera?
8 Dar frutos dignos de arrepentimiento. 9 Y no piensen que pueden
decirse a ustedes mismos: 'Tenemos a Abraham por padre'. Yo les
digo que de estas piedras puede Dios suscitar hijos para Abraham.
10 El hacha ya está en la raíz de los árboles, y todo árbol que no dé

buenos frutos será cortado y arrojado al fuego.[11] "Yo los bautizo con [b] agua para que se arrepientan. Pero después de mí viene uno que es más poderoso que yo, cuyas sandalias no soy digno de llevar. Él los bautizará con [c] Espíritu Santo y fuego. [12] Su aventador está en su mano, y limpiará su era, juntando su trigo en el granero y quemando la paja con fuego inextinguible".

El Padre está diciendo: "Abandona todo temor y duda y ven a mí con expectación. Yo te libraré de la mano del enemigo". El brazo del Señor no es demasiado corto para salvar, ni Su oído es sordo para oír. Arrepiéntete de todos tus pecados, y hoy, recibirás la libertad de toda forma de esclavitud. Cambia tu mente y apártate de los viejos caminos, porque el reino de los cielos está cerca. Aquí se cumple lo que dijo el profeta Isaías: Voz del que clama en el desierto: Preparen el camino del Señor, enderecen sus sendas.

*2 de marzo*

# Seguir adelante con el perdón

Romanos 8:1

Por tanto, ya no hay condenación para los que están en Cristo Jesús,

Filipenses 3:12-14

No es que ya haya conseguido todo esto o que ya haya llegado a mi meta, sino que insisto en hacer mío aquello para lo que Cristo Jesús me hizo suyo. 13Hermanos y hermanas, yo no me considero todavía en posesión de ello. Pero una cosa sí hago: Olvido lo que queda atrás y me esfuerzo por alcanzar lo que está por delante, 14 prosigo hacia la meta para ganar el premio para el que Dios me ha llamado al cielo en Cristo Jesús.

El Padre está diciendo: "Ya te he perdonado, así que no hay necesidad de autocondenación". No hay condenación para los que están en Cristo Jesús. Te has arrepentido de tu pecado, y es hora de seguir adelante. La condenación viene del adversario, no de mí. Yo estoy a tu favor, luchando constantemente por ti, no en tu contra. Aunque no hayas alcanzado la perfección, sigue adelante, igual que yo sigo adelante para reclamar aquello para lo que Cristo Jesús me ha hecho suyo. Olvida lo que queda atrás y concéntrate en lo que tienes por delante. Continúa avanzando hacia la meta, hacia el premio del supremo llamamiento de Dios en Cristo Jesús.

## 3 de marzo

# ABRAZAR UNA FE SIN LÍMITES

Mateo 17:20

Él respondió: "Porque tienen muy poca fe. En verdad les digo que, si tienen fe tan pequeña como un grano de mostaza, pueden decir a esta montaña: 'Muévete de aquí a allá', y se moverá. Nada les será imposible".

El Padre está diciendo: "No dudes de lo que puedo lograr en tu vida". ¿Tienes fe en que puedo hacerlo? Yo soy el Dios de Abraham, Isaac y Jacob. Elimina los límites que me has puesto, porque soy un Dios sin límites. Te pido que pongas tu fe en mí y permanezcas obediente, porque la obediencia es mayor que el sacrificio. La fe tan pequeña como un grano de mostaza puede mover montañas, y nada será imposible para ti. La fe me complace; sin ella, es imposible complacerme. Pide al Espíritu Santo que aumente tu fe y elimine todo lo que no sea mío, en el nombre de Jesús.

*4 de marzo*

# Responder con gracia

Proverbios 25:21-23

Si tu enemigo tiene hambre, dale de comer; si tiene sed, dale de beber. [22] Al hacerlo, amontonarás carbones encendidos sobre su cabeza, y el SEÑOR te recompensará.[23] Como un viento del norte que trae lluvia inesperada es una lengua socarrona, que provoca una mirada horrorizada.

El Padre está diciendo: "Si tu enemigo tiene hambre, dale de comer; si tiene sed, dale de beber". Haciendo esto, amontonarás carbones encendidos sobre su cabeza, y Yo, el Señor, te recompensaré. No importa lo que tus enemigos hayan hecho o estén haciendo. Recuerda que soy un Dios omnisciente que todo lo ve y todo lo entiende. Yo estoy con ustedes. Cuando tus enemigos lo necesiten, muéstrales bondad, y yo recompensaré tu fidelidad.

*5 de marzo*

# ENFOCA TU MENTE EN LO CELESTIAL

Colosenses 3:2

Concéntrense en las cosas de arriba, no en las de la tierra.

El Padre dice: "Concéntrate en las cosas de arriba, no en las de la tierra". Porque han muerto, y su vida está ahora escondida con Cristo en Dios. Cuando Cristo aparezca en tu vida, tú también aparecerás con Él en la gloria. Al enfocarte en las cosas celestiales, todo lo demás se desvanecerá, tu fe crecerá, y los ataques del enemigo serán desmantelados en el espíritu. Este enfoque te permite sentir el verdadero gozo y las bendiciones que deseo derramar sobre ti y a través de ti".

*6 de marzo*

# Buscar a Dios con todo el corazón

Mateo 7:7

"Pidan y se les dará; busquen y encontrarán; llamen y se les abrirá la puerta.

Gálatas 5:22-23

22Porque el fruto del Espíritu es amor, gozo, paz, paciencia, amabilidad, bondad, fidelidad, 23 humildad y dominio propio. No hay ley contra tales cosas .

El Padre está diciendo: "Cuando vengas a mí, búscame con todo tu corazón, mente y alma". Pidan y se les dará; busquen y encontrarán; llamen y se les abrirá la puerta. Todo lo que pidas en mi nombre te será concedido. Pide al Espíritu Santo que elimine toda incredulidad y aumente tu fe en todas las áreas de tu vida. Los frutos del Espíritu -amor, alegría, paz, paciencia, bondad, amabilidad, fidelidad y dominio de sí mismo- crecerán abundantemente en mi nombre. Recuerden, no pueden hacer nada sin mí, hijos míos".

*7 de marzo*

# PROMESA DE RENOVACIÓN

Romanos 8:28

28 Y sabemos que Dios obra en todas las cosas para el bien de los que le aman, de los que han sido llamados según su propósito.

El Padre está diciendo que debes acercarte a Él con anticipación y fe, confiando en que Él tiene grandes cosas reservadas para ti. Es natural sentirse desanimado cuando no ves cambios o progresos inmediatos, pero ten la seguridad de que un gran avance está cerca.

Este avance afectará a todas las áreas de tu vida: salud mental, finanzas, relaciones y mucho más. Aunque el camino puede haber sido difícil y desafiante, todo es parte de Su plan divino. Dios te está moldeando, eliminando lo que no es beneficioso y orquestando todo para tu bien.

Cuando busques Su guía, recuerda consultar al Espíritu Santo para que te oriente. No te dejes llevar por tus propios sentimientos o percepciones, sino que debes confiar en el Espíritu Santo para que te revele lo que es mejor para ti. Confía en Su sabiduría para guiar tus pasos y conducirte a través de esta temporada transformadora

*8 de marzo*

# RECORDAR SU SACRIFICIO

1 Corintios11: 23-26

23Porque yo recibí del SEÑOR lo que también transmito a ustedes:
El SEÑOR Jesús, la noche en que fue traicionado, tomó pan, 24 y
habiendo dado gracias, lo partió y dijo: "Esto es mi cuerpo,
entregado por ustedes; hagan esto en conmemoración mía".
25Asimismo, después de cenar, tomó la copa, diciendo: "Esta copa
es la nueva alianza en mi sangre; hagan esto, cada vez que la beban,
en conmemoración mía". 26Porque cada vez que comen este pan y
beben esta copa, anuncian la muerte del SEÑOR hasta que él venga.

El Padre está diciendo que Jesús nos invita a participar en la comunión como un poderoso acto de recuerdo. El pan y la copa no son meros símbolos, sino recordatorios profundamente significativos de su sacrificio por la humanidad. El pan representa su cuerpo, partido por nosotros, mientras que la copa significa su sangre, derramada por la nueva alianza.

Como relata Pablo, la noche en que Jesús fue traicionado, tomó pan, dio gracias, lo partió y dijo: "Esto es mi cuerpo, entregado por ustedes; hagan esto en conmemoración mía". Del mismo modo, tomó la copa después de la cena, declarando: "Esta copa es la nueva alianza en mi sangre; hagan esto, cada vez que la beban, en conmemoración mía".

La comunión es un momento para honrar su sacrificio y proclamar su muerte hasta que vuelva. Cada vez que comemos el pan y bebemos la copa, reafirmamos nuestra fe y recordamos el profundo costo de su amor.

*9 de marzo*

# LLAMADA A LA RENDICIÓN

Lucas 11:25

Cuando llega, encuentra la casa barrida y ordenada.

Proverbios 24:3-4

Por la sabiduría se construye una casa, y por la inteligencia se cimenta; 4 con el conocimiento, se llenan sus cuartos de tesoros preciosos y raros.

Salmos 51:10

Crea en mí, oh Dios, un corazón puro y renueva en mí un espíritu firme.

El Padre está diciendo: "Es la hora". Es hora de rendir cada parte de tu vida ante ÉL: tu voluntad, tus caminos y tu corazón. Confía en Él con todo tu ser y elimina todas las distracciones que obstaculizan tu caminar con Él.

Para algunos, esto significa dejar ir a ciertas personas. Para otros, implica liberarse de adicciones mundanas o superar hábitos perjudiciales. Si has estado buscando confirmación, aquí la tienes: el Señor te llama a poner fin a viejos ciclos y abrazar Su orden y paz.

Es tiempo de avance tras avance y de un desbordamiento de Su presencia en tu vida. Abraza este momento de transformación y renovación, sabiendo que Dios te está preparando para cosas mayores.

*10 de marzo*

# Provisión ilimitada

Efesios 3:20

Y a Aquel que puede hacer mucho más de lo que pedimos o imaginamos, según el poder que actúa en nosotros,

El Padre está diciendo que Él promete satisfacer cada necesidad que tengas, física, emocional, espiritual o mental, sin límite. Él te invita a eliminar cualquier restricción que hayas puesto a Su capacidad de proveer y a confiar en Él para recibir abundantes bendiciones en el nombre de Jesús. Pídele al Espíritu Santo que te llene si necesitas fuerza o gracia para hoy. Acepta la realidad de tener un Padre amoroso en el cielo que te adora y puede superar tus sueños y expectativas más salvajes. Deja ir cualquier sentimiento de ser huérfano y confía en Su ilimitada provisión y cuidado.

*11 de marzo*

# TRIUNFO EN MEDIO DE LAS PRUEBAS

Apocalipsis 5:5

Entonces uno de los ancianos me dijo: "¡No llores! Mira, ha triunfado el León de la tribu de Judá, la Raíz de David. Es capaz de abrir el rollo y sus siete sellos".

El Padre está diciendo que, tal como proclamó el anciano en el Apocalipsis: "¡No llores! Mira, ha triunfado el León de la tribu de Judá, la Raíz de David". Sólo él es digno de abrir el rollo y sus siete sellos. No te inquietes ni temas, porque el Señor, tu Dios, está contigo y por ti. Él te acompaña dondequiera que vayas. Continúa buscándolo e invita Su presencia en cada área de tu vida. Aunque te enfrentes a diversas pruebas, recuerda que no se trata de sucesos extraños, sino de oportunidades para compartir los sufrimientos de Cristo. Alégrate, porque al participar en Sus pruebas, también compartirás Su gloria con gran alegría. Pide al Espíritu Santo que te revele verdades más profundas y te lleve más lejos en las cosas de Dios. El Señor y tú explorarán las profundidades de Su presencia y Sus promesas.

*12 de marzo*

# DERRIBAR FORTALEZAS

2 Corintios 10:4

Las armas con las que luchamos no son armas del mundo. Al contrario, poseen el poder divino para derribar fortalezas.

1 Corintios 2:16

Porque, "¿Quién ha conocido la mente del Señor para instruirlo?". Pero nosotros tenemos la mente de Cristo.

El Padre está diciendo: "Nuestras armas de guerra no son terrenales, sino poderosas a través de Dios para derribar fortalezas". Estas fortalezas pueden arraigarse en tu mente o en cualquier área de tu vida donde repetidamente te entretengas y estés de acuerdo con pensamientos negativos o engañosos, dándole acceso al enemigo. Para cerrar esta puerta, renuncia y reprende toda mentira que hayas aceptado. Si luchas con creencias como que siempre serás pobre o que nunca alcanzarás todo tu potencial, reconoce que son mentiras del enemigo. Renuncia a ellas y pídele al Espíritu Santo que desmantele estas fortalezas en tu mente. Recuerda, tenemos la mente de Cristo y no debemos permitir que el enemigo use nuestros pensamientos o vidas para sus propósitos. En su lugar, declara y decreta la Palabra de Dios sobre tu mente y tu vida, afirmando tu identidad como hijo de Dios.

*13 de marzo*

# Encontrar la paz en el lugar secreto

Mateo 6:6

Pero cuando oren, entren en su habitación, cierren la puerta y oren a su Padre, que es invisible. Entonces su Padre, que ve lo que se hace en secreto, les recompensará.

Juan 14:27

Mi paz les dejo, mi paz les doy. No la doy a ustedes como la da el mundo. No se turbe su corazón, ni tengan miedo.

El Padre está diciendo: "Encuentra consuelo en tu lugar secreto de oración". Entra en tu habitación, cierra la puerta y habla con tu Padre que está en lo secreto. Él ve lo que se hace en secreto y te recompensará. En este espacio tranquilo, sumérgete en Su presencia. El Padre se deleita en pasar tiempo contigo y aprecia tu presencia. Anhela estar cerca de ti y te ofrece Su paz, que sobrepasa todo entendimiento y no se encuentra en el mundo. Cualquier carga que lleves, ponla a sus pies. Él te da paz de mente y de corazón, un don que disipa el miedo y los problemas. Abraza Su paz y acércate a Él en esta hora sagrada.

*14 de marzo*

# PROTEGIDO POR SUS ÁNGELES

Salmos 91:11

Porque mandará a sus ángeles que te guarden en todos tus caminos;

El Padre está diciendo que Él ha encargado a Sus ángeles que cuiden de ti para protegerte en todos tus caminos. Dondequiera que vayas, tienes ángeles velando por ti para guardarte y apoyarte. Te atraparán si tropiezas, asegurándose de que no caigas. Caminarás seguro incluso entre peligros, como leones y serpientes, con la protección divina guiando tu camino. Los ángeles han recibido la orden de actuar en tu nombre y te ayudarán siempre que sea necesario. Confía en su presencia y autoridad, sabiendo que estás rodeado de guardianes celestiales.

## *15 de marzo*

# SIEMPRE CONTIGO

Hechos 12:17

Pedro les hizo un gesto con la mano para que se callaran y les describió cómo el SEÑOR le había sacado de la cárcel. "Cuéntaselo a Santiago y a los demás hermanos," les dijo, y se marchó a otro lugar.

Isaías 43:4

Porque eres precioso ante mis ojos y digno de honra, y porque te amo, a cambio de ti entregaré pueblos, a cambio de tu vida entregaré naciones.

El Padre te está diciendo que está contigo cuando te levantas y cuando te acuestas. Te llama continuamente a una relación más profunda con Él, invitándote a ascender a nuevas alturas. Eres precioso y amado a sus ojos. Pide al Espíritu Santo que te revele cómo te ve Dios: hermoso y perfecto, tal como eres. Del mismo modo que el Señor sacó a Pedro de la cárcel y le ordenó que compartiera la noticia, también te está guiando e instando a abrazar la profundidad de Su amor y Su presencia. Confía en que Él está siempre contigo, guiándote hacia adelante en Su gracia.

*16 de marzo*

# CONFIAR PLENAMENTE

2 Corintios 12:7

o por estas revelaciones tan grandiosas. Por eso, para evitar que me envaneciera, se me clavó una espina en la carne, un mensajero de Satanás, para que me atormentara.

Proverbios 3:5-6

Confía en el SEÑOR de todo corazón y no te apoyes en tu propio entendimiento; 6 en todos tus caminos sométete a él, y él enderezará tus sendas.

El Padre está diciendo: "¿Confiarás en Mí con todo tu corazón?". ¿Entregarás esa adicción que te ata o liberarás al familiar que te retiene? Recuerda que Él también se preocupa por ellos. Él desea todo de ti-no sólo una parte, sino todo tu ser. Confía en Su guía, sabiendo que Él te llevará por el camino correcto. Tus debilidades son una oportunidad para que resplandezca Su fuerza. Pídele al Espíritu Santo que fortalezca y renueve tu alma en el nombre de Jesús, abrazando la plenitud de Su apoyo y gracia.

*17 de marzo*

# Exaltar el nombre sobre todos los nombres

Mateo 6: 25-34

"Por tanto, les digo: no se preocupen por sus vidas, por lo que comerán o beberán, ni por sus cuerpos, por lo que vestirán. ¿No es la vida más que el alimento y el cuerpo más que la ropa? [26]Miren las aves del cielo; no siembran, ni cosechan, ni almacenan en graneros, y, sin embargo, su Padre celestial las alimenta. ¿No eres tú mucho más valioso que ellas? [27] ¿Puede alguno de ustedes, preocupándose, añadir una sola hora a su vida? [28] "¿Y por qué te preocupas por la ropa? Mira cómo crecen las flores del campo. No trabajan ni hilan. [29] Sin embargo, les digo que ni siquiera Salomón en todo su esplendor se vistió como uno de éstos.[30] Si así viste Dios a la hierba del campo, que hoy está aquí y mañana es arrojada al fuego, ¿no los vestirá mucho más a ustedes, hombres de poca fe? [31] Así que no se preocupen en decir: '¿Qué comeremos?' o '¿Qué beberemos?' o '¿Qué nos pondremos?'.[32] Porque los paganos corren tras todas estas cosas, y su Padre celestial sabe que las necesitan. [33] Pero busquen primero su reino y su justicia, y todas estas cosas les serán dadas por añadidura. [34] Por tanto, no se preocupen por el mañana, porque el mañana se preocupará de sí mismo. Cada día tiene sus propios problemas.

El Padre está diciendo que te inclines ante Él y exaltes Su nombre, que está por encima de cualquier otro nombre. Jesús es el Alfa y la Omega, el principio y el fin, el Rey de Reyes y el Señor de Señores. Él es el Dios de lo imposible y te llama a eliminar todos los límites que le has puesto. Es un Dios sin límites que proveerá a todas tus necesidades. No hay necesidad de preocuparse por el mañana, ya que se ocupará de sí mismo. Enfócate en el hoy, y deja en sus manos tus preocupaciones sobre las finanzas, la familia y otras cargas.

## *18 de marzo*

# VEN TAL COMO ERES

1 Juan 1:4

Escribimos esto para que nuestra alegría sea completa.

El Padre está diciendo que vengas a Él tal y como estás - roto, deprimido, o luchando con cualquier problema o adicción. Él no requiere que te arregles o te limpies antes de venir a Él. Su amor es incondicional y te recibe con los brazos abiertos. Tu entrega a Él, en cualquier estado en que te encuentres, es más que suficiente. Él no cuenta tus pecados en tu contra; una vez que te arrepientes y vas hacia Él, te perdona y borra tus pecados por completo. Como dice la Escritura, si confesamos nuestros pecados, Él nos perdonará y nos limpiará de toda maldad. El Padre está aquí para restaurarte y sanarte. Acércate a Él sin vacilaciones ni pretensiones.

# 19 de marzo

# Eres mío

Isaías 43:1-2

Pero ahora, esto es lo que dice el SEÑOR: el que te creó, Jacob, el que te formó, Israel: "No temas, porque yo te he redimido; te he llamado por tu nombre; tú eres mío. [2] Al cruzar las aguas, yo estaré contigo; al cruzar los ríos, no te cubrirán sus aguas. Al caminar por el fuego, no te quemarán; las llamas no te abrasarán.

El Padre está diciendo que no debes temer, porque Él te ha redimido y te ha llamado por tu nombre. Tú le perteneces, y Él te pertenece. Ya sea que pases por aguas o ríos, Él estará contigo, y no te abrumarán. Su presencia es constante, independientemente de tus emociones: tanto si estás abatido como alegre, Su amor permanece firme. Dios es el amor mismo, y Su compromiso contigo es inmutable. Él nunca te dejará ni te abandonará; estás bien sujeto en la palma de Su mano. Eres muy amado y nunca estás solo.

## 20 de marzo

# FIRMES EN LA FE

Romanos 12:12

Alégrense en la esperanza, sean pacientes en la aflicción, sean fieles en la oración.

1 Pedro 1:3

¡Alabado sea el Dios y Padre de nuestro SEÑOR Jesucristo! En su gran misericordia nos ha hecho renacer por la resurrección de Jesucristo de entre los muertos para que tengamos una esperanza viva.

El Padre te está diciendo que no te rindas, aunque el enemigo trabaje duro para acorralarte. El adversario puede utilizar a tus compañeros de trabajo, a los miembros de tu familia, o incluso a personas que parecen amistosas pero que son influenciadas sin que se den cuenta. Mantente alerta y no dejes que el diablo te manipule o te atemorice. Recuerda, a través de Jesucristo, tienes todo poder y autoridad. Reprende cada ataque del enemigo inmediatamente y átalo en el nombre de Jesús. No esperes, actúa rápidamente cuando surjan los desafíos. Eres un guerrero ungido para este momento. Mantente enfocado en el Padre, poniendo toda tu esperanza en Él. Nunca perderás la esperanza si se la confías a Él, porque Él es el camino, la verdad y la vida. Abraza el poder en el nombre de Jesús.

## *21 de marzo*

# PERMANECER FIRMES

Joel 2:25

"Yo los compensaré por los años que se han comido las langostas -la langosta grande y la langosta joven, las otras langostas y la nube de langostas-, mi gran ejército que envié entre ustedes.

El Padre está diciendo que no debes rendirte ni dejarte influenciar por las mentiras del enemigo. Reprende todo espíritu de engaño y resístete a creer las falsedades que el diablo trata de plantar en tu mente y en tu vida. Recuerda que el Espíritu Santo mora en ti, y ha sido enviado para consolarte y guiarte en cualquier momento de necesidad. Pídele al Espíritu Santo que te guíe si alguna vez te sientes alejado de Dios. Puede que te guíe a ayunar o a tomar otras medidas según te indique. Continúa buscando la presencia y los caminos de Dios, aprendiendo a depender plenamente de Él. Él te ha pedido que se desprenda de ciertas cosas, no porque las esté reteniendo, sino porque no pueden acompañarte al siguiente nivel de Su plan para tu vida. Sé obediente y confía en Su guía mientras te conduce hacia adelante.

## *22 de marzo*

# NO ESTÁS SOLO

Juan 20:21

De nuevo, Jesús dijo: "¡La paz esté con ustedes! Como el Padre me ha enviado, así los envío yo".

Salmos 23:2

En verdes praderas me hace descansar. Junto a tranquilas aguas me conduce,

El Padre está diciendo: "No estás solo. Entrégale todo a Él, porque Él está listo para restaurarte y ponerte de nuevo en orden". Aunque no lo sientas, confía en que Él está obrando según Sus promesas y alineándote con Su voluntad. No te contengas; ofrécele todo de ti. Él restaurará lo que te ha sido arrebatado, y te lo devolverá al ciento por uno en el nombre de Jesús. El Padre te recompensará por los años de pérdidas y dificultades, ya sea por las langostas o por cualquier otra prueba. Confía en Su poder para renovarte y bendecirte abundantemente.

## 23 de marzo

# LA PAZ SEA CONTIGO

Juan 20:21

De nuevo, Jesús dijo: "¡La paz esté con ustedes! Como el Padre me ha enviado, así los envío yo".

Salmos 23:2

En verdes praderas me hace descansar. Junto a tranquilas aguas me conduce,

El Padre te está diciendo que estás en perfecta paz. Así como Jesús dijo: "La paz esté con ustedes", Él declara shalom sobre ti, trayendo paz a tu mente, a tu corazón y a tu familia. Él está continuamente obrando en tu vida, incluso tras bastidores, orquestando todo para tu bien por Su profundo amor por ti. Ten por seguro que Él ve tu confianza plena y te guiará por aguas tranquilas, restaurando tu alma y guiándote en justicia por Su nombre.

## 24 de marzo

# ENTREGA Y TRANSFORMACIÓN

Gálatas 2:20

He sido crucificado con Cristo, y ya no vivo yo, sino que Cristo vive en mí. La vida que ahora vivo en el cuerpo, la vivo por la fe en el Hijo de Dios, que me amó y se entregó por mí.

El Padre está diciendo que necesitas entregarle tu vida a Él. Cuando lo haces, declaras que ya no eres dueño de tu vida. Le has pedido que elimine las influencias mundanas. Él está quemando fielmente los deseos egoístas y la maldad, apartándote. Aunque permaneces en este mundo, ya no eres definido por él. Tu vida es ahora vivida por la fe en el Hijo de Dios, que te amó y se entregó por ti. Abraza esta nueva identidad y comprométete a seguir adelante en este estado transformado, sin volver a tus viejos caminos.

*25 de marzo*

# La presencia inquebrantable de Dios

Deuteronomio 31:8

El SEÑOR mismo irá delante de ti y te acompañará; nunca te dejará ni te abandonará. No temas ni te desanimes"

El Padre está diciendo: "El Señor mismo irá delante de ti y te acompañará; nunca te dejará ni te abandonará. No temas ni te desanimes". Incluso cuando las cosas no salgan según lo planeado y las circunstancias parezcan desafiantes, suelta la necesidad de controlar cada situación y la expectativa de una vida libre de problemas. Confía en que Dios tiene todo el poder y hace que todo sea para tu bien. Como Su hijo, Él nunca te defraudará. En lugar de desanimarte por las expectativas no cumplidas, debes creer que Él tiene reservado para ti algo mucho mejor de lo que podrías pedir o imaginar. Busca la guía y claridad del Espíritu Santo sobre la dirección que debes tomar en cada área de tu vida.

*26 de marzo*

# RESTAURACIÓN TRAS EL SUFRIMIENTO

1 Pedro 5:10-11

Y el Dios de toda gracia, que los llamó a su gloria eterna en Cristo, luego de que hayan sufrido un poco de tiempo, él mismo los restaurará y los hará fuertes, firmes y constantes. [11] A él sea el poder por los siglos de los siglos. Amén.

El Padre está diciendo que "Y el Dios de toda gracia, que los llamó a su gloria eterna en Cristo, luego de que hayan sufrido un poco de tiempo, él mismo los restaurará y los hará fuertes, firmes y constantes. Su poder es eterno. A través de tu dolor, angustia y dificultades, Él te sacará adelante y anulará todos los ataques del enemigo. Como Él hace nuevas todas las cosas, emergerás del fuego ileso y sin cambios por lo que has soportado. Incluso si dudabas de cómo o cuándo superarías tus luchas, el Padre está orgulloso de ti por no rendirte ni darte por vencido. Has superado la prueba, y Su fuerza te ha sacado adelante.

*27 de marzo*

# Restauración completa

1 Corintios 15:10

Pero por la gracia de Dios, soy lo que soy, y su gracia para conmigo no fue sin efecto. No, yo trabajé más duro que todos ellos; pero no yo, sino la gracia de Dios que estaba conmigo.

Éxodo 20:3

"No tendrás otros dioses además de mí.

El Padre está diciendo: "Conoce Su obra de restauración en tu vida". Él está restaurando tu mente, emociones y corazón. Esta restauración es el resultado de Su especial favor y gracia. Así como Pablo trabajó diligentemente, reconociendo que era la gracia de Dios obrando a través de él, así también tu transformación es un reflejo de Su favor inmerecido. Mientras quitas los ídolos de tu vida y obedeces Su voz, recuerda que la obediencia es mayor que el sacrificio. Confía en Su promesa de completa restauración y abraza la verdad de que Él es el único Dios en tu vida.

## 28 de marzo

# El poder de la alabanza

Efesios 5:27

y para presentársela a sí mismo como una Iglesia radiante, sin mancha ni arruga ni ningún otro defecto, sino santa e intachable.

Romanos 8:6

La mente gobernada por la carne es muerte, pero la mente gobernada por el Espíritu es vida y paz.

El Padre está diciendo que el verdadero avance ocurre cuando elevas alabanzas a Su nombre, que está por encima de cualquier otro nombre. Ríndete completamente a Él y deja que las cosas de este mundo se desvanezcan. Pídele al Espíritu Santo que quite todos los deseos carnales y mundanos de tu vida. Dios se está preparando para regresar por una novia sin inmaculada; una iglesia radiante sin mancha ni arruga, santa e intachable. Él es un Dios santo y te llama a ser santo como Él. Acércate a Él con acción de gracias y ofrécele la alabanza y adoración que Él se merece. Recuerda, una mente gobernada por la carne lleva a la muerte, pero una mente gobernada por el Espíritu trae vida y paz.

## 29 de marzo

# MOVIENDO MONTAÑAS POR TI

1 Tesalonicenses 5:16-18

Estén siempre alegres, [17] oren continuamente, [18] den gracias en toda circunstancia; porque esta es la voluntad de Dios para con ustedes en Cristo Jesús.

El Padre está diciendo que Él está obrando todas las cosas para tu bien, moviendo montañas de demora, engaño y obstáculos. A pesar de los incesantes ataques del enemigo desde todos los ángulos de tu vida, recuerda que ningún arma forjada contra ti prosperará. Aunque hayas tenido ganas de rendirte, tu perseverancia y tu negativa a sucumbir a las tácticas del enemigo no han pasado desapercibidas. El Padre se dispone a bendecirte financiera y espiritualmente. Ustedes han escogido la justicia, y ella permanecerá con ustedes. Hijos míos, sepan que son profundamente amados y cuidados. Regocíjense siempre, oren continuamente y den gracias en toda circunstancia, porque esta es la voluntad de Dios para ustedes en Cristo Jesús.

## *30 de marzo*

# EN AGUAS MÁS PROFUNDAS

Salmos 42:7

Lo profundo llama a lo profundo en el rugido de tus cascadas;

y tus olas y mareas crecientes me arrasan.

Hechos 17:26

De un solo hombre formó todas las naciones, para que poblaran toda la tierra, y estableció los límites de sus territorios y los períodos de tiempo que les correspondían en la historia.

El Padre te está diciendo que le permitas derrumbar las barreras para que pueda obrar poderosamente en tu vida y llevarte a un nivel más profundo. A medida que confíes en Él y busques Su mano en cada aspecto de tu camino, verás avances en áreas que ni siquiera sabías que necesitaban atención. Confiar en Él es como caminar sobre el agua: puede que no veas el camino que te espera, pero puedes confiar en Su guía. Los cambios empezarán a producirse, transformando cosas que no sabías que necesitaban cambiar. Alaba su sagrado nombre, porque Él es un Dios poderoso que hace grandes cosas en tu vida. Él está enviando nuevos ayudantes del destino para que te asistan en tus tareas del reino, ya sea escribir ese libro o empezar ese ministerio. Confía en que Él está orquestando el momento y los lugares perfectos para ti. Lo profundo llama a lo profundo; sus olas y mareas te rodearán con Su presencia.

*31 de marzo*

# LIBERARSE DEL MIEDO

Juan 10:14-16

"Yo soy el buen pastor; conozco a mis ovejas, y ellas me conocen a mí,[15] como el Padre me conoce y yo le conozco a Él. Así que sacrifico mi vida por las ovejas.[16] Tengo otras ovejas que no están en este redil. También debo traerlas. Ellas oirán mi voz y habrá un solo rebaño con un solo pastor".

Salmos 50:15

"...clama a mí en el día de la angustia, yo te liberaré y tú me darás la gloria".

El Padre está diciendo que la duda y el miedo pueden entorpecer tu camino con Él y limitar lo que Él puede lograr en tu vida. Libérate del miedo, porque Él te ha llamado a ser valiente como un león. Cuando te humilles ante Él, Él eliminará toda duda y todo miedo. Él puede hacer mucho más de lo que puedes pedir, pensar o imaginar. Como tu gran Pastor, Él te invita a seguir Sus pasos. A diferencia del peón, que abandona a las ovejas cuando llega el peligro, el buen Pastor da Su vida por las ovejas. El Padre te cuida, te protege del maligno y te guía con Su profundo y personal cuidado. Confía en el buen Pastor, que te conoce íntimamente y da Su vida por ti.

## *1 de abril*

# UNA NUEVA TEMPORADA DE RESTAURACIÓN

Éxodo 34:14

No adores a ningún otro dios, porque el SEÑOR, cuyo nombre es Celoso, es un dios celoso.

Jeremías 30:18

El SEÑOR dice: "Restauraré la fortuna de las tiendas de Jacob y tendré compasión de sus moradas; la ciudad será reconstruida sobre sus ruinas, y el palacio se levantará en su lugar adecuado".

El Padre dice que has entrado en un nuevo mes de nuevos comienzos y que estás iniciando una nueva temporada. Tanto si has estado soportando una sequía como una tormenta en tus finanzas o en tu familia, debes saber que Él está rompiendo todos los ciclos de esclavitud que te han mantenido atado. La restauración está llegando conforme Él elimina todas las trampas que el enemigo ha puesto. Mantente obediente a Su voz y evita idolatrar cualquier cosa o persona, porque el Señor, cuyo nombre es Celoso, es un Dios celoso. Abraza esta nueva temporada con fe, sabiendo que Él trae renovación y libertad a tu vida.

## *2 de abril*

# Paz en medio de la adversidad

Juan 16:33

Les he dicho lo anterior para que puedan tener paz en mí. Encontrarán aflicción en este mundo, ¡pero anímense! Porque yo he vencido al mundo.

Isaías 54:5-8

Pues tu creador es tu marido, el SEÑOR Todopoderoso es su nombre, el Santo de Israel es tu Redentor; es llamado el Dios de toda la tierra.[6] El SEÑOR te llamará como si fueras una esposa joven abandonada y de espíritu triste que ha sido repudiada, dice tu Dios.[7] "Por un breve momento, te abandoné, pero con profunda compasión te recogeré.[8] Al desbordarse mi ira, escondí mi rostro de ti por un momento, pero con eterna misericordia me compadeceré de ti", dice el SEÑOR tu Redentor.

El Padre dice que ha compartido estas verdades para que puedas encontrar paz en Él. Aunque enfrentes dificultades, anímate: Él ha vencido al mundo. Amado, estás en este mundo, pero no eres de él. Él es tu paz, satisfaciendo todas tus necesidades: mentales, físicas, emocionales y espirituales. Como tu Creador, el Señor Todopoderoso y el Santo de Israel, tu Redentor, Él es el Dios de toda la tierra. Pese a los intentos del diablo de usar los problemas mundanos para atraparte, resístelo y él huirá. Ordena al enemigo que se retire en Su nombre y él obedecerá.

*3 de abril*

# Sirviendo con gracia

Juan 12:26

Quien me sirva debe seguirme, y donde yo esté, allí también estará mi siervo. Mi Padre honrará a quien me sirva.

El Padre dice que debes servirle y seguirle adonde Él te lleve; donde Él esté, allí también estará Su siervo. Si te resulta difícil servir o encuentras obstáculos, pídele al Espíritu Santo que te otorgue mayor gracia en esas áreas de tu vida. Tus peticiones serán concedidas, mi amado. Él te llenará de Su gracia y misericordia y derramará continuamente Su presencia sobre ti. No te fijes en tus circunstancias; míralo a Él como tu Padre celestial. Él te rescatará. En cada situación, toma el escudo de la fe para extinguir todos los dardos encendidos del maligno.

## *4 de abril*

# Fuerza y protección en el Señor

Lucas 10:19

Les he dado la autoridad de pisar serpientes y escorpiones y de superar todo poder del enemigo; nada les dañará.

Salmos 91:4

Él te cubrirá con sus plumas, y bajo sus alas encontrarás refugio; escudo y tu defensa será su verdad.

El Padre te dice que renueves y refresques tu mente mientras avanzas hacia Su voluntad. Aunque puedas encontrar resistencia por parte del enemigo, no te alarmes; él ya está bajo tus pies. Anímate, mi amado, porque el enemigo ha sido derrotado. A través de Cristo Jesús, se te ha dado poder y autoridad para vencer todo el poder del enemigo. Nada te dañará: ningún demonio, brujería o maldad te tocará. Estás cubierto por Su sangre y protegido bajo Sus alas. Sus fieles promesas son tu armadura y protección.

*5 de abril*

# VIVIR UNA VIDA TRANSFORMADA

Gálatas 5: 19-21

Las obras de la carne son evidentes: inmoralidad sexual, impureza y libertinaje; [20] idolatría y brujería; odio, discordia, celos, arrebatos de ira, ambición egoísta, disensiones, facciones[21], y envidia; borracheras, orgías y cosas semejantes. Les advierto, como lo hice antes, que los que viven así no heredarán el reino de Dios.

Romanos 12:2

No se conformen al patrón de este mundo, sino transfórmense mediante la renovación de su mente. Entonces podrán comprobar y aprobar cuál es la voluntad de Dios: su buena, agradable y perfecta voluntad.

El Padre dice que los actos de naturaleza pecaminosa son evidentes: inmoralidad sexual, impureza, sensualidad, idolatría, brujería, odio, discordia, celos, ataques de ira, ambición egoísta, disensiones, facciones, envidia, borracheras y comportamientos similares. Como se advirtió anteriormente, aquellos que participan en tales actos no heredarán el reino de Dios. Cualquier cosa que tenga prioridad sobre mí es un ídolo. Ponme en primer lugar en tu vida, permitiendo que todo lo que hagas me glorifique. No te conformes a este mundo; en cambio, transfórmate renovando tu mente. Confía en mí, y al rendirte a mi voluntad, comenzarás a ver el fruto de tu vida transformada.

*6 de abril*

# ENTRANDO EN SU PRESENCIA

Isaías 49:16

Mira, te he grabado en las palmas de mis manos; tus muros están siempre ante mí.

1 Pedro 5:7

Entrega toda tu ansiedad a él, porque él se preocupa por ti.

El Padre nos dice que entremos en Su presencia con acción de gracias. Continúa adorando y alabando, porque cuando derramas tu corazón, Él derramará en ti. En su presencia, toda ola de ansiedad cesará y los pensamientos intrusivos desaparecerán. No tienes que preocuparte, amado, porque todo lo que necesitas se encuentra en Él. Tienes paz, amor y plenitud en Él. Su amor por ti es la fuente de todo lo que tienes. El Señor te sostiene con su mano derecha justa y te tiene grabado en la palma de su mano. Libera todas tus preocupaciones e inquietudes, y descansa en su reconfortante presencia.

*7 de abril*

# Confianza en la provisión eterna

1 Juan 2:17

El mundo y sus deseos pasan, pero quien hace la voluntad de Dios vive para siempre.

El Padre está diciendo que cuando confías únicamente en Él, Él proveerá todas tus necesidades. Sin embargo, si confías en las cosas de este mundo, solo encontrarás vacío y sequedad. Evita aferrarte a las posesiones mundanas o a las personas, porque son temporales y fugaces. El mundo y sus deseos pasan, pero aquellos que siguen a Dios recibirán la vida eterna. A diferencia de las ofrendas temporales de este mundo, lo que Dios provee es eterno: una tierra que mana leche y miel. Su amor es inquebrantable y Su presencia es constante. Lleva tus luchas a Él; Él te sanará y te restaurará en Su amor perfecto e infinito.

*8 de abril*

# UN LLAMADO A LA TRANSFORMACIÓN Y AL DISCIPULADO

Mateo 28:19-20

Por tanto, vayan y hagan discípulos a todas las naciones, bautizándolos en el nombre del Padre, del Hijo y del Espíritu Santo,[20] y enseñándoles a obedecer todo lo que les he mandado. Y ciertamente yo estaré con ustedes siempre, hasta el fin de los tiempos.

Hechos 2:38

Pedro respondió: "Arrepiéntanse y bautícense, cada uno de ustedes, en el nombre de Jesucristo para el perdón de sus pecados. Y recibirán el don del Espíritu Santo".

El Padre dice que debes ir y hacer discípulos de todas las naciones. Bautízalos en el nombre del Padre, del Hijo y del Espíritu Santo, y enséñales a seguir todo lo que Él ha mandado. Ten presente que Él está contigo siempre, hasta el fin de los tiempos. Es hora de arrepentirte de tus pecados y dirigirte a Sus caminos, porque Sus caminos son más elevados y mejores que los nuestros. El Señor promete la victoria y te llama a abrazarla. Como declaró Pedro, arrepiéntete y bautízate en el nombre de Jesucristo para el perdón de tus pecados, y recibirás el don del Espíritu Santo.

## *9 de abril*

# Orientación a través del Espíritu

Juan 14:26

Pero el Defensor, el Espíritu Santo, a quien el Padre enviará en mi nombre, les enseñará todas las cosas y les recordará todo lo que yo les he dicho.

2 Corintios 3:16-18

Pero cuando alguien se vuelve al SEÑOR, el velo es removido.[17] Ahora bien, el SEÑOR es el Espíritu, y donde está el Espíritu del SEÑOR, allí hay libertad.[18] Y todos nosotros, que con el rostro descubierto contemplamos la gloria del SEÑOR, somos transformados a su imagen con gloria cada vez mayor, la cual proviene del SEÑOR, que es el Espíritu.

El Padre está diciendo que debes confiar en Su Espíritu Santo para que te guíe y te dirija. Busca la sabiduría del Espíritu en tu camino y en las personas con las que debes relacionarte. Usa el discernimiento para elegir a las personas, los lugares y las cosas adecuadas, ya que algunos pueden necesitar tu ayuda para alinearse con el liderazgo de Dios. El Espíritu Santo te guiará en toda la verdad y te evitará ser engañado por el enemigo. Al buscar los caminos del Señor, experimentarás libertad y claridad. Recuerda, donde está el Espíritu del Señor, hay libertad, y una vez el velo haya sido removido, puedes ver y reflejar la gloria del Señor.

*10 de abril*

# El poder de la fe inquebrantable

Mateo 16:19

"Te daré las llaves del reino de los cielos; todo lo que ates en la tierra quedará atado en el cielo, y todo lo que desates en la tierra quedará desatado en el cielo".

El Padre está diciendo que una fe inquebrantable te da el poder para lograr lo imposible. Puedo lograr más de lo que puedas imaginar o pedir. Cuando surjan distracciones, retrasos u obstáculos, reconócelos como ataques espirituales y repréndelos en el nombre de Jesús. Recuerda, te he dado las llaves del reino de los cielos; lo que ates en la tierra quedará atado en el cielo, y lo que desates en la tierra quedará desatado en el cielo. A través de Cristo Jesús, tienes poder y autoridad sobre todo el enemigo.

# *11 de abril*

# RENOVACIÓN A TRAVÉS DE LA CRUZ

Lucas 23:34-46

34 Jesús dijo: “Padre, perdónalos, porque no saben lo que hacen”.
Y se repartieron sus vestiduras echando suertes. 35 El pueblo estaba
allí mirando, y los gobernantes incluso se burlaban de él. Decían:
“A otros ha salvado; que se salve a sí mismo, si es el Mesías de
Dios, el Elegido”. 36 También se acercaron los soldados y se
burlaban de él. Le ofrecieron vinagre 37 y le dijeron: “Si tú eres el
rey de los judíos, sálvate a ti mismo”, 38 Había un letrero escrito
encima de él que decía: Este es el rey de los judíos. 39 Uno de los
criminales que estaban colgados allí le insultaba: “¿No eres tú el
Mesías? ¡Sálvate a ti mismo y a nosotros!”. 40 Pero el otro criminal
le reprendió. “¿No temes a Dios —le dijo—, ya que estás
condenado a la misma pena? 41 Nosotros estamos castigados
justamente, porque recibimos lo que merecen nuestras obras. Pero
este hombre no ha hecho nada malo”. 42 Luego dijo: “Jesús,
acuérdate de mí cuando vengas a tu reino”. 43 Jesús le respondió:
“Te aseguro que hoy estarás conmigo en el paraíso 44 Era ya cerca
del mediodía, y la oscuridad cubrió toda la tierra hasta las tres de la
tarde, 45 porque el sol dejó de brillar. Y el velo del templo se rasgó
en dos. 46 Jesús gritó con voz fuerte: “Padre, en tus manos

encomiendo mi espíritu". Después de decir esto, respiró por última vez.

El Padre nos dice que recordemos el sacrificio en la cruz, donde Jesús oró: "Padre, perdónalos, porque no saben lo que hacen", aun mientras los soldados echaban suertes por Su ropa y una multitud miraba. Yo soy la resurrección y la vida; los que creen en mí vivirán. Reflexiona sobre las formas en que ya he traído la resurrección a tu vida. Hoy deseo renovarte y restaurarte. Quiero refrescar tu salud mental, restaurar tu esperanza donde se ha perdido y revivir tu fe. Estoy restaurando tu ministerio y poniendo las cosas en orden. Acepta todo lo que tengo para ti por fe en el nombre de Jesús.

*12 de abril*

# UN LLAMADO A LA AUDACIA

Josué 1:9

"¿No te lo he mandado? Sé fuerte y valiente. No temas ni te desanimes, porque el SEÑOR tu Dios estará contigo dondequiera que vayas".

El Padre está diciendo que los días de simplemente seguir la corriente han terminado. El tiempo de glorificar e idolatrar a los hombres ha pasado. El Señor ahora busca a aquellos que se mantienen firmes en lo que es santo y verdadero. Servimos a un Dios justo y recto, el Rey de reyes y Señor de señores. Es hora de tomar una postura valiente por el reino de Dios y cumplir con la Gran Comisión enseñando y predicando el evangelio. Si el Señor te ha guiado para actuar en un área determinada y has dudado, actúa hoy mismo. Mantente firme por tu Padre celestial y obedece Su voz. Recuerda Su mandato: "Sé fuerte y valiente. No temas ni te desanimes, porque el Señor tu Dios estará contigo dondequiera que vayas".

*13 de abril*

# DISCERNIMIENTO Y FRUTO VERDADERO

Mateo 7:15-23

15 "Cuidado con los falsos profetas. Vienen a ustedes con piel de cordero, pero por dentro son lobos feroces. 16 Por sus frutos los reconocerán. ¿Acaso se recogen uvas de los espinos o higos de los cardos? 17 Del mismo modo, todo árbol bueno da frutos buenos, pero el árbol malo da frutos malos. 18 Un árbol bueno no puede dar frutos malos, ni un árbol malo dar frutos buenos. 19 Todo árbol que no da buen fruto es cortado y echado al fuego. 20 Así que, por sus frutos los reconocerán. 21 "No todo el que me dice: "SEÑOR, SEÑOR", entrará en el reino de los cielos, sino sólo el que hace la voluntad de mi Padre que está en los cielos. 22 Muchos me dirán en aquel día: "SEÑOR, SEÑOR, ¿no profetizamos en tu nombre, y en tu nombre echamos fuera demonios, y en tu nombre hicimos muchos milagros?" 23 Entonces les declararé abiertamente: "Nunca los conocí; apártense de mí, hacedores de maldad".

Génesis 3:18

Producirá espinas y cardos para ti, y comerás las plantas del campo.

El Padre nos dice que tengamos cuidado con aquellos que parecen justos, pero que por dentro son lobos voraces. Los conocerán por sus frutos. ¿Sus acciones reflejan los frutos del Espíritu: alegría, paz, paciencia, amabilidad, bondad, gentileza y autocontrol? Así como no se recogen uvas de los espinos ni higos de los cardos, un árbol sano da buenos frutos, mientras que un árbol enfermo da malos frutos.

Un árbol sano no puede producir frutos malos, y todo árbol que no dé buenos frutos será cortado y arrojado al fuego. Permíteme podarte y limpiarte, quitando todo lo que no dé buenos frutos, en el nombre de Jesús.

*14 de abril*

# GRACIA SUFICIENTE PARA CADA NECESIDAD

Efesios 2:8

Pues por gracia se han salvado mediante la fe, y esto no viene de ustedes mismos, sino que es un regalo de Dios.

Romanos 5:20-21

La ley fue introducida para aumentar la ofensa. Pero donde abundó el pecado, sobreabundó la gracia,[21] para que, así como el pecado reinó en la muerte, también la gracia reinara por medio de la justicia para traer vida eterna por medio de Jesucristo nuestro SEÑOR.

El Padre dice: "Mi gracia te basta, amado mío. Cuando enfrentes desafíos y las cosas parezcan más complicadas de lo que son, pide gracia a Mi Espíritu Santo". Ya sea que necesites ayuda para enseñar, predicar o esforzarte por ayunar, busca Mi gracia en todo lo que hagas. Mi gracia es suficiente para cada situación. Cuando las relaciones en el trabajo sean difíciles o alcanzar tus metas parezca inalcanzable, invita Mi presencia y Mi gracia a todo lo que emprendas.

Si hay alguien a quien necesitas perdonar, pide a Mi Espíritu Santo la gracia para concederle tu perdón. En Mi gracia, la falta de recursos económicos, la adicción y la confusión sobre tu vocación serán superadas. Te estoy trayendo claridad y paz que sobrepasan todo entendimiento. Lo que a otros les ha llevado años lograr, tú lo alcanzarás más rápidamente. Mi gracia marcará la diferencia en tu vida y en tu ministerio.

Recuerda, Mi gracia es para ti en las pruebas, tribulaciones y dificultades. Tú eres más que vencedor en Cristo Jesús. Camina cada día en Mi perfecta paz, gracia y misericordia.

*15 de abril*

# Confiar en Dios en cada ocasión

Salmo 23:4

Aunque camine por el valle más oscuro, no temeré ningún mal, porque tú estás conmigo; tu vara y tu bastón me reconfortan.

El Padre está diciendo: "Confía en mí en el desierto, porque yo soy quien llena tu copa hasta rebosar. Confía en mí en el valle y cuenta conmigo en todas las circunstancias, tanto si te sientes decaído como si te sientes eufórico. Mi alegría es tu fuerza, y yo soy el Dios tanto del valle como de la cima de la montaña". Comprende que la transformación es necesaria. Estoy trabajando en tu carácter, tu mente y tu corazón, eliminando lo que ya no te sirve y reemplazándolo con frutos que darán mucho bien en el nombre de Jesús. Como una voz que clama en el desierto para preparar el camino del Señor, estoy allanando caminos en el desierto. Confía en mi proceso y acoge la transformación que traigo a tu vida.

*16 de abril*

# ADORAR MÁS ALLÁ DE LOS SENTIMIENTOS

Salmo 55:22

Echa tus preocupaciones sobre el SEÑOR,

y él te sostendrá; nunca permitirá que los justos caigan.

El Padre está diciendo: "Adórenme en espíritu y en la verdad, independientemente de cómo se sientan. No se dejen guiar por sus emociones, sino por el Espíritu del Dios vivo". Inclínense ante mí y depositen todas sus cargas en el altar. Dejen sus preocupaciones y ansiedades a mis pies, porque nunca fue mi intención que llevaran tales pesos.

Echa tus cargas sobre mí, y yo te sostendré. Los justos no caerán ni vacilarán en el nombre de Jesús. Cuando surjan pensamientos intrusivos, busca la guía del Espíritu Santo para discernir si provienen de tu carne o del enemigo. Renueva tu mente enfocándote en mi Palabra y mi presencia. Pide al Espíritu Santo que tome cautivo cada pensamiento y obedece a Cristo Jesús.

*17 de abril*

# ENCONTRAR CONSUELO EN SU PRESENCIA

Juan 17:23

Yo en ellos y tú en mí, para que sean llevados a la plena unidad. Entonces el mundo sabrá que tú me enviaste y que los has amado tal como me has amado a mí.

El Padre está diciendo: "Déjame rodearte con mis brazos y envolverte en mi presencia. Sé que hay otras cosas que compiten por tu atención, pero solo una realmente importa: yo, el Señor tu Dios. Te consolaré en los momentos difíciles. Cuando la carga te resulte pesada, échala sobre mí. Me preocupo profundamente por ti y deseo quitarte tus cargas y preocupaciones".

Anhelo pasar tiempo contigo, estar unidos en perfecta paz y armonía. Permíteme llenar tu copa hasta rebosar con bendiciones y alegría. Amado mío, la batalla ya ha sido ganada. Tú estás en mí, y yo estoy en ti. Que nuestra unidad sea tan evidente que el mundo vea mi amor por ti y sepa que te he enviado porque te he amado.

# *18 de abril*

# DAR UN PASO ADELANTE CON FE

Deuteronomio 31:6

Sean fuertes y valientes. No teman ni se acobarden ante ellos, porque el SEÑOR tu Dios va contigo; nunca te dejará ni te abandonará.

Josué 1:9

"¿No te lo he mandado? Sé fuerte y valiente. No temas ni te desanimes, porque el SEÑOR tu Dios estará contigo dondequiera que vayas".

El Padre está diciendo: "Hay tareas que te he encomendado, y lo primero que se te puede ocurrir es: '¿Y si no soy lo suficientemente bueno? ¿Y si cometo un error?'. Muchos de mis hijos caminan por lo que ven en lugar de por la fe. Te insto a que camines por la fe, no por lo que ves". La verdadera pregunta no es sobre tus dudas, sino sobre si dirás "sí' a mi llamada. Acude al lugar al que te he llamado y yo me encargaré del resto. Acude y hablaré a través de ti. Acude y actuaré en tu vida. Te daré la gracia que necesitas para las tareas que te he encomendado. Si te he llamado a ello, confía en que te ayudaré a llevarlo a cabo. Todo lo que te pido, amado mío, es que des un paso adelante con fe, y yo te encontraré allí.

Donde más temes, te proveeré abundantemente y te usaré con poder. Entra en lo que otros sueñan gracias a tu obediencia y confianza en mí. Estás entrando en un destino preparado para ti, y yo me manifestaré de manera poderosa. En el nombre de Jesús, preséntate y observa cómo obro maravillas a través de ti.

*19 de abril*

# Deja que Dios pelee tus batallas

Deuteronomy 30:9

Entonces el SEÑOR tu Dios te hará prosperar en todas las obras de tus manos y en el fruto de tu vientre, en las crías de tu ganado y en los productos de tu tierra. El SEÑOR volverá a deleitarse en ti y te hará prosperar, tal como se deleitó en tus antepasados.

Salmo 90:17

Que la gracia del SEÑOR nuestro Dios descanse sobre nosotros; consolida la obra de nuestras manos, sí, consolida la obra de nuestras manos.

El Padre está diciendo: "Relájate y deja que Yo me encargue de tus batallas, ya sean en materia de adicciones, salud o finanzas". Ordena que se mueva cada montaña en el nombre de Jesús. Te aseguro que todo lo que emprendas prosperará a través de Mi nombre: tu salud, tu ministerio, tus hijos y tus finanzas. Tu fe en Mí tiene el poder de mover cualquier obstáculo. Yo soy tu Dios y prometo cuidar de ti y satisfacer todas tus necesidades según Mis riquezas y Mi gloria. Sigue confiando en Mí en todo lo que hagas, mi amado.

## *20 de abril*

# Restauración en tu matrimonio

1 Corintios 7:10-11

A los casados les doy esta orden (no yo, sino el Señor): la mujer no debe separarse de su marido. [11] Pero si lo hace, debe permanecer soltera o reconciliarse con su marido. Y el marido no debe divorciarse de su mujer.

El 20 de abril de 2023, el Señor me concedió un sueño profético en el que se revelaba a un matrimonio que luchaba contra los desacuerdos y el caos. A pesar de la tensión y la desesperación que puedas sentir en tu matrimonio, debes saber que la mano de Dios está sobre ustedes. Incluso en una situación desesperada, hay esperanza y alegría. El Señor trae restauración donde ha habido tristeza y sequedad, ofreciendo agua viva que nunca se agota. Confía plenamente en Él y sé testigo de cómo renueva tu matrimonio. Ora conmigo:

“Señor, gracias por todo lo que haces por mí y por mi familia. Me arrepiento de mis malos caminos y me vuelvo hacia Ti. Límpiame y renueva mi corazón. Crea en mí un corazón nuevo. Entregaré mi matrimonio a Ti y oro para que la restauración se produzca ahora, en el nombre de Jesús”.

*21 de abril*

# Confía en Dios en la espera

Isaías 55:8-9

"Porque mis pensamientos no son sus pensamientos, ni sus caminos son mis caminos", declara el SEÑOR. [9] Así como los cielos son más altos que la tierra, así son mis caminos más altos que sus caminos y mis pensamientos más altos que sus pensamientos".

Salmo 27:1-14

[1] El SEÑOR es mi luz y mi salvación; ¿a quién temeré? El SEÑOR es la fortaleza de mi vida, ¿de quién tendré miedo?[2] Cuando los malvados avanzan contra mí para devorarme, son mis enemigos y mis adversarios los que tropiezan y caen.[3] Aunque un ejército me sitie, mi corazón no temerá; aunque estalle la guerra contra mí, incluso entonces estaré seguro.[4] Una cosa pido al SEÑOR, sólo esto busco:

Poder morar en la casa del SEÑOR todos los días de mi vida, contemplar la belleza del SEÑOR y buscarlo en su templo.[5] Porque en el día de la angustia, él me mantendrá a salvo en su morada; me esconderá en el refugio de su tienda sagrada y me pondrá en lo alto sobre una roca.[6] Entonces mi cabeza será exaltada por encima de los enemigos que me rodean; en su tienda sagrada, ofreceré sacrificios con gritos de alegría; cantaré y haré música al SEÑOR.[7] Escucha mi voz cuando te llame, SEÑOR; ten misericordia de mí y respóndeme.[8] Mi corazón dice de ti: "¡Busca su rostro!" Tu rostro, SEÑOR, buscaré.[9] No me escondas tu rostro; no rechaces con ira a tu siervo; tú has sido mi ayudador. No me rechaces ni me abandones, Dios mi Salvador.[10] Aunque mi padre y mi madre me abandonen, el SEÑOR me recibirá.[11] Enséñame tu camino, SEÑOR; guíame por sendas rectas a causa de mis opresores.[12] No me entregues al deseo de mis enemigos, porque se levantan contra mí testigos falsos, que lanzan acusaciones maliciosas.[13] Sigo confiando en esto: veré la bondad del Señor en la tierra de los vivientes.[14] Espera al SEÑOR; sé fuerte, ten ánimo y espera al SEÑOR.

El Padre está diciendo: "Mientras esperas a que yo actúe en tu vida, ten presente que yo también te estoy esperando a ti". ¿Estás listo para enfrentarte a los miedos y las ansiedades que te han frenado? Déjate llevar y permíteme eliminar todo el miedo y la ansiedad de tu vida. Sé abierto y honesto conmigo acerca de tus sentimientos, y trae todas tus cargas ante mí. Yo puedo eliminar todos los obstáculos y distracciones. Ten fe y entra en el trabajo o la carrera que he preparado para ti. No pasa nada si no entiendes el camino; lo importante es la confianza y la obediencia. Recuerda, mis pensamientos y mis caminos son más elevados que los tuyos, así como los cielos están por encima de la tierra. Confía en mis planes y en mi tiempo.

# 22 de abril

# ORIENTACIÓN A TRAVÉS DE LA PAZ

Juan 4:24

"Dios es espíritu, y sus adoradores deben adorarlo en espíritu y en verdad".

Salmo 27:1

El SEÑOR es mi luz y mi salvación; ¿a quién temeré? El SEÑOR es la fortaleza de mi vida; ¿de quién tendré miedo?

El Padre está diciendo: "Yo te despejaré el camino y te guiaré por donde debes ir". Reconocerás mi guía a través de la paz y la gracia en tu vida. Mi mano derecha justa te sostiene y mi Espíritu Santo te guiará. Cuando te enfrentes a decisiones, busca el consejo del Espíritu Santo y yo confirmaré tu camino. Siempre estoy contigo, deseando estar en comunión contigo. Adórame en espíritu y en verdad y confía en mi guía.

# 23 de abril

# VICTORIA EN EL DESÁNIMO

Juan 6:35

Entonces Jesús declaró: "Yo soy el pan de vida. El que viene a mí nunca pasará hambre y el que cree en mí nunca tendrá sed".

Salmo 37:4

Deléitate en el SEÑOR y él te concederá los deseos de tu corazón.

El Padre está diciendo: "Cuando te sientas desanimado, recuerda que yo, el Señor, obtengo todas las victorias". Reprende el espíritu de autocompasión y decepción, ordenándoles que se alejen en el nombre de Jesús. Incluso cuando las circunstancias de la vida parezcan derribarte, levántate y recuerda que eres hijo de Dios. Tienes la victoria sin importar cómo se vean las cosas. Eres más que vencedor en Cristo Jesús y puedes hacer todo a través de Él, quien te fortalece. Tus sueños y metas están a tu alcance. Lo estás haciendo bien como madre, esposa, esposo o amigo porque yo te amo. Te veo y te escucho; no te ignoro. Te apoyaré y fortaleceré en todo lo que hagas por mi amor por ti. Yo soy tu fuerza.

*24 de abril*

# Fe sólo en Cristo

Juan 6:35

Entonces Jesús declaró: "Yo soy el pan de vida. El que viene a mí nunca pasará hambre y el que cree en mí nunca tendrá sed".

Salmo 37:4

Deléitate en el SEÑOR, y él te concederá los deseos de tu corazón.

El Padre está diciendo: "Pon tu fe solo en mí, no en el mundo ni en sus ganancias temporales". Confiar en las cosas mundanas te dejará destrozado, perdido y confundido, pero en Cristo Jesús encontrarás la verdadera paz y tu identidad. Muchos buscan el amor en los lugares equivocados —a través de las drogas, el alcohol o las personas—, pero estos finalmente fallarán y te dejarán sintiéndote desesperanzado. En mí descubrirás la paz y el amor genuinos. Ya no tendrás sed, hambre ni mendigarás nada; el Señor proveerá todas tus necesidades. En mí encontrarás todo lo que tu corazón desea.

*25 de abril*

# Guiados por el Pastor

Salmo 23:24

Aunque camine por el valle más oscuro, no temeré ningún mal, porque tú estás conmigo; tu vara y tu bastón me reconfortan.

El Padre está diciendo: mantente firme en tu camino, evitando tanto la prisa como la demora. Deja que el Espíritu Santo guíe tus pasos. Como tu Gran Pastor, te llamo por tu nombre y conocerás el camino. Te guío a pastos verdes y junto a aguas tranquilas. Si encuentras confusión o demoras, reprende a esas fuerzas demoníacas y anula su influencia en el nombre de Jesús. Mantén tu enfoque en mí, poniendo tu corazón y tu mente en las cosas de arriba, donde Cristo está sentado a la diestra de Dios. Recuerda, tu vida ahora está escondida con Cristo en Dios.

## *26 de abril*

# FUERZA RENOVADA EN CADA DESAFÍO

Salmo 73:26

Mi carne y mi corazón pueden fallar, pero Dios es la fortaleza de mi corazón y mi porción para siempre.

Ezequiel 36:27

Y pondré mi Espíritu en ustedes y haré que sigan mis decretos y procuren cumplir mis leyes.

El Padre dice que cuando te sientas agotado en tu trabajo, familia o ministerio, pidas al Espíritu Santo que te renueve de pies a cabeza. Ven a mí para descansar y bebe del agua viva que te ofrezco. Renovaré tus fuerzas y te llenaré hasta rebosar. Aunque tu carne sea débil, mi Espíritu es fuerte dentro de ti. Te estoy dando el empujón extra que necesitas para superar los desafíos, completar las tareas y alcanzar tus metas. Estoy presente en tu ministerio, listo para ser alabado y adorado con acción de gracias. Agradéceme por todo lo que he hecho y lo que estoy a punto de hacer. Estoy interviniendo en cada problema y situación, incluidas las dificultades y batallas financieras. Ya está hecho en el nombre de Jesús.

*27 de abril*

# Confiando el mañana a Dios

Filipenses 4:6

No se inquieten por nada, pero en toda ocasión, con oración y ruego, y dando gracias, presenten sus peticiones a Dios.

Mateo 6:34

Por lo tanto, no te preocupes por el mañana, porque el mañana se preocupará por sí mismo. Cada día tiene sus propios problemas.

El Padre dice: "No te preocupes por el mañana; cada día tiene sus propios problemas". Ya sea que te preocupe cómo se resolverá una situación laboral, el resultado de una reunión, un informe médico o la salvación de un familiar, recuerda que tu trabajo no es entenderlo todo, sino confiar en mí. Yo tengo el control de cada situación que enfrentas. Todas tus preocupaciones e inquietudes están en mis manos. Libera tus preocupaciones y déjame guiarte por este camino. Tu carne puede desviarte, pero mi Espíritu te guiará fielmente. Mi fuerza se perfecciona en tu debilidad. Confía en mí y deja que mi Espíritu te guíe.

# *28 de abril*

# ACEPTAR EL PROCESO

1 Pedro 4:12-13

Queridos amigos, no se sorprendan por la prueba de fuego que les ha sobrevenido para ponerlos a prueba, como si algo extraño les estuviera sucediendo. [13] Pero regocíjense en la medida en que participan en los sufrimientos de Cristo, para que también su alegría sea inmensa cuando se revele su gloria.

El Padre está diciendo que este proceso es esencial para tu crecimiento; es un tiempo de purificación y santificación. Te estoy llamando a un propósito más elevado que otros tal vez no comprendan. Algunos incluso pueden envidiar la unción que he puesto sobre tu vida. Ora por ellos, porque no saben lo que hacen. Te he diseñado para este momento. El fuego purificador que sientes en tu interior es parte de la transformación en la que estoy trabajando en ti. Puede que sea difícil de expresar con palabras o de entender, pero no estás destinado a comprenderlo todo. Mi gracia te basta, y mi paz está contigo. Te estoy elevando a una nueva dimensión, y aunque quizá desees llevar a otros contigo, este viaje es exclusivamente tuyo. Busca mi Espíritu Santo para obtener discernimiento y gracia mientras sigues mi voluntad perfecta para tu vida.

## 29 de abril

# Encontrar fuerza en Mi presencia

Colosenses 1:11

siendo fortalecido con todo poder según su gloriosa potencia, para que tengan gran resistencia y paciencia.

Hechos 1:8

Pero cuando venga sobre ustedes el Espíritu Santo, recibirán poder y serán mis testigos en Jerusalén, en toda Judea y Samaria, y hasta los confines de la tierra.

El Padre está diciendo, a medida que te sumerges en Mi presencia, Yo te llenaré con Mi Espíritu. Mi Espíritu mora en ti, y juntos podemos superar todos los desafíos, incluso las pequeñas tareas como limpiar la casa o lavar los platos. Me preocupo por cada detalle de tu vida y quiero estar presente en todo lo que haces. Recuerda, nunca enfrentas nada solo. Yo te doy el poder para ser más grande y lograr más. Ríndete a Mi voluntad, ignora las distracciones y repréndelas en el nombre de Jesús. Con Mi presencia, juntos podemos superar cualquier cosa.

*30 de abril*

# PROCLAMANDO LA VICTORIA EN EL NOMBRE DE JESÚS

Deuteronomio 20:4

Porque el SEÑOR tu Dios es quien va contigo para luchar por ti contra tus enemigos y darte la victoria.

El Padre está diciendo: "Cuando la derrota susurre tu nombre, invoca Mi nombre, Jesús". La victoria es tuya: la victoria en tu matrimonio, en tu carrera y en todos los ámbitos de tu vida gracias a la sangre de Jesús. El Señor, tu Dios, va contigo para luchar contra tus enemigos y concederte la victoria. No importa qué desafíos se te presenten; por la fe en Mi nombre, el nombre por encima de cualquier otro nombre, reclamarás la victoria. Confía en que ganaré todas las batallas por ti. La victoria te pertenece, mi amado.

*1 de mayo*

# FORTALEZA EN LAS PRUEBAS

2 Corintios 4:8

Estamos atribulados en todo, pero no angustiados; perplejos pero no desesperados;

El Padre está diciendo: "Aunque puedas enfrentarte a muchas pruebas y persecuciones por todas partes, yo estoy contigo y te daré la fuerza que necesitas". Fija tus ojos solo en mí cuando te sientas rodeado y abrumado. Reúnete conmigo en el lugar secreto donde habito entre ustedes. Yo te equiparé para soportar las pruebas que enfrentes. Aunque puedas sentirte confundido e incapaz de comprender completamente tu situación, dentro de un año mirarás atrás y verás cuánto has crecido en espíritu y fortaleza. Nunca enfrentarás nada solo. ¡Yo te sostengo y estoy orgulloso de ti!

# *2 de mayo*

# COSECHANDO FRUTOS A TRAVÉS DEL ESPÍRITU SANTO

Zacarías 4:6

Entonces me dijo: "Esta es la palabra del SEÑOR a Zorobabel: “No con poder, ni con fuerza, sino con mi Espíritu”, dice el SEÑOR Todopoderoso.

Juan 13:35

Así, todos conocerán que ustedes son mis discípulos, si se aman los unos a los otros.

El Padre está diciendo que el Espíritu Santo te ayudará a dar fruto, por lo que no hay necesidad de apresurarse ni sentirse presionado para producir resultados de inmediato. Tu camino conmigo es un proceso de crecimiento y transformación. Darás mucho fruto si caminas con humildad y confías en mi poder dentro de ti. El Espíritu Santo obra en ti, refinando tu carácter al eliminar los rasgos pecaminosos y sustituirlos por cualidades divinas. Esta transformación revelará mi gloria al mundo y a los demás, demostrando que estoy vivo y moro en ti. Recuerda, no es por fuerza ni por poder, sino por el Espíritu de Dios que das fruto y caminas en la plenitud de Su poder. Declara esto como un acto profético: “Estoy dando los frutos del Espíritu: amor, gozo, paz, paciencia, bondad, mansedumbre, benignidad y dominio propio, en el poderoso nombre de Jesús".

## *3 de mayo*

# Da el paso hacia tu llamado

Hebreos 11:6

Y sin fe es imposible agradar a Dios, porque cualquiera que se acerca a él debe creer que existe y que recompensa a quienes lo buscan con fervor.

Job 33:4

El Espíritu de Dios me ha creado; el aliento del Todopoderoso me da vida.

El Padre está diciendo: "Hazte cargo de la tarea que te he encomendado". Ya sea escribir ese libro que se te reveló en un sueño o una visión, o iniciar ese negocio, esta es tu confirmación para comenzar ahora. Ya sea sirviendo en tu iglesia o iniciando un ministerio, hazlo con fe y obediencia. Yo te proveeré financiera, mental y emocionalmente. Recuerda, actúa con fe, porque sin fe es imposible complacerme. Estoy contigo y te daré las palabras que necesitas. Preséntate y yo me presentaré. Como hijo del Dios Altísimo, confía en que mi mano está sobre tu empresa. Avanza y observa cómo doy vida a tu trabajo.

## 4 de mayo

# Fe en lo imposible

2 Corintios 5:17

Por lo tanto, si alguno está en Cristo, es una nueva creación.[a] ¡Lo viejo ha pasado, ha llegado lo nuevo!

El Padre está diciendo: "Cuando crees con todo tu corazón, mente y alma, puedes hacer todas las cosas a través de Mí". No importa lo que veas o escuches; Yo puedo hacer todo a través de ti y dentro de ti. Hoy, deja a un lado toda incredulidad y duda. Toma tu cruz y sígueme con fe inquebrantable. No pongas tu confianza en el hombre, sino solo en mí. Inclínate solo ante mí y reprende cada mentira del enemigo. Pídele a mi Espíritu Santo que alinee tu mente con Cristo Jesús. Estoy haciendo nuevas todas las cosas en tu vida. Acepta la renovación y ve cómo lo imposible se hace posible en el nombre de Jesús.

# 5 de mayo

# CONFÍA EN MI TIEMPO PERFECTO

1 Pedro 5:6-7

Humíllense, pues, bajo la poderosa mano de Dios, para que él los exalte a su debido tiempo· 7 Echen toda su ansiedad sobre él, porque él se preocupa por ustedes.

2 Pedro 3:8

Pero no olviden esto, queridos amigos: para el Señor, un día es como mil años, y mil años como un día.

El Padre está diciendo: "No te rindas ni sucumbas a las tácticas del enemigo". Quizás te sientas desanimado porque las cosas no están saliendo como esperabas o no avanzan según tu calendario. Recuerda que todo está bajo Mi control y que Mi tiempo es siempre perfecto. Tengo al mundo entero en Mis manos y soy el grandísimo YO SOY. Todo lo que hago es en el momento perfecto.

Ya sea que estés esperando un ascenso en el trabajo, un informe médico o pasando por un proceso de refinamiento, debes saber que estos momentos tienen como objetivo fortalecer tu fe y reafirmar que Yo soy Dios. Yo soy el Refinador, y todo está dentro de Mi voluntad perfecta para tu vida. Entrega tu desánimo a Mí y abandónalo todo a Mi cuidado. Espera y verás el resultado cuando Yo tenga el control.

*6 de mayo*

# Encuentra la fuerza en tu ABBA

Isaías 59:1

Ciertamente, el brazo del SEÑOR no es demasiado corto para salvar, ni su oído demasiado sordo para oír.

El Padre dice que cuando la vida se vuelve difícil, recuerda que tienes un ABBA que lucha por ti con un fervor incomparable. Yo soy todo lo que necesitas. Muchos de mis hijos gastan energía en asuntos que, en última instancia, no importan. En momentos de desesperanza, recuerda que yo soy tu esperanza y tu salvación. Encuentra descanso en mí. Trae todas tus preocupaciones e inquietudes a mí, porque estoy atento a cada palabra que dices. El brazo del Señor nunca es demasiado corto para salvar, ni su oído demasiado sordo para escuchar.

## 7 de mayo

# Confiando en el cuidado divino

Job 11:18

Estarás seguro, porque hay esperanza; mirarás a tu alrededor y descansarás con tranquilidad.

Salmo 122:6-7

Pidan por la paz de Jerusalén: "Que los que te aman estén seguros.7 Que haya paz dentro de tus muros y seguridad dentro de tus ciudadelas".

El Padre está diciendo que cuando te inclinas y confías en Mí con todo tu corazón, alma y mente, encontrarás una paz mayor. Puede parecer que te estoy quitando cosas, pero solo elimino lo que no puede permanecer. Todo lo que no es de mí debe desaparecer porque tú eres mi amado. Sé lo que es mejor para ti y te tengo a salvo en Mi mano. Te estoy enseñando a confiar plenamente en mí. Siempre estás seguro bajo mi cuidado; ni siquiera la muerte puede quebrantar tu seguridad en Cristo. Encontrarás esperanza y descanso al experimentar mi protección.

*8 de mayo*

# EL PODER DE LA ALABANZA CON SACRIFICIO

Salmo 50:14

"Ofrece a Dios sacrificios de acción de gracias, cumple tus votos al Altísimo,"

El Padre está diciendo: "Tráiganme el sacrificio de su alabanza". Al elevar tu voz en gratitud y adoración, abres las puertas del cielo e invitas a Mi presencia a entrar en tu vida. Yo estoy siempre contigo, rodeándote, guiándote y conociendo cada detalle de tu vida. No hay nada en ti que Yo no vea o comprenda. Incluso en tus pruebas, nunca estás solo; Yo me ocupo de todo. La alabanza y la adoración son poderosas; hacen huir a los demonios, provocan cambios en tus circunstancias y traen avances. Cada cadena que te ata se romperá en el nombre de Jesús en tu adoración. Adórame.

*9 de mayo*

# GUARDA TU CORAZÓN Y TU MENTE

Lucas 21:34-36

"Cuidado, no sea que sus corazones se carguen de vicio, embriaguez y las preocupaciones de la vida, y ese día los sorprenda de repente como una trampa. [35] Porque vendrá sobre todos los que viven sobre la faz de toda la tierra. [36] Estén siempre alerta y oren para que puedan escapar de todo lo que está por suceder y puedan presentarse ante el Hijo del Hombre".

El Padre dice que hay que estar alerta y evitar que el corazón se cargue con excesos o ansiedad. El vicio, la embriaguez y las preocupaciones de la vida pueden atraparte inesperadamente, como una trampa tendida a quienes viven sin conciencia. Mantente alerta, ora por la fuerza para escapar de los desafíos que se avecinan y ponte con confianza ante el Hijo del Hombre. Tu vida debe reflejar una diferencia con respecto a los patrones del mundo. Deja ir todo lo que te impida caminar conmigo y permite que mi Espíritu te llene. Entrega toda tu ansiedad y desánimo en mis manos, pidiendo gracia en cada área de tu vida. No permitas que el enemigo te domine. Recuerda quién eres en Cristo Jesús. Yo estoy contigo y a tu favor. Toma cautivo cada pensamiento y hazlo obediente a Cristo Jesús.

## *10 de mayo*

# CIMIENTO INQUEBRANTABLE

Mateo 5:14

"Ustedes son la luz del mundo. Una ciudad situada en lo alto de una colina no puede ocultarse.

El Padre dice que no serás movido ni sacudido; el cimiento sobre el que te apoyas es firme y sólido. Te he colocado donde tus enemigos no pueden alcanzarte y tus adversarios no pueden nadar. Eres la luz del mundo, una ciudad en una colina que no puede ocultarse. Si sientes que apenas te mantienes a flote, sabe que te estoy sacando del desierto, de los retrasos y de los obstáculos. Estoy eliminando barreras y derribando muros. Con todo el poder y la autoridad en Mis manos, te llamo a ser fiel y a servirme con todo tu corazón, mente y alma. Recibe todo lo que tengo para ti por fe en el nombre de Jesús.

*11 de mayo*

# Resistencia a través de la gracia

Gálatas 6:9

No debemos cansarnos de hacer el bien, porque a su debido tiempo cosecharemos si no nos damos por vencidos.

Salmo 62:5-12

Sí, alma mía, descansa en Dios; mi esperanza viene de él. [6] Él es mi roca y mi salvación; él es mi fortaleza; no seré sacudido.[7] Mi salvación y mi honor dependen de Dios; él es mi roca poderosa, mi refugio.[8] Confíen en él en todo momento, pueblo mío; derramen sus corazones ante él, porque Dios es nuestro refugio. Por cierto, los de baja cuna no son más que un soplo; los de alta cuna no son más que una mentira. Si se pesan en una balanza, no son nada; juntos, no son más que un soplo.[10] No confíes en la extorsión ni pongas vanas esperanzas en los bienes robados; aunque aumenten tus riquezas, no pongas tu corazón en ellas.[11] Una cosa ha dicho Dios, dos cosas he oído: "El poder te pertenece, Dios,[12] y contigo, Señor, está el amor inquebrantable"; y, "Tú recompensas a cada uno según lo que ha hecho".

El Padre nos dice que perseveremos en estos tiempos difíciles y pruebas. No te canses de hacer el bien, porque a su debido tiempo, cosecharás si no te rindes. Necesitas resistencia para hacer la voluntad de Dios y recibir lo que se te ha prometido. Recuerda, el que persevere hasta el final será salvo. A medida que sigas adelante y avances, encontrarás que Mi gracia te empuja, dándote fuerza donde te sientes débil. Mi gracia te basta; Yo soy todo lo que necesitas. Todo lo que deseas, quieres y necesitas se encuentra solo en Mí.

# *12 de mayo*

## LIBERA Y CONFÍA

Salmo 34:7

El ángel del SEÑOR acampa alrededor de aquellos que le temen, y los libera.

El Padre dice que es hora de liberarte de todo lo que estás sintiendo y entregármelo a Mí. Busca Mi rostro y alinea tu corazón con el Mío, porque esos deseos también se convertirán en los tuyos. Confía a mí los problemas que estás enfrentando, ya sea una situación con tu hijo, tu matrimonio o cualquier otra preocupación. Nunca enfrentas ningún problema solo. Yo te respaldo. El ángel del Señor acampa alrededor de aquellos que le temen y los libera. No importa lo que estés enfrentando, yo estoy contigo: detrás, al lado y a tu alrededor. Mi amado, entrega todo hoy.

## *13 de mayo*

# PERMANECE EN MÍ

Juan 15:4-11

Permanezcan en mí, como yo permanezco en ustedes. Ninguna rama puede dar fruto por sí misma; debe permanecer en la vid. Tampoco ustedes pueden dar fruto si no permanecen en mí.[5] "Yo soy la vid; ustedes son las ramas. El que permanece en mí y yo en él, ése da mucho fruto; porque separados de mí no pueden hacer nada.[6] El que no permanece en mí es como un pámpano que se tira y se seca; y los pámpanos secos se recogen, se echan al fuego y se queman. [7] Si permanecen en mí y mis palabras permanecen en ustedes, pidan lo que quieran y se les concederá. [8] La gloria de mi Padre consiste en que den mucho fruto y se muestren así como mis discípulos.[9] "Como el Padre me ha amado, así también yo los he amado a ustedes. Ahora quédense en mi amor. [10] Si guardan mis mandamientos, permanecerán en mi amor, así como yo he guardado los mandamientos de mi Padre y permanezco en su amor.[11] Les he dicho esto para que mi alegría esté en ustedes y la alegría de ustedes sea completa.

El Padre está diciendo que, mientras esperas en silencio en Mi presencia, Mi presencia llena ese espacio. Mi Espíritu Santo mora en ti, guiándote y enseñándote Mis caminos. Te estoy enseñando a confiar y permanecer en Mí, así como Yo permanezco en ti. Así como una rama no puede dar fruto por sí misma a menos que permanezca conectada a la vid, tampoco tú puedes dar fruto a menos que permanezcas en mí. Yo soy la vid; tú eres las ramas. Los que permanecen en mí y yo en ellos darán mucho fruto. Deseo que des los frutos del Espíritu: amor, paz, alegría, paciencia, amabilidad, gentileza, bondad y autocontrol.

*14 de mayo*

# MÁS ALLÁ DE LOS LÍMITES HUMANOS

Deuteronomio 15:6

Porque el SEÑOR tu Dios te bendecirá como te ha prometido, y prestarás a muchas naciones, pero no pedirás prestado a ninguna. Dominarás sobre muchas naciones, pero ninguna dominará sobre ti.

El Padre está diciendo que algunos de Mis hijos tratan de limitarme a su entendimiento, pero Yo no puedo ser encasillado. Yo soy Dios, el Gran YO SOY. Tu mente humana no puede comprender plenamente Mis caminos ni Mis planes. Mi Palabra declara que sin fe es imposible agradarme. Todo lo que haces y dices debe estar arraigado en la fe solo en mí. Muchos de ustedes se centran simplemente en sobrevivir, de sueldo en sueldo, pero yo tengo bendiciones mayores reservadas. Quiero bendecirte abundantemente para que puedas bendecir a otros. Como prometí, prestarás a muchas naciones, pero no pedirás prestado a ninguna, y tendrás dominio sin ser gobernado.

*15 de mayo*

# DESCUBRIENDO LOS TESOROS DIVINOS

Isaías 30:30

Y el SEÑOR hará oír su gloriosa voz y mostrará la fuerza de su brazo poderoso, con la indignación de su ira y con la llama de un fuego devorador, con aguaceros, tempestades y granizo.

El Padre está diciendo que, mientras caminas conmigo, te revelaré tesoros y riquezas guardados en lugares secretos, para que sepas que yo soy el Señor, el Dios de Israel, que te llama por tu nombre. Estos tesoros requieren fe solo en mí, una confianza tranquila en que yo soy Dios. Te estoy revelando cosas de maneras que otros no ven ni oyen. Cuando enfrentes dudas y oposición, recuerda quién te ha hablado. Soy Yo, el Señor, quien te ha enviado y ordenado.

## *16 de mayo*

# FUERZA INQUEBRANTABLE

Salmo 46:7

El SEÑOR Todopoderoso está con nosotros; el Dios de Jacob es nuestra fortaleza.

El Padre dice: "Yo soy el Señor de los ejércitos, y el Dios de Jacob es tu fortaleza. Ningún problema es demasiado grande para mí, y ninguna circunstancia está más allá de mi poder para cambiarla instantáneamente. Debido a que el Espíritu Santo mora en ti, puedes acceder al mismo poder que resucitó a Jesús de entre los muertos. Habla a las montañas de desesperación y estancamiento en tu vida y ordénales que se muevan en el nombre de Jesús. Recuerda que, rico en misericordia y con gran amor, Dios te ha dado vida con Cristo, incluso cuando estabas muerto en tus delitos.

*17 de mayo*

# PERMANECIENDO FIRME EN LA BATALLA

Efesios 6:10-17

Por último, fortalézcanse en el SEÑOR y en su gran poder. [11] Vístanse con toda la armadura de Dios, para que puedan resistir las artimañas del diablo. [12] Porque nuestra lucha no es contra seres humanos, sino contra poderes, contra autoridades, contra potestades que dominan este mundo de tinieblas, contra fuerzas espirituales malignas en las regiones celestes. [13] Por lo tanto, pónganse toda la armadura de Dios, para que cuando llegue el día malo puedan resistir hasta el fin con firmeza. [14] Manténganse firmes, ceñidos con el cinturón de la verdad, protegidos por la coraza de la justicia, [15] y calzados con la disposición que da el evangelio de la paz.[16] Además de todo esto, tomen el escudo de la fe, con el cual podrán apagar todas las flechas encendidas del maligno· [17] Tomen el yelmo de la salvación y la espada del Espíritu, que es la palabra de Dios.

El Padre está diciendo que cuando enfrentes desafíos y el enemigo te ataque desde todas las direcciones, ya sea en tu matrimonio, familia, ministerio o finanzas, sométete a Mí y resiste al enemigo. Él huirá en el nombre de Jesús. Invoca la sangre de Jesús y pide al Espíritu Santo que envíe ángeles guerreros para combatir a los gobernantes, autoridades y poderes de este mundo oscuro, así como a las fuerzas espirituales del mal en los reinos celestiales. Tienes plena autoridad sobre estas fuerzas malignas. Sé fuerte en el Señor y en su gran poder, y ponte toda la armadura de Dios para resistir las artimañas del diablo. Recuerda, nuestra lucha no es contra sangre y carne, sino contra los poderes de las tinieblas y las fuerzas espirituales del mal. Mantente firme en tu fe solo en Cristo Jesús. La batalla no es tuya, es mía, dice el Señor tu Dios.

*18 de mayo*

# ABRAZAR LA HUMILDAD Y LA UNIDAD

Mateo 18:4

Por lo tanto, quienquiera que adopte la humilde posición de este niño es el más grande en el reino de los cielos.

Efesios 4:2-8

Sean completamente humildes y amables; sean pacientes, soportándose unos a otros con amor. 3 Esfuércense por mantener la unidad del Espíritu mediante el vínculo de la paz. 4 Hay un solo cuerpo y un solo Espíritu, así como fueron llamados a una sola esperanza cuando se les llamó; 5 un Señor, una fe, un bautismo; 6 un Dios y Padre de todos, que está sobre todos, por todos y en todos. 7 Pero a cada uno de nosotros se nos concedió la gracia según la medida de Cristo. 8 Por eso dice: "Al subir a lo alto, llevó cautivos y dio dones a su pueblo".

El Padre dice: "Sean completamente humildes y amables en todo lo que hagan y digan. Como hijos míos, ustedes me representan dondequiera que vayan". Los he llamado a la humildad, porque quien se humilla como un niño pequeño es el más grande en el reino de los cielos. Sean pacientes y sopórtense unos a otros con amor. Esfuércense por mantener la unidad del Espíritu mediante el vínculo de la paz. Esfuércense por estar en paz con sus hermanos y hermanas. En verdad, quien oye mi palabra y cree en Aquel que me envió tiene vida eterna. Hay un solo cuerpo y un solo Espíritu, así como fueron llamados a una sola esperanza. Hay un solo Señor, una sola fe, un solo bautismo y un solo Dios y Padre de todos, que está sobre todos, por todos y en todos.

## *19 de mayo*

# INMUTABLE EN UN MUNDO CAMBIANTE

Isaías 44:6

"Esto dice el SEÑOR, rey y redentor de Israel, el SEÑOR Todopoderoso: Yo soy el primero y yo soy el último; fuera de mí no hay Dios".

Hechos 15:16

"'Después de esto, volveré y reconstruiré la tienda caída de David. Reconstruiré sus ruinas y la restauraré,"

El Padre está diciendo: "No te preocupes por las circunstancias de la vida". Las personas y las situaciones pueden cambiar, pero yo sigo siendo el mismo. Soy el mismo ayer, hoy y siempre. Estoy reconstruyendo tu vida desde cero, transformándote de maneras que serán evidentes para quienes te rodean. Cuando otros te vean y te escuchen hablar, reconocerán el poder del Dios vivo al que sirves. Yo soy el Señor, el Rey de Israel y tu Redentor, el Señor de los ejércitos. Yo soy el Primero y el Último; no hay otro Dios fuera de mí. Sigue buscándome y pídele a mi Espíritu Santo que te enseñe mis caminos. Estoy orgulloso de ti, mi amado.

## *20 de mayo*

# EL LLAMADO A LA OBEDIENCIA

Job 22:21-25

"Sométete a Dios y vive en paz con él; así te vendrá la prosperidad.22 Acepta la instrucción que sale de su boca y guarda sus palabras en tu corazón. 23 Si te vuelves al Todopoderoso, serás restaurado: si alejas la maldad de tu tienda 24 y pones tus pepitas en el polvo, tu oro refina en las rocas de los barrancos, 25 entonces el Todopoderoso será tu oro, la plata más selecta para ti.

Deuteronomio 11:22

Si observas cuidadosamente todos estos mandamientos que te doy para que sigas (amar al SEÑOR tu Dios, caminar en obediencia a él y aferrarte a él)

El Padre está diciendo que la obediencia es más importante que el sacrificio. Deseo que seas santo y que sigas todos Mis mandamientos. Te llamo a amar a los demás, incluso a tus enemigos. Si te cuesta obedecer, pide a Mi Espíritu Santo que te revele lo que necesitas someter o lo que quizás estés descuidando. La rebelión es una forma de brujería y puede separarte de Mi voluntad. Si reconocen la rebelión en su corazón, es hora de arrepentirse. Busquen la gracia de Mi Espíritu Santo para las áreas que más lo necesitan. Sométanse a Mí, resistan al enemigo, y él huirá de ustedes en el nombre de Jesús. Sean diligentes en seguir todos Mis mandamientos, Mis amados.

## *21 de mayo*

# PERMANECIENDO EN MI AMOR

Juan 15:18-27

"Si el mundo los aborrece, tengan presente que a mí me aborreció primero. [19] Si fueran del mundo, el mundo los amaría como cosa suya. Pero no son del mundo, sino que yo los he escogido del mundo. Por eso el mundo los aborrece. [20] Recuerden lo que les dije: 'Ningún siervo es mayor que su señor'. Si me han perseguido a mí, también los perseguirán a ustedes. Si han obedecido mi enseñanza, también obedecerán la suya. [21] Los tratarán así por mi nombre, porque no conocen al que me envió.[22] Si yo no hubiera venido y les hubiera hablado, no serían culpables de pecado, pero ahora no tienen excusa para su pecado. [23] Quien me odia a mí, también odia a mi Padre. [24] Si no hubiera hecho entre ellos las obras que nadie más hizo, no serían culpables de pecado. Pero ellos han visto y, sin embargo, me han odiado a mí y a mi Padre. [25] Pero esto es para que se cumpla lo que está escrito en su Ley: 'Me odiaron sin motivo'. [26] "Cuando venga el Defensor, a quien yo les enviaré desde el Padre, el Espíritu de verdad que procede del Padre, él dará testimonio sobre mí. [27] Y ustedes también deben dar testimonio, porque han estado conmigo desde el principio.

El Padre está diciendo: "Al obedecer Mis mandamientos, permanecerán en Mi amor, tal como Yo he obedecido los mandamientos de Mi Padre y permanezco en Su amor". Están a salvo y seguros en Mis manos, Mis amados. Aunque enfrenten muchas pruebas y dificultades, considérenlo un gozo cuando las enfrenten, porque poner a prueba su fe produce paciencia. Deja que la paciencia haga su obra perfecta para que seas completo y no te falte nada. Recuerda, ellos me lo hicieron primero a mí cuando murmuraban sobre ti, te maldecían o calumniaban.

El mundo te amaría si pertenecieras a él, pero tú no eres de este mundo; por lo tanto, el mundo puede odiarte, pero yo te amo profundamente.

## *22 de mayo*

# ENCONTRAR DESCANSO EN LA RENDICIÓN

Santiago 4:7

Sométanse, pues, a Dios. Resístanse al Diablo y huirá de ustedes.

Mateo 11:28

"Vengan a mí todos los que están cansados y agobiados, y yo les daré descanso.

El Padre está diciendo: "Vengan a mí todos los que están cansados y agobiados, y yo les daré descanso". Traigan sus preocupaciones y ansiedades a mí, incluyendo aquellas cosas, personas o situaciones que más les perturban. Estas son las áreas en las que tal vez les falte confianza en mí. Entréguenlas a mis pies y concéntrense en adorarme. No se distraigan con los ataques ni miren a la izquierda o a la derecha. Si estás viviendo una intensa guerra en tu mente y en tu corazón, redirige tu atención hacia mí. En tu sumisión y obediencia, verás al enemigo huir en el nombre de Jesús.

## *23 de mayo*

# VICTORIA EN EL RUGIDO

Efesios 6:12

Porque nuestra lucha no es contra seres humanos, sino contra poderes, contra autoridades, contra potestades que dominan este mundo de tinieblas, contra fuerzas espirituales malignas en las regiones celestes.

El Padre está diciendo: "Cuando el adversario ataque como un león rugiente, mantente firme y recuerda que el León de Judá está dentro de ti" No te desanimes. El León de la tribu de Judá, la raíz de David, lo ha conquistado todo, haciendo posible abrir el rollo y sus siete sellos. Tienes la victoria sobre cada ataque. Las armas de nuestra guerra no son carnales, sino poderosas a través de Dios para derribar fortalezas. No luchamos contra sangre y carne, sino contra principados, potestades, gobernadores de las tinieblas y fuerzas espirituales del mal en las regiones celestes.

## *24 de mayo*

# PERSPECTIVA ETERNA

Josué 1:9

¿No te lo he ordenado? Sé fuerte y valiente. No temas ni te desanimes, porque el SEÑOR tu Dios estará contigo dondequiera que vayas".

El Padre está diciendo que los desafíos que enfrentas ahora no son nada comparados con la eternidad que te espera en el cielo. Tus luchas no son en vano. No se turbe tu corazón; confía en Dios y en mí. En la casa de mi Padre hay muchas moradas. Si no fuera así, te lo habría dicho, porque voy a preparar un lugar para ti. Vendré otra vez y te llevaré conmigo, para que donde yo esté, tú también estés. Permanezcan cerca de mí en el lugar secreto, inmersos en mi palabra y totalmente sometidos a mi voluntad. Si encuentras obstáculos, pide al Espíritu Santo la gracia para vencer cada ataque contra tu mente y tus emociones y para disipar toda duda. ¿No te lo he ordenado? Sé fuerte y valiente; no temas ni te desanimes, porque el Señor tu Dios estará contigo dondequiera que vayas.

# *25 de mayo*

# EXALTANDO AL SEÑOR

1 Pedro 5:6-7

Humíllense, pues, bajo la poderosa mano de Dios, para que él los exalte a su debido tiempo· 7 Depositen en él toda ansiedad, porque él cuida de ustedes.

El Padre está diciendo: "Exalta mi santo nombre. Levántame, porque yo soy tu SEÑOR DIOS, tu salvador y libertador. Yo puedo restaurarte y poner orden en tu vida. Como Rey de Reyes y Señor de Señores, soy capaz de más de lo que puedes pensar, pedir o imaginar". Se te dará cuando pidas algo en mi nombre. Si no lo has recibido, puede ser porque tus motivos no se alinean con mi voluntad. Asegúrate de que la postura de tu corazón sea la correcta cuando pidas, humillándote bajo la poderosa mano de Dios para que, en el momento adecuado, Él pueda exaltarte. Deposita todas tus ansiedades sobre Él, porque Él cuida de ti.

## *26 de mayo*

# CONFÍA EN MI PLAN

Isaías 40:28

¿Acaso no lo sabes? ¿Acaso no lo has oído? El SEÑOR es el Dios eterno, el Creador de los confines de la tierra. Él no se cansa ni se fatiga, y nadie puede comprender su entendimiento.

Isaías 55:8

"Porque mis pensamientos no son los suyos, ni sus caminos son mis caminos", declara el SEÑOR.

El Padre está diciendo: "No dudes de lo que puedo hacer en ti y a través de ti, mi amado". Tu mente no puede comprender plenamente lo que estoy logrando en tu vida. Te pido que me tomes de la mano, que nunca la sueltes y que sigas mis mandamientos. Yo soy el autor y consumador de tu fe, quien soportó la cruz por el gozo que le esperaba, despreciando la vergüenza, y ahora está sentado a la diestra de Dios. Yo conozco el principio y el fin, porque soy ambos. Siempre estoy moviéndome y trabajando detrás de escena en tu vida. Estás seguro en la palma de mi mano. Mis pensamientos y caminos son más altos que los tuyos, declara el Señor. Te estoy enseñando a caminar en la verdad y a confiar en mí.

## 27 de mayo

# ACEPTA EL DÍA CON GRATITUD.

Lucas 22:42

"Padre, si quieres, aparta de mí esta copa; pero no se haga mi voluntad, sino la tuya".

Filipenses 1:3-11

Doy gracias a mi Dios cada vez que me acuerdo de ustedes. 4 En
todas mis oraciones por todos ustedes, siempre oro con alegría 5
por su colaboración en el evangelio desde el primer día hasta ahora,
6 estando seguro de esto: que el que comenzó en ustedes la buena
obra, la llevará a cabo hasta el día de Cristo Jesús.

7 Es justo que sienta esto por todos ustedes, ya que los llevo en mi
corazón, y tanto si estoy encadenado como si defiendo y confirmo
el evangelio, todos ustedes comparten conmigo la gracia de Dios.8
Dios puede dar testimonio de cuánto los añoro a todos con el
afecto de Cristo Jesús.

9 Y esta es mi oración: que su amor abunde cada vez más en
conocimiento y profundidad de entendimiento, 10 para que puedan
discernir lo que es mejor y sean puros e irreprensibles para el día
de Cristo, 11 llenos del fruto de justicia que viene por medio de
Jesucristo, para gloria y alabanza de Dios.

El Padre dice: "¡Alégrense y regocíjense, porque este es el día que ha hecho el Señor!" Cuando surjan acontecimientos inesperados, no dejen que la frustración se apodere de ustedes. En cambio, susurren: "Gracias, Jesús, por todo lo que haces". Les estoy enseñando la esencia de la gratitud. Den las gracias en todas las circunstancias, sean buenas o malas. Estoy trabajando constantemente, orquestando todo para su beneficio.

Renueva tu mente diariamente con la Palabra de Dios y permanece atento a Mi voz. Elimina las distracciones y pide al Espíritu Santo que te guíe, buscando no tu voluntad sino la Mía, en el nombre de Jesús.

## *28 de mayo*

# LIBERA TUS DONES

Salmo 91:11

Porque él ordenará a sus ángeles que te guarden en todos tus caminos;

El Padre dice: "Es hora de seguir adelante con los dones que he puesto en ti". Este es el momento de sacar a relucir todos los talentos y el llamado que te he confiado. Eres una fuerza a tener en cuenta, y ningún demonio ni persona puede obstaculizar lo que he puesto en marcha. Sigue avanzando, perseverando y corriendo esta carrera con una fe inquebrantable. Estoy contigo y mi gracia ha aumentado en tu vida. No esperes en el hombre; yo soy Dios. Mi mano está sobre ti y cada don que te he dado está dando frutos. He enviado ángeles para que vayan delante de ti, a tu lado y a tu alrededor. No dudes de lo que he puesto dentro de ti.

*29 de mayo*

# Mantén la concentración y la determinación

Isaías 41:13

Porque yo soy el SEÑOR tu Dios, que te toma de la mano derecha

y te dice: No temas, yo te ayudaré.

1 Corintios 14:33

Porque Dios no es Dios de desorden, sino de paz, como en todas las congregaciones del pueblo del SEÑOR.

El Padre dice: "No permitas que el enemigo te distraiga ni te engañe". Rechaza cada complot y cada plan en el nombre de Jesús, porque conocemos sus tácticas. El enemigo puede traer confusión y desánimo, pero mírame a mí como tu ayuda y refugio. Rechaza cada pensamiento del enemigo y toma cautivo cada pensamiento, haciéndolo obediente a Cristo Jesús. Anímate, hijo de Dios; estoy contigo dondequiera que vayas.

*30 de mayo*

# Permanece en el camino estrecho

Isaías 64:8

Sin embargo, tú, SEÑOR, eres nuestro Padre. Nosotros somos el barro, tú eres el alfarero; todos somos obra de tus manos.

Proverbios 4:18

El camino de los justos es como el sol de la mañana, que brilla cada vez más hasta alcanzar su plenitud al mediodía.

Mateo 7:14

Pero pequeña es la puerta y estrecho el camino que lleva a la vida, y pocos son los que la encuentran.

El Padre te dice que debes continuar por el camino estrecho que has elegido. Estás en el camino correcto y no debes preocuparte. Muchos se han preguntado si siguen el llamado del Señor, dejan de lado todas las dudas y piden: "Señor, consúmeme. Todo lo que quiero eres Tú". Permite que Mi presencia obre a través de ti y en ti. Las pruebas y la poda forman parte de este viaje, eliminando lo que no es de mí. Confía en que mi voluntad se está haciendo realidad en tu vida. Aunque enfrentes desafíos y ansiedades, mi gracia es suficiente. Decide hoy confiar en mí completamente. Pídele al Espíritu Santo que libere su gracia si luchas con tus preocupaciones. Recuerda, yo soy el alfarero y tú eres el barro. Estás en la palma de mi mano. Tú eres mío y yo soy tuyo

# *31 de mayo*

## FIELES A TRAVÉS DE LAS PRUEBAS

1 Timoteo 1:18

Timoteo, hijo mío, te doy esta orden de acuerdo con las profecías que se hicieron sobre ti, para que, al recordarlas, puedas luchar bien la batalla.

Salmo 18:34

Él entrena mis manos para la batalla; mis brazos pueden tensar un arco de bronce.

2 Corintios 10:3

Porque aunque vivimos en el mundo, no luchamos como lo hace el mundo.

El Padre está diciendo: "Permanezcan fieles a Mí a través de cada prueba, desafío, batalla y momento de guerra" Considera todo como alegría cuando enfrentes diversas pruebas, porque ellas producen perseverancia y confirman tu confianza en Mí. Este proceso es vital para tu crecimiento. Ten presente que estas pruebas te fortalecen y te preparan para madurar y no carecer de nada. Incluso cuando te sientas cansado en medio de la batalla, recuerda que Yo estoy contigo, dándote fuerza y apoyo. Estoy luchando por ti y animándote en cada paso del camino. Vencerás porque Yo estoy contigo y tienes victoria sobre todos los poderes del enemigo.

*1 de junio*

# Amor inquebrantable en toda circunstancia

Isaías 54:10

Aunque se sacudan las montañas y se desplacen las colinas, mi amor inquebrantable por ti no se sacudirá, ni mi pacto de paz se desplazará", dice el SEÑOR, que tiene compasión de ti.

Salmo 136:26

Demos gracias al Dios del cielo. *Su amor perdura para siempre.*

Salmo 86:15

Pero tú, SEÑOR, eres un Dios compasivo y misericordioso, lento para la ira, abundante en amor y fidelidad.

El Padre dice: "Cuando todo parezca desmoronarse, recuerda que Mi amor por ti nunca falla". Ya sea que las cosas no salgan según lo planeado, que tus hijos no te escuchen o que las tareas te parezcan abrumadoras, mi amor permanece constante e inquebrantable. Eres precioso para mí y estás cerca de mi corazón. Estoy aquí para ayudarte con cada desafío que enfrentes. Sé que lo superaremos juntos si te enfocas en mí. Comienza este mes con la expectativa de un cambio repentino, porque estoy trabajando activamente en todas las cosas para tu bien. Aunque las montañas se sacudan y las colinas sean removidas, mi amor inquebrantable y mi pacto de paz permanecerán firmes.

## *2 de junio*

# CONCÉNTRATE EN MI PERFECCIÓN

Jeremías 1:5

"Antes de formarte en el vientre, te conocía,

antes de que nacieras, te aparté;

te designé como profeta para las naciones".

Salmo 46:10

Él dice: "Quédate quieto y reconoce

que yo soy Dios; seré exaltado entre

las naciones, seré exaltado en la tierra".

El Padre dice: "Comienza adorando y alabando Mi santo nombre". Yo soy Jehová Rapha, Elohim, el gran YO SOY. Alaben al Señor su Dios, porque seré exaltado entre las naciones y la tierra. Quédense quietos y sepan que YO SOY DIOS. En lugar de esforzarse por alcanzar la perfección en todo lo que hacen, concéntrense en Mi amor perfecto por ustedes. No necesitan ser perfectos: hagan lo mejor que puedan, con un espíritu de excelencia, en las tareas que les he encomendado. Todo lo que te pido es que te presentes; yo me encargaré del resto. Recuerda, yo te conocía antes de formarte en el vientre; te santifiqué y te ordené para mis propósitos antes de que nacieras.

*3 de junio*

# El miedo no es tu parte

Filipenses 4:19

Y mi Dios suplirá todas tus necesidades según las riquezas de su gloria en Cristo Jesús.

El Padre está diciendo que el miedo no es tu parte; es un mentiroso y un ladrón. Mientras que el enemigo viene a robar, matar y destruir, yo he venido a darte vida y vida en abundancia. Mi poder reside dentro de ti. ¿No te he mandado que seas fuerte y valiente? No dejes que el miedo se apodere de ti, porque yo soy el Señor tu Dios. Yo te fortaleceré, te ayudaré y te sostendré con mi mano derecha justa. Aunque vivimos en este mundo, nuestras batallas no se libran de la misma manera. Recibirás todo lo que necesites o pidas en mi nombre, según mis riquezas y mi gloria, por la fe.

# *4 de junio*

# PROTEGIENDO TUS PENSAMIENTOS

Efesios 6:13

Por lo tanto, pónganse toda la armadura de Dios, para que cuando llegue el día del mal puedan resistir hasta el fin con firmeza.

2 Corintios 10:5

Derribamos argumentos y toda pretensión que se levanta contra el conocimiento de Dios, y llevamos cautivo todo pensamiento para que obedezca a Cristo.

El Padre dice: "No todos los pensamientos provienen de mí". Algunos pensamientos que entran en tu mente pueden provenir del enemigo. Cuando recibas tales pensamientos, pide al Espíritu Santo que te ayude a discernir su origen. Reconoce y reprende cualquier mentira del adversario, devolviéndola al abismo. Inmediatamente toma cautivos estos pensamientos y hazlos obedientes a Cristo Jesús. Cuando surjan ataques contra tu mente, mantente firme poniéndote toda la armadura de Dios. Usa el escudo de la fe para extinguir todas las flechas encendidas del maligno.

## *5 de junio*

# VICTORIA EN CRISTO

Romanos 8:17

Ahora bien, si somos hijos, también somos herederos: herederos de Dios y coherederos con Cristo, si es que compartimos sus sufrimientos para poder también compartir su gloria.

Lucas 10:19

Les he dado autoridad para pisotear serpientes y escorpiones y para vencer todo el poder del enemigo; nada les hará daño.

El Padre dice: No dudes de lo que estoy haciendo en tu vida. No estás derrotado a pesar de los ataques contra tu mente y tu vida espiritual. Eres más que vencedor en Cristo Jesús, quien te ama. Recuerda quién eres y cuál es tu verdadera identidad en las dificultades y las luchas: eres hijo del Dios Altísimo. Estoy contigo, ya que nos resucité de entre los muertos con Cristo y nos senté en los reinos celestiales debido a nuestra unión con Él. Aunque puedas enfrentar ataques mentales, físicos y financieros, estos son permitidos para Mi gloria. Recuerda que, como hijos y herederos de Dios, coherederos con Cristo, compartiremos Sus sufrimientos y Su gloria. Mantente firme, sabiendo que tienes la victoria sobre cada ataque demoníaco y todo poder enemigo.

## *6 de junio*

# PON TU CORAZÓN EN EL CIELO

Colosenses 3:1-4

Ya que resucitaron con Cristo, busquen las cosas de arriba, donde está Cristo, sentado a la derecha de Dios.[2] Concentren su pensamiento en las cosas de arriba, no en las de la tierra. [3] Porque ustedes murieron, y ahora su vida está escondida con Cristo en Dios. [4]Cuando Cristo, quien es su[a] vida, se manifieste, entonces también ustedes se manifestarán con él en gloria.

Santiago 4:7-10

Así, sométanse a Dios. Resistan al diablo, y él huirá de ustedes. [8] Acérquense a Dios, y él se acercará a ustedes. Lávense las manos, pecadores, y purifiquen sus corazones, indecisos. [9] Lloren, lamenten y giman. Cambien sus risas por llanto y su alegría por tristeza. [10] Humíllense ante el SEÑOR y él los exaltará.

El Padre dice: "Pongan su corazón en las cosas de arriba, donde Cristo está sentado a la diestra de Dios". Concentren su mente en las cosas celestiales, no en las preocupaciones terrenales. Su vida ahora está escondida con Cristo en Dios. Cuando Cristo aparezca en su vida, ustedes también aparecerán con Él en gloria. Te he elegido y designado para este momento. Si te encuentras con espíritus que te obstaculizan, toma autoridad sobre ellos y échalos fuera en el poderoso nombre de Jesús. Recuerda, te he dado poder sobre el enemigo. Sométete a mí, resiste al enemigo, y él huirá de ti en el nombre de Jesús.

*7 de junio*

# Rompiendo barreras

Efesios 1:5-7

nos predestinó para ser adoptados como hijos suyos por medio de Jesucristo, según el beneplácito de su voluntad, [6] para alabanza de su gloriosa gracia, con la que nos ha favorecido en el Amado. [7] En él tenemos la redención por su sangre, el perdón de pecados según las riquezas de su gracia

El Padre dice: "Déjame derribar las barreras en tu vida". Algunos de ustedes han construido muros en sus relaciones por miedo a ser heridos. Por el contrario, otros tienen barreras mentales por estar de acuerdo con las mentiras del enemigo. Rechacen estas mentiras y desmantelen todo engaño en el nombre de Jesús. Recuerden, el Dios Altísimo los ama profundamente. Ustedes son preciosos a Mis ojos. Fueron abrazados y aceptados cuando aceptaron a Cristo Jesús como su Señor y Salvador. Ustedes son Mis amados.

*8 de junio*

# APARTADO PARA UN PROPÓSITO

Mateo 13:37-39

Él respondió: "El que sembró la buena semilla es el Hijo del Hombre. 38 El campo es el mundo, y la buena semilla representa a los hijos del reino. La cizaña son los hijos del maligno 39, y el enemigo que la siembra es el diablo. La cosecha es el fin del mundo, y los segadores son los ángeles.

Mateo 10:34

"No piensen que he venido a traer paz a la tierra. No he venido a traer paz, sino espada.

El Padre dice: Estoy separando el trigo de la cizaña. Tú has sido apartado para un tiempo como este, y no todos pueden acompañarte en el camino al que te estoy guiando. Aunque alejarse de ciertas personas o situaciones puede ser difícil, recuerda que Mi gracia te basta. Si te cuesta dejarlo ir, pide a Mi Espíritu Santo que te conceda más gracia. Ustedes son una generación elegida, y comprendan que no vine a traer paz a la tierra, sino una espada. Confíen en el proceso y acepten el propósito que tengo para ustedes.

*9 de junio*

# LA FIDELIDAD DE DIOS EN CADA ESTACIÓN

Salmo 34:4

Busqué al SEÑOR, y él me respondió;

me libró de todos mis temores.

El Padre dice: "Soy el mismo Dios en el valle y en la cima de la montaña". Incluso cuando camines por el valle de sombra de la muerte, no temas, porque yo estoy contigo. Mi vara y mi cayado te confortan". Superarás cualquier situación, circunstancia o dificultad. Nunca estás solo en tus luchas. ¡Lucha la buena batalla de la fe! Te concedo la gracia para perseverar y abrirte camino. Espera un cambio repentino en el nombre de Jesús.

*10 de junio*

# LISTO PARA RECIBIR

Santiago 1:7

Esa persona no debe esperar recibir nada del SEÑOR.

Malaquías 3:6-10

"Yo, el SEÑOR, no cambio. Por eso, ustedes, descendientes de
Jacob, no serán destruidos· 7 Desde los tiempos de sus antepasados,
ustedes se han apartado de mis decretos y no los han cumplido.
Vuelvan a mí, y yo volveré a ustedes", dice el SEÑOR
Todopoderoso. Pero ustedes preguntan: '¿Cómo vamos a volver?'
8 "¿Acaso un simple mortal roba a Dios? Sin embargo, ustedes me
roban. Pero ustedes preguntan: "¿Cómo te estamos robando?". En
los diezmos y las ofrendas. 9 Toda su nación está bajo maldición
porque me están robando. 10 Traigan todo el diezmo al almacén,
para que haya alimento en mi casa. Pruébenme en esto", dice el
SEÑOR Todopoderoso, "y vean si no abro las compuertas del cielo
y derramo tantas bendiciones que no habrá lugar suficiente para
almacenarlas.

El Padre dice: "Mientras caminas conmigo, prepárate para recibir todo lo que he planeado para ti". Tengo bendiciones y dones con tu nombre escrito en ellos. Soy la fuente de todo don perfecto del Padre de las Luces, que no cambia. Todo lo que tengo para ti es exclusivamente tuyo, inmutable y seguro. Yo soy el SEÑOR y no cambio; por lo tanto, no serás consumido. Vuelve a mis ordenanzas y yo volveré a ti, dice el Señor de los ejércitos.

## *11 de junio*

# AMOR INMUTABLE

Génesis 28:14

Tus descendientes serán como el polvo de la tierra, y te extenderás hacia el oeste y hacia el este, hacia el norte y hacia el sur. Todos los pueblos de la tierra serán bendecidos a través de ti y de tu descendencia.

Números 23:19

Dios no es humano, para mentir ni cambiar de parecer. ¿Acaso habla y luego no actúa? ¿Promete y no cumple?

El Padre dice: "Así como las olas se mueven constantemente sobre la orilla, yo permanezco inmutable". Mi amor por ti es incondicional e inquebrantable. Mi misericordia fluye continuamente hacia aquellos que me temen. Lo que he ordenado para ti está firmemente establecido y no puede ser alterado. No soy como los humanos, que mienten o cambian de opinión. Cuando hablo, actúo; cuando prometo, cumplo. Mis planes para ti superan todo lo que puedas pedir, pensar o imaginar. No temas; estoy contigo. Traeré a tus descendientes desde el este y los reuniré desde el oeste. Llamaré al norte y al sur, y a través de ti, todas las familias de la tierra serán bendecidas.

## *12 de junio*

# CONFÍA EN MI TIEMPO

Mateo 7:7

"Pide, y se te dará; busca, y encontrarás; llama, y se te abrirá.

1 Samuel 12:17

¿No es ahora la cosecha del trigo? Pediré al SEÑOR que envíe truenos y lluvia. Y se darán cuenta de lo malo que hicieron a los ojos del SEÑOR cuando pidieron un rey".

El Padre dice: "Entiendo que puedas sentir que estoy distante y que estás pasando por una temporada árida en la que el progreso parece lento. Sin embargo, estoy trabajando a mi propio ritmo y en mi propio tiempo". Aunque parezca que no está pasando nada, ten por seguro que estoy actuando tras bastidores. Aunque te enfrentes a los ataques del enemigo, ármate con el escudo de la fe para extinguir todos los dardos encendidos en el nombre de Jesús. Sigue adelante y confía en mí. Confía a mí tu familia, tu matrimonio y tus hijos. No dudes de lo que he hecho por ti ni de lo que estoy a punto de hacer. Sigue pidiendo y recibirás; sigue buscando y encontrarás; sigue llamando y se te abrirá la puerta.

*13 de junio*

# MANTENTE FIRME EN LA FE

1 Pedro 5:8

Estén alerta y mantengan la mente serena. Su enemigo, el diablo, ronda como león rugiente, buscando a quien devorar.

Efesios 6:10-18

Por último, fortalézcanse en el SEÑOR y en su gran poder. 11 Vístanse con toda la armadura de Dios, para que puedan resistir las artimañas del diablo. 12 Porque nuestra lucha no es contra seres humanos, sino contra poderes, contra autoridades, contra potestades que dominan este mundo, contra fuerzas espirituales malignas en las regiones celestes. 13 Por lo tanto, pónganse toda la armadura de Dios, para que cuando llegue el día del mal puedan resistir hasta el fin con firmeza. 14 Manténganse firmes, ceñidos con el cinturón de la verdad, protegidos por la coraza de la justicia 15 y calzados con la disposición que da el evangelio de la paz. 16 Además de todo esto, tomen el escudo de la fe, con el cual podrán apagar todas las flechas encendidas del maligno. 17 Tomen el casco de la salvación y la espada del Espíritu, que es la palabra de Dios. 18 Oren en el Espíritu en todo momento, con toda clase de oraciones y peticiones. Teniendo esto en cuenta, manténganse alerta y sigan orando siempre por todo el pueblo del SEÑOR.

El Padre dice: "Amados, esperen ataques del adversario y permanezcan alerta. Su enemigo, el diablo, ronda como león rugiente, buscando a quien devorar. Equípense con toda la armadura de Dios para resistir sus artimañas y tácticas". Es fundamental conocer personalmente la Palabra de Dios y permanecer firmes en la oración. Ningún arma forjada contra ti prosperará en el poderoso nombre de Jesús. Supera los ataques y las pruebas incluso cuando te sientas desanimado y te cueste leer la Palabra o alabarme. ¡Recuerda que tienes la victoria en Cristo Jesús!

*14 de junio*

# Embarazada con un propósito

Juan 16:33

"Les he dicho estas cosas para que en mí tengan paz. En este mundo tendrán aflicciones, pero ¡ánimo! Yo he vencido al mundo".

El Padre dice: "Estás embarazada del destino, llevas un propósito divino dentro de ti". Tu vocación te llevará de gloria en gloria y de fe en fe. Ningún enemigo ni fuerza en la tierra o en el infierno puede frustrar lo que he puesto dentro de ti. Yo te he llamado y designado, y el aumento de los ataques es una prueba de la amenaza que representas para el reino de las tinieblas. Recuerda, aunque enfrentarás tribulaciones, yo las he vencido. La victoria está asegurada en mi nombre; nada puede separarte de mi amor. Si yo estoy a tu favor, ¿quién puede estar en tu contra?

## *15 de junio*

# ALABANZA EN CADA ESTACIÓN

Efesios 2:8-9

Porque por gracia ustedes han sido salvados mediante la fe, y esto no viene de ustedes mismos, sino que es un regalo de Dios, [9] no por obras, para que nadie se gloríe.

Job 2:10

Él respondió: "Hablas como una mujer necia. ¿Acaso debemos aceptar lo bueno de Dios y no aceptar lo malo?". En todo esto, Job no pecó en lo que dijo.

El Padre dice que hay que alabarme y agradecerme en todas las circunstancias, tanto en los momentos de abundancia como en los de dificultad. Así como recibimos el bien de Dios, debemos aceptar los desafíos. Alábenme y expresen su gratitud en cada prueba. Incluso en medio de las tormentas y las dificultades, mi gracia les ayudará a superarlas. Si su fe se ve sacudida, recuerden cómo los he liberado antes. Recuerda que tu salvación viene a través de la fe en Cristo Jesús, no por tus propios esfuerzos. Como Mi amado hijo, eres resucitado con Cristo y estás sentado con Él en los lugares celestiales. No te rindas. Sigue buscando y llamando; recibirás todo lo que he preparado para ti.

# *16 de junio*

# ENCONTRAR ALEGRÍA EN LAS PRUEBAS

Santiago 1:2-4

Hermanos míos, considérense dichosos cuando enfrenten diversas pruebas [3] porque saben que la prueba de su fe produce perseverancia. Que la perseverancia haga su obra completa, para que sean perfectos y completos, sin que les falte nada. [4]

Éxodo 14:14

El SEÑOR peleará por ti; sólo tienes que estar tranquilo".

El Padre dice: "Alégrate, mi amado, cada vez que enfrentes pruebas de muchos tipos". Estos desafíos ponen a prueba tu fe y producen perseverancia. Permite que la perseverancia complete su obra para que puedas madurar y no te falte nada. Es natural sentirse confundido cuando los acontecimientos a tu alrededor no tienen sentido o carecen de explicación. Confía plenamente en mí y sigue mi voluntad, incluso cuando no lo comprendas. ¿Darás un paso adelante con fe? ¿Saldrás de tu zona de confort? Cuando te enfrentes a acusaciones falsas, ¿continuarás siguiéndome? Acepta estas pruebas como oportunidades para crecer y profundizar tu confianza en mí.

## *17 de junio*

# LA LUCHA DE LA FE

Mateo 17:20-22

Él respondió: "Porque tienen poca fe. En verdad les digo que, si tienen fe tan pequeña como un grano de mostaza, podrán decir a esta montaña, 'Muévete de aquí para allá' y se moverá. Nada les será imposible". [21]. 22 Cuando se reunieron en Galilea, les dijo: "El Hijo del hombre va a ser entregado en manos de los hombres.

Santiago 1:6

Pero cuando pidas, debes creer y no dudar, porque el que duda es como una ola del mar, que es llevada y agitada por el viento.

1 Timoteo 6:12

Pelea la buena batalla de la fe. Aférrate a la vida eterna a la que fuiste llamado cuando hiciste tu buena confesión en presencia de muchos testigos.

El Padre dice: "Lucha la buena batalla de la fe, incluso cuando no puedas ver ni sentir el resultado". Confía en que todo se desarrollará según Mi plan. Te he llamado a caminar por fe, no por vista. Si caminaras por vista, ¿qué tipo de fe sería esa? Recuerda, si tienes fe del tamaño de un grano de mostaza, puedes mover montañas. Cada vez que escoges abrazar la fe por encima del miedo te fortalece y aumenta tu determinación. La duda sólo te hace inestable, como una ola sacudida por el viento. Mantén tu fe firme y observa cómo obro en tu vida.

*18 de junio*

# AMOR INMUTABLE EN CADA TORMENTA

Hebreos 13:8

Jesucristo es el mismo ayer, hoy y siempre.

Romanos 11:29

porque los dones y la llamada de Dios son irrevocables.

El Padre dice que Jesucristo es el mismo ayer, hoy y siempre. Mi naturaleza es constante; Mi amor por ti nunca vacila. Yo soy tu Abba, y tú eres Mi amado. Si tu rutina se ha visto alterada, ten por seguro que es parte de Mi plan. Adórame a través de la tormenta que estás enfrentando. Concéntrate en Mí, no en las olas ni en el viento. Yo estoy contigo en cada prueba. Hay paz y alegría disponibles en cada circunstancia. Toma Mi mano y juntos venceremos.

# *19 de junio*

# PRESENCIA INQUEBRANTABLE

Juan 3:16

Porque Dios amó tanto al mundo, que dio a su Hijo unigénito, para que todo aquel que cree en él no perezca, sino que tenga vida eterna.

Mateo 22:32

'¿Soy el Dios de Abraham, el Dios de Isaac y el Dios de Jacob?' Él no es el Dios de los muertos, sino de los vivos".

El Padre dice: "Yo soy quien digo ser: el Camino, la Verdad y la Vida. Nadie viene al Padre sino por mí. Yo soy el Dios de Abraham, Isaac y Jacob, el Dios de los vivos, no de los muertos. Estoy contigo en todas las dificultades, tormentas, batallas y persecuciones. Mi presencia es constante, amado mío. Cuando te resulte difícil dar el siguiente paso, aférrate firmemente a mi mano. Yo te guío, te enseño a confiar en mi Espíritu y te ayudo en cada paso del camino. Depende continuamente de mí y busca mi voluntad por encima de todo lo demás".

## *20 de junio*

# GUÁRDATE DEL ENGAÑO

2 Corintios 2:11

para que Satanás no nos engañe. Porque no ignoramos sus maquinaciones.

Santiago 1:2-4

Hermanos míos, considérense dichosos [a] cuando enfrenten diversas pruebas [3] porque saben que la prueba de su fe produce perseverancia. Que la perseverancia haga su obra completa, para que sean perfectos y completos, sin que les falte nada. [4]

El Padre nos dice que no debemos dejarnos engañar por Satanás, pues no ignoramos sus artimañas. Satanás busca sembrar confusión y caos. Él solo viene para robar, matar y destruir, pero yo he venido para darles vida y vida en abundancia. Aférrense firmemente a mis promesas; lo que les he prometido es para ustedes. Incluso en medio de las pruebas, manténganse firmes. La prueba de su fe produce perseverancia, y la perseverancia debe culminar su obra para que sean maduros y completos, sin que les falte nada.

## *21 de junio*

# RESTAURACIÓN A TRAVÉS DEL SUFRIMIENTO

Romanos 5:1-5

En consecuencia, habiendo sido justificados por la fe, tenemos paz
con Dios por medio de nuestro SEÑOR Jesucristo, 2 por quien
hemos accedido por la fe a esta gracia en la que ahora estamos
firmes. Y nos regocijamos en la esperanza de la gloria de Dios. 3
No sólo eso, sino que también nos regocijamos en nuestros
sufrimientos, porque sabemos que el sufrimiento produce
perseverancia; 4la perseverancia, carácter; y el carácter, esperanza.
5 Y la esperanza no nos avergüenza, porque el amor de Dios ha
sido derramado en nuestros corazones por medio del Espíritu
Santo, que se nos ha dado.

El Padre está diciendo que, después de haber soportado el sufrimiento por un tiempo, el Dios de toda gracia, que los ha llamado a su gloria eterna en Cristo, los restaurará, confirmará, fortalecerá y establecerá. El sufrimiento es parte de esta vida, pero terminará para aquellos que ponen su fe solo en mí. Prometo restauración de todo sufrimiento. Puesto que la fe te ha justificado, tienes paz con Dios por medio de nuestro Señor Jesucristo. Por medio de Él, accedemos por la fe a Su gracia, en la que nos mantenemos firmes. Regocíjate hoy, sabiendo que tu esperanza está solo en Mí. Recuerda que el sufrimiento produce resistencia, la resistencia produce carácter y el carácter produce esperanza. Esta esperanza no defrauda, porque el amor de Dios ha sido derramado en nuestros corazones por medio del Espíritu Santo y nos ha sido dado.

*22 de junio*

# Fijando tus ojos en el Señor

Salmo 121:1-4

Alzo mis ojos a las montañas: ¿de dónde vendrá mi socorro? [2] Mi socorro viene del SEÑOR, que hizo los cielos y la tierra. [3] No dejará que tu pie resbale; el que te guarda no se adormecerá; [4] ciertamente, el que guarda a Israel no se adormecerá ni dormirá.

Isaías 26:3

Tú mantendrás en perfecta paz a aquellos cuyas mentes son firmes porque confían en ti.

El Padre está diciendo: "Pon tu corazón y tu mente en mí. No mires a la izquierda ni a la derecha; en cambio, mira hacia arriba y recuerda que tu ayuda viene del Señor, el Creador del cielo y de la tierra". No permitiré que caigas ni que tu pie se mueva; yo, que te guardo, no dormitaré. Así como guardo a Israel, no duermo ni descanso. Yo, el Señor, mantendré tu mente y tu alma en perfecta paz. Cuando surja la ansiedad, comienza a orar y entrega todas tus preocupaciones a Mí. Déjalas a Mis pies y observa cómo actúo en tu nombre. Tú eres Mi amado, y Yo te mantengo en perfecta paz porque tu mente permanece en Mí y confías en Mí.

*23 de junio*

# FORTALECIDOS POR CRISTO

Lucas 10:19

Les he dado autoridad para pisotear serpientes y escorpiones, y para vencer todo el poder del enemigo; nada les hará daño.

Mateo 16:19

Te daré las llaves del reino de los cielos; todo lo que ates en la tierra quedará atado en el cielo, y todo lo que desates en la tierra quedará desatado en el cielo".

El Padre dice: "Todo es posible porque puedes hacer todas las cosas a través de Cristo, quien te fortalece". Aunque el enemigo intente robarte la esperanza y la paz, no lo conseguirá. Tú me perteneces. Toma autoridad sobre tus sentimientos y emociones, ordenándoles que se alineen con Mi voluntad en el nombre de Jesús. Como hijo de Dios, te he dado el poder para vencer todas las artimañas del enemigo. Debes saber que Yo soy el Rey de reyes y el Señor de señores, y te he concedido acceso a Mi reino. Todo lo que ates en la tierra quedará atado en el cielo, y todo lo que desates en la tierra quedará desatado en el cielo.

## *24 de junio*

# GRACIA PARA CADA NECESIDAD

Hebreos 4:16

Acerquémonos, pues, al trono de la gracia de Dios con confianza, para que recibamos misericordia y hallemos gracia para ayudar en tiempo de necesidad.

2 Corintios 12:8-10

Tres veces le rogué al SEÑOR que me lo quitara.[9] Pero él me dijo: "Mi gracia te basta, porque mi poder se perfecciona en la debilidad". Por lo tanto, me regocijaré aún más alegremente en mis debilidades, para que el poder de Cristo repose sobre mí. [10] Por eso, por amor a Cristo, me deleito en las debilidades, en los insultos, en las adversidades, en las persecuciones, en las dificultades. Porque cuando soy débil, entonces soy fuerte.

El Padre dice: "Acércate con valentía a mi trono de gracia para recibir misericordia y encontrar ayuda en tu momento de necesidad". Recuerda orar por más gracia cuando luches en cualquier área de tu vida. Aunque supliqué tres veces por alivio, respondí: "Mi gracia te basta, porque mi poder se perfecciona en la debilidad". Por lo tanto, acepta tus debilidades con alegría, porque mi poder se manifiesta más claramente en esos momentos. Regocíjate en las dificultades, los insultos y las penurias, sabiendo que cuando eres débil, eres fuerte por mi poder. Mi gracia es suficiente para cada prueba y dificultad. Pídele a mi Espíritu Santo que te fortalezca donde más lo necesitas, en el nombre de Jesús.

## *25 de junio*

# UNA CORONA DE BELLEZA

Salmo 121:1

Alzo mis ojos a las montañas: ¿de dónde vendrá mi socorro?

Juan 14:26

Pero el Defensor, el Espíritu Santo, a quien el Padre enviará en mi nombre, les enseñará todas las cosas y les recordará todo lo que yo les he dicho.

El Padre dice a los que lloran: Te daré una corona de belleza en lugar de cenizas, una bendición gozosa en lugar de luto, y alabanza festiva en lugar de desesperación. Yo soy tu Dios y te consolaré en los momentos difíciles y te rescataré cuando lo necesites. Mira hacia las colinas; tu ayuda viene del SEÑOR, el Creador del cielo y de la tierra. En todo lo que esté alineado con Mi voluntad, extenderé Mi mano para ayudarte porque soy tu Padre y te amo profundamente. No dudes de lo que puedo hacer a través de ti y en ti, solo confía en mí. Yo te cuido incansablemente; ni el sueño ni el descanso afectarán mi cuidado. El sol no te dañará durante el día, ni la luna durante la noche. Mi Espíritu te guiará a toda la verdad, y la verdad te hará libre. Nunca estás solo; el Espíritu Santo es tu Abogado, que te ayuda y te da poder en todos los sentidos.

## *26 de junio*

# RESTAURACIÓN Y RENOVACIÓN

Joel 2:25

"Les pagaré por aquello que las langostas por años han devorado: la langosta grande y la langosta joven, las otras langostas y la nube de langostas, mi gran ejército que envié entre ustedes.

Levítico 20:7

"'Conságrense a mí y sean santos, porque yo soy el SEÑOR su Dios.

El Padre dice: "Te compensaré por aquello que las langostas por años se han comido: las langostas grandes, las langostas jóvenes y las nubes de langostas. Restauraré todo lo que el enemigo te ha robado". Alégrate y recuerda que soy un Dios amoroso y misericordioso. Tú eres mío y te he rescatado de la esclavitud con mi poderosa mano derecha. Esta restauración no vendrá por fuerza ni por poder, sino por el Espíritu del Dios viviente. Yo soy santo, y prometo restaurarte y bendecirte. Aunque hayas traído problemas sobre ti mismo por tus acciones, yo te proveeré y renovaré lo que has perdido. Te he elegido para este tiempo, mi amado. Agradéceme por todo lo que estoy haciendo y por lo que haré. Dame toda la alabanza y la adoración, porque sólo yo soy Dios.

*27 de junio*

# Esperanza en medio de las pruebas

Salmo 34:17-20

Los justos claman y el SEÑOR los oye; los libra de todas sus angustias. 18 El SEÑOR está cerca de los quebrantados de corazón y salva a los abatidos de espíritu. 19 El justo puede tener muchas angustias, pero el SEÑOR lo libra de todas ellas; 20 protege todos sus huesos, y ninguno de ellos será quebrantado.

Jeremías 29:14

Seré encontrado por ustedes", declara el SEÑOR - "y los traeré de vuelta del cautiverio. Los reuniré de todas las naciones y lugares adonde los he desterrado", declara el SEÑOR, "y los traeré de vuelta al lugar de donde los llevé al exilio".

El Padre dice: "Yo doy esperanza a los desesperados. No temas, amado mío, porque yo estoy contigo. Cuando los justos claman por ayuda, yo los libero de todas sus angustias. Estoy cerca de los quebrantados de corazón y salvo a los abatidos de espíritu. Aunque muchas son las aflicciones de los justos, yo los libero de todas. Protejo cada parte de ti, ninguno de tus huesos será quebrado. Si te enfrentas a situaciones aparentemente desesperadas, recuerda que yo te sacaré del cautiverio. Restauraré tu fortuna, te reuniré de todas las naciones y lugares donde te he dispersado y te traeré de vuelta al lugar donde fuiste exiliado.

*28 de junio*

# Sentado con Cristo:

Aceptando tu posición divina

Romanos 12:2

No se conformen al patrón de este mundo, sino transfórmense mediante la renovación de su mente. Entonces podrán comprobar y aprobar cuál es la voluntad de Dios: su buena, agradable y perfecta voluntad.

Salmo 100:4

Entren por sus puertas con acción de gracias, y en sus atrios con alabanza; denle gracias y bendigan su nombre.

El Padre dice: Te he resucitado con Cristo y te he sentado con Él en Su reino celestial. Ahora eres Mi pueblo, elegido y designado para este momento. Cualquier desánimo que enfrentes hoy, entrégamelo y déjalo a Mis pies. Estoy escuchando todo lo que dices. Derrama tu corazón ante mí, quiero consolarte, fortalecerte y animarte. Al entrar por mis puertas con acción de gracias y en mis atrios con alabanza, llena cada parte de ti con mi presencia. Recuerda, dar gracias y alabar mi santo nombre es un acto de adoración. Cuando surjan emociones negativas, renueva tu mente con mi Palabra y sé transformado. A través de esta renovación, discernirás mi voluntad: lo que es bueno, agradable y perfecto.

*29 de junio*

# CUIDA TUS PALABRAS: ABRAZA EL LLAMADO A LA SANTIDAD

1 Pedro 3:10

Porque "quien quiera amar la vida y ver días buenos, debe refrenar su lengua del mal y sus labios de palabras engañosas".

Apocalipsis 21:8

Pero los cobardes, los incrédulos, los abominables, los asesinos, los inmorales, los que practican artes mágicas, los idólatras y todos los mentirosos serán arrojados al lago ardiente de azufre. Esta es la segunda muerte.

El Padre dice que si deseas amar la vida y ver días buenos, guarda tu lengua del mal y evita participar en conversaciones dañinas. Hablar mal de los demás es un asunto serio, similar a la brujería. Si murmuras o hablas negativamente de los demás, arrepiéntete de estas acciones. Recuerda que aquellos que practican el mal, incluyendo la brujería, la idolatría y la deshonestidad, enfrentan graves consecuencias. Arrepiéntete y aléjate de tales comportamientos, porque el reino de Dios está cerca. Abraza la santidad y deja que tus palabras reflejen el amor y la pureza que deseo para ti.

*30 de junio*

# SANACIÓN COMPLETA EN EL ALTAR

Hechos 3:6

Entonces Pedro dijo: "No tengo plata ni oro, pero lo que tengo te lo doy. En el nombre de Jesucristo de Nazaret, anda"

Salmo 95:6

Vengan, postrémonos en adoración; arrodillémonos ante el SEÑOR, nuestro Creador;

El Padre dice: "Acércate al altar y déjame limpiarte de todas tus iniquidades". Deseo sanarte, y solo por mi mano podrás encontrar la verdadera plenitud. Ábreme tu corazón y llenaré cada parte de tu vida con mi presencia. Sé sincero acerca de tus luchas, incluso aquellas que te resulte difícil compartir. Yo soy tu Padre y tú eres mi amado. Si necesitas sanar, toca la zona afectada de tu cuerpo y ordena que sea sanada en el poderoso nombre de Jesús. Como dijo Pedro: "No tengo plata ni oro, pero lo que tengo te lo doy: en el nombre de Jesucristo de Nazaret, anda". Confía en mi poder para restaurar y sanar.

*1 de julio*

# LO MEJOR ESTÁ POR VENIR

Isaías 43:19

¡Miren, estoy haciendo algo nuevo! Ahora brota; ¿no lo ven? Estoy abriendo un camino en el desierto y ríos en la tierra baldía.

El Padre dice que ha reservado lo mejor para el final. Él te enseña cómo librar la guerra espiritual y luchar contra el enemigo. Ha habido momentos en los que has sentido ganas de rendirte, pero has perseverado, y por eso, lo mejor aún está por llegar. El Padre tiene una gran sorpresa reservada para ti. Como no te has rendido, Él no cederá; está a punto de sorprenderte. A medida que sales de tus pruebas, Él se prepara para llevarte a través del desierto y guiarte hacia un nuevo ascenso laboral. Hoy marca el comienzo de un nuevo mes, de un nuevo día. Presta mucha atención: el Padre está haciendo algo nuevo. Ya está brotando, ¿no lo ves? Él abrirá un camino en el desierto y proporcionará ríos en la tierra árida.

*2 de julio*

# CONFIANZA EN LO DESCONOCIDO

Juan 13:7

Jesús respondió: "Ahora no comprendes lo que estoy haciendo, pero más adelante lo entenderás".

Santiago 1:7

Esa persona no debe esperar recibir nada del SEÑOR.

El Padre dice que, incluso cuando te enfrentas a desafíos que superan tu comprensión, tu papel no es comprenderlo todo, sino confiar en Él en todo lo que haces. Hoy, expresa tu gratitud por cada prueba y cada experiencia dándole las gracias por la libertad que te da Su presencia en tu vida. Recuerda las palabras de Jesús: "Lo que yo hago, ahora no lo entiendes, pero lo sabrás después". Su gracia es suficiente para todos los aspectos de tu vida. Pide al Espíritu Santo que aumente la gracia donde más la necesitas, permitiendo que Su presencia se desborde. El Dios Altísimo te ama profundamente.

*3 de julio*

# Mantén el enfoque en tu llamado

Éxodo 14:19-31

Entonces, el ángel de Dios, que había estado viajando delante del
ejército de Israel, se retiró y se colocó detrás de ellos. La columna
de nube también se movió de delante y se colocó detrás de ellos,
20 interponiéndose entre los ejércitos de Egipto e Israel. Durante
toda la noche, la nube trajo oscuridad a un lado y luz al otro, de
modo que ninguno se acercó al otro en toda la noche. 21 Entonces,
Moisés extendió su mano sobre el mar, y toda aquella noche el
Señor hizo retroceder el mar con un fuerte viento del este y lo
convirtió en tierra seca. Las aguas se dividieron, 22, y los israelitas
atravesaron el mar en tierra seca, con un muro de agua a su derecha
y a su izquierda. 23 Los egipcios los persiguieron, y todos los
caballos, carros y jinetes del faraón los siguieron al mar. 24 Durante
la última vigilia de la noche, el Señor miró desde la columna de
fuego y la nube al ejército egipcio y lo sumió en la confusión.25
Atascó las ruedas de sus carros para que tuvieran dificultades para
conducir. Y los egipcios dijeron: "¡Alejémonos de los israelitas! El
Señor está luchando por ellos contra Egipto". 26 Entonces el
Señor dijo a Moisés: "Extiende tu mano sobre el mar para que las
aguas vuelvan sobre los egipcios, sus carros y sus jinetes". 27 Moisés
extendió su mano sobre el mar, y al amanecer, el mar volvió a su

lugar. Los egipcios huían hacia él, y el SEÑOR los arrastró al mar.
28 El agua volvió y cubrió los carros y los jinetes, todo el ejército
del faraón que había seguido a los israelitas al mar. Ninguno de
ellos sobrevivió. 29 Pero los israelitas atravesaron el mar en tierra
seca, con un muro de agua a su derecha y a su izquierda. 30 Ese día,
el SEÑOR salvó a Israel de las manos de los egipcios, e Israel vio a
los egipcios muertos en la orilla. 31 Y cuando los israelitas vieron la
poderosa mano del SEÑOR contra los egipcios, el pueblo temió al
SEÑOR y puso su confianza en él y en Moisés, su siervo.

Isaías 43:2

Al cruzar las aguas, yo estaré contigo; al cruzar los ríos, no te cubrirán sus aguas. Al caminar por el fuego, no te quemarán; las llamas no te abrasarán.

El Padre te dice que debes resistir las distracciones del enemigo que te desvían de tu propósito divino. El enemigo emplea diversas tácticas —a través de personas, situaciones y artimañas— para impedir que cumplas tu llamado. Mantente alerta ante estas artimañas y ata todas las fuerzas demoníacas en el poderoso nombre de Jesús. No permitas que el maligno te robe tu paz. Decide hoy permanecer firme contra todas las tácticas demoníacas sumergiéndote en la Palabra de Dios, manteniéndote consagrado a Él y dependiendo de Su presencia diariamente. Confía y obedece Sus mandamientos, y mantén tu enfoque en Él. Él te lleva a lugares más profundos donde tus enemigos no pueden seguirte, separando el Mar Rojo para ti como lo hizo para Moisés. Él te promete una paz que solo Él puede dar: una paz sobrenatural que trasciende todo entendimiento.

*4 de julio*

# Celebra cada victoria

1 Corintios 10:13

No te ha sobrevenido ninguna tentación que no sea común a todos los hombres. Y Dios es fiel; no permitirá que seas tentado más allá de lo que puedes soportar. Pero cuando seas tentado, él también te dará una salida para que puedas soportarlo.

Juan 16:33

"Les he dicho estas cosas para que en mí tengan paz. En este mundo tendrán aflicciones, pero ¡ánimo! Yo he vencido al mundo".

El Padre dice que debes celebrar cada victoria que logran juntos. Cada triunfo es un testimonio de nuestra fuerza compartida. Cada vez que superas una prueba, es una victoria. Cuando caes, pero te levantas de nuevo, es una victoria. Cada vez que resistes la tentación o eliges la oración en lugar de la frustración, es una victoria. En cada aspecto de tu vida —relaciones, servicio o ministerio— reconoce que hemos superado juntos los desafíos. Yo soy tu ayuda, amado, y juntos podemos enfrentar cualquier cosa, un día y una tarea a la vez, en el nombre de Jesús. Confía en la fidelidad de Dios; Él no permitirá que seas tentado más allá de tu capacidad. No hay necesidad de preocuparse, porque estás seguro en la palma de Su mano. ¡Eres profundamente amado!

# *5 de julio*

# SEGURO EN CRISTO

Efesios 1:13

Y también ustedes fueron incluidos en Cristo cuando escucharon el mensaje de la verdad, el evangelio de su salvación. Cuando creyeron, fueron marcados en él con un sello, el Espíritu Santo prometido,

Isaías 54:17

Ningún arma forjada contra ti prevalecerá, y refutarás toda lengua que te acuse. Esta es la herencia de los siervos del SEÑOR, y esta es su vindicación de mi parte", declara el SEÑOR.

El Padre dice que fuiste incluido en Cristo cuando escuchaste el mensaje de la verdad: el evangelio de tu salvación. Al creer, fuiste marcado con un sello, el Espíritu Santo prometido, que sirve como depósito que garantiza tu herencia hasta la redención del pueblo de Dios, para alabanza de Su gloria. Este sello significa que estás protegido del enemigo. Aunque él pueda atacar, no puede tocarte ni dominarte. Dios está contigo y dentro de ti. Ningún demonio ni fuerza puede hacerte daño. El enemigo puede intentar intimidarte, pero sus esfuerzos son en vano. Recuerda, ningún arma forjada contra ti tendrá éxito. Anímate, amado, porque Jesús ha vencido al mundo.

*6 de julio*

# Un fundamento de fortaleza inquebrantable

Deuteronomio 26:9

Él nos trajo a este lugar y nos dio esta tierra, una tierra que mana leche y miel;

Isaías 33:6

Él será el fundamento seguro para tus tiempos, una rica fuente de salvación, sabiduría y conocimiento; el temor del SEÑOR es la clave de este tesoro.

El Padre está diciendo que el enemigo está desconcertado; no puede entender por qué sigues alabando y adorando. El Señor tu Dios está hablando. Ese último ataque tenía como objetivo derribarte, pero yo te protegí. Mi mano está sobre ti; el enemigo ni siquiera puede encontrarte. Estoy contigo: dentro, a tu lado, detrás y a tu alrededor. Soy tu Señor y tu Dios; no serás sacudido ni movido, porque el fundamento sobre el que te apoyas es roca sólida. El Señor es honrado, y reside en el cielo. Llenaré al pueblo de Sión con justicia y rectitud. Seré el fundamento firme para toda tu vida. Te guiaré, mi amado, y te orientaré en toda la verdad. No te distraerás. Te mostraré el camino que debes seguir. Te he traído a un lugar, concediéndote esta tierra que mana leche y miel.

*7 de julio*

# CONFIANDO EN LA GUÍA DIVINA

Hebreos 12:2

fijemos nuestra mirada en Jesús, el pionero y perfeccionador de la fe. Por el gozo que le esperaba, soportó la cruz, despreciando su vergüenza, y se sentó a la derecha del trono de Dios.

Habacuc 2:2-3

Entonces el SEÑOR respondió: "Escribe la revelación y grábala en tablas, para que un heraldo pueda correr con ella.3 Porque la revelación espera el tiempo señalado; habla del fin y no fallará. Aunque tarda, espérala; sin duda vendrá y no se retrasará.

El Padre está diciendo: "Yo no soy el Dios de la confusión. La confusión proviene del enemigo, que ha estado engañando desde Adán y Eva. Yo tengo el control". ¿Renunciarás al control para que yo pueda guiarte como deseo para ti? Mi camino es mejor; mis sendas son mejores para ti. Mira a Jesús, el autor y consumador de tu fe, quien soportó la cruz con alegría puesta delante de Él, despreciando la vergüenza, y ahora está sentado a la diestra del trono de Dios. Yo soy tu ayudador y amigo, siempre escuchando y listo para proveerte todo lo que necesitas, ya sea provisión o visión. Yo soy tu Señor Dios, preparado para suplir todas tus necesidades. Yo soy tuyo, y tú eres mío.

# *8 de julio*

# ABRAZANDO LA NUEVA CREACIÓN

2 Corintios 5:14-21

Porque el amor de Cristo nos impulsa, ya que estamos convencidos de que uno murió por todos y, por lo tanto, todos murieron. 15 Y él murió por todos para que los que viven ya no vivan para sí mismos, sino para aquel que murió por ellos y resucitó. 16 Por lo tanto, de ahora en adelante, no consideramos a nadie desde un punto de vista mundano. Aunque antes considerábamos a Cristo de esa manera, ahora ya no lo hacemos.17 Por lo tanto, si alguno está en Cristo, es una nueva creación[a]¡Lo viejo ha pasado, ha llegado lo nuevo! 18 Todo esto proviene de Dios, quien nos reconcilió consigo mismo por medio de Cristo y nos dio el ministerio de la reconciliación: 19 que Dios estaba reconciliando al mundo consigo mismo en Cristo, sin tomar en cuenta los pecados de las personas. Y nos ha encomendado el mensaje de la reconciliación. 20 Por lo tanto, somos embajadores de Cristo, como si Dios estuviera haciendo su llamamiento a través de nosotros. Les imploramos en nombre de Cristo: Reconcíliense con Dios. 21 Dios hizo que aquel que no tenía pecado se convirtiera en pecado[b] por nosotros, para que en él pudiéramos llegar a ser la justicia de Dios.

Apocalipsis 20:10

Y el diablo, que los engañó, fue arrojado al lago de azufre ardiente, donde habían sido arrojados la bestia y el falso profeta. Serán atormentados día y noche por los siglos de los siglos.

El Padre está diciendo: " Permite que mi presencia renueve cada parte de tu ser. A medida que te restablezco al orden, cada temor que tengas será desmantelado". Yo soy el Dios que restaura todo. Cuando entregaste tu vida a mí, todo lo que había antes de que Cristo muriera, ahora eres una nueva creación en Cristo Jesús.

Por lo tanto, si alguien está en Cristo, es una nueva creación; las cosas viejas pasaron, y todas las cosas se han vuelto nuevas. Cuando el enemigo te recuerde tu pasado, recuérdale su futuro. El diablo, que los engañó, será arrojado al lago de azufre ardiente, donde han sido arrojados la bestia y el falso profeta. Este es el futuro del diablo: tormento eterno en el lago de fuego. Reprende y toma autoridad sobre cada mentira y devuélvela al abismo en el nombre de Jesús.

## 9 de julio

# LO PROFUNDO LLAMA A LO PROFUNDO

Jeremías 29:11

Porque yo sé los planes que tengo para ustedes" declara el SEÑOR, "planes de prosperidad y no de calamidad, planes de darles un futuro y una esperanza.

El Padre está diciendo: "Lo profundo llama a lo profundo. Incluso cuando las olas y los rompientes te hayan arrollado, y te sientas abrumado por el rugido de tus luchas, clama mi nombre". Mi presencia desea llenarte, desde la coronilla hasta la planta de los pies. Mi presencia es mi Espíritu Santo que mora en ti. Quiero estar donde tú estás, mi amado. Nunca te has alejado demasiado como para que mi brazo no pueda alcanzarte. Estoy contigo en cada paso del camino. Porque yo sé los planes que tengo para ti, declara el Señor, planes de prosperidad y no de calamidad, planes de darte un futuro y una esperanza.

# *10 de julio*

# CONSUELO EN EL VALLE MÁS OSCURO

Salmo 23:4

Aunque camine por el valle más oscuro, no temeré ningún mal, porque tú estás conmigo; tu vara y tu cayado me confortan.

Salmo 23:3

Él refresca mi alma. Él me guía por los caminos correctos por amor a su nombre.

El Padre dice: "Aunque camines por el valle más oscuro, no temerás ningún mal. Yo estoy contigo; mi vara y mi cayado te confortarán". A pesar de tus pruebas, yo estoy presente en el valle, dándote todo lo que necesitas, y estoy listo para derramar mi agua viva sobre ti. Puede que encuentres dificultades, pero yo te guío, te hablo y te conduzco en la dirección correcta. Aunque te sientas débil, mi Espíritu es fuerte dentro de ti. Recuerda quién camina contigo, te guía y se comunica contigo a diario. Nunca te dejaré ni te abandonaré, amado mío. Eres mío para siempre. Yo soy quien restaura tu alma.

*11 de julio*

# ABRAZANDO EL PESO DE LA GLORIA

Apocalipsis 1:1

La revelación de Jesucristo, que Dios le dio para mostrar a sus siervos lo que pronto debe suceder. Él lo dio a conocer enviando a su ángel a su siervo Juan,

2 Pedro 3:18

Pero crezcan en la gracia y el conocimiento de nuestro SEÑOR y Salvador Jesucristo. ¡A él sea la gloria ahora y por siempre! Amén.

El Padre está diciendo: "La unción que he puesto sobre tu vida viene acompañada de presión y ataques". El manto que llevas tiene un peso significativo en el reino espiritual. Has entrado en una nueva dimensión y en un nivel superior. La guerra espiritual fue intensa, pero no la enfrentaste solo; yo, el Señor tu Dios, te ayudé a superarla. Ahora llevas un peso de gloria dondequiera que vas, y por eso la gente lo nota. Eres diferente, amado, no por quien eres, sino por el manto que he puesto sobre ti. Es la gloria de Jesús en tu vida. Alégrate, porque has superado las pruebas por mi gracia. Perseveraste a través de los ataques y la guerra. Alaba mi santo nombre por tu viaje a nuevas dimensiones. Has superado desafíos que otros no pudieron superar y has salido victorioso, amado.

## *12 de julio*

# ACEPTANDO NUEVOS COMIENZOS

2 Corintios 5:17

Por lo tanto, si alguno está en Cristo, es una nueva creación. ¡Lo viejo ha pasado, ha llegado lo nuevo!

Efesios 3:20

Ahora bien, a aquel que es capaz de hacer mucho más de lo que pedimos o imaginamos, según el poder que obra en nosotros,

El Padre está diciendo: "Estoy trayendo algo nuevo a tu vida: nuevas relaciones, nuevos comienzos y una nueva versión de ti". He eliminado todas las cosas y personas que no provienen de mí. Has orado para eliminar cualquier cosa o persona que yo no haya enviado, y eso es exactamente lo que he hecho. Estoy poniendo cosas y personas nuevas en tu vida. Por lo tanto, cualquiera que esté en Cristo es una nueva creación; las cosas viejas han pasado, y todas las cosas se han vuelto nuevas. ¡Gloria a Dios! Tu antigua vida se ha ido; está muerta. He aquí, te estoy dando una nueva vida en Cristo Jesús. Es hora de soltar el pasado y avanzar hacia el brillante futuro que he preparado para ti. Oh, mi amado, tengo tanto reservado para ti.

## *13 de julio*

# ABRAZANDO LA RENOVACIÓN DIVINA

Isaías 61:3

y atender a los que lloran en Sión, para darles una corona de belleza en lugar de cenizas, aceite de alegría en lugar de luto, y un manto de alabanza en lugar de espíritu de desesperación. Serán llamados robles de justicia, plantíos del SEÑOR para mostrar su esplendor.

Mateo 11:28-30

Vengan a mí todos los que están cansados y agobiados, y yo les daré descanso. 29 Lleven mi yugo sobre ustedes y aprendan de mí, porque soy manso y humilde de corazón, y encontrarán descanso para sus almas. 30 Porque mi yugo es fácil y mi carga ligera

El Padre está diciendo: "Estoy continuamente moviéndome en tu vida, descargando nuevas estrategias e ideas en tu espíritu para la próxima tarea". Permíteme eliminar todo lo que no pertenece a tu vida. A medida que elimino estas falsas cargas, las reemplazaré con alabanza y acción de gracias. Daré a los que lloran en Sión una corona de belleza en lugar de cenizas, aceite de alegría en lugar de luto, y un manto de esplendor en lugar de desesperación. Serán llamados árboles justos, plantados por el Señor para glorificarlo.

# *14 de julio*

# PROTECCIÓN INQUEBRANTABLE

Salmo 139:14

Te alabo porque soy una creación admirable y maravillosa; tus obras son maravillosas, y esto lo sé muy bien.

Isaías 41:13

Porque yo soy el SEÑOR, tu Dios, que toma tu mano derecha y te dice: "No temas, yo te ayudaré".

El Padre está diciendo: "Ningún arma forjada contra ti prosperará". Los ataques contra tu matrimonio, tus hijos y tus finanzas no tendrán éxito en el nombre de Jesús. Es posible que sientas la presión de estos ataques, pero recuerda que el diablo no puede hacer nada sin permiso. Centra tu atención en mí, pon tu corazón en mí y no mires a la izquierda ni a la derecha. Mantén la cabeza en alto sabiendo quién eres. Eres mi hijo, precioso a mis ojos, hecho de manera maravillosa y admirable. Cuando surja la duda o la confusión, toma autoridad sobre ella y échala de vuelta al abismo en el nombre de Jesús. Eres hijo del Dios Altísimo.

## *15 de julio*

# FORTALEZA A TRAVÉS DE CRISTO

Marcos 9:23

No puedes?", dijo Jesús. "Todo es posible para quien cree".

Efesios 2:14-17

Porque él mismo es nuestra paz, que ha hecho de los dos grupos
uno solo y ha destruido la barrera, el muro divisorio de la
hostilidad, 15 al anular en su carne la ley con sus mandamientos y
regulaciones. Su propósito era crear en sí mismo una nueva
humanidad a partir de los dos, haciendo así la paz, 16 y en un solo
cuerpo reconciliar a ambos con Dios mediante la cruz, por la cual
dio muerte a su hostilidad. 17 Él vino y predicó la paz a ustedes que
estaban lejos y la paz a los que estaban cerca.

El Padre está diciendo: "Todo lo puedes en Cristo que te fortalece, no sólo algunas cosas, sino todas". Busca mi rostro y pregunta por tus tareas para comprender para qué te he bendecido. Es fundamental conocer tu llamado divino. Ven a mí en el lugar secreto, mi amado. Tu fuerza por sí sola es insuficiente, pero puedes lograr mucho más con mi fuerza. Cuando te sientas agotado e incapaz de continuar, pide a mi Espíritu Santo que te ayude a superar cada barrera, tarea y asignación en el nombre de

Jesús. Juntos lo lograremos todo. Cuando te sientas agotado, pregúntate si confías en tu fuerza o en la mía. Permíteme guiarte a través de cada día y cada momento. Podemos hacerlo juntos".

## *16 de julio*

# CONFIANDO EN MI VOLUNTAD PERFECTA

Lucas 12:24

Piensen en los cuervos: no siembran ni cosechan; no tienen almacén ni granero, pero Dios los alimenta. ¡Y cuánto más valiosos son ustedes que las aves!

Salmo 46:10

Él dice: "Quédate quieto y reconoce que yo soy Dios; seré exaltado entre las naciones, seré exaltado en la tierra".

El Padre dice: "No dudes de mi voluntad perfecta para tu vida. Cuando dudas, mi corazón se entristece". Yo soy tu Padre y sé lo que es mejor para ti, mi amado. La ansiedad que sientes a menudo se debe a la falta de confianza. Te preocupas demasiado por el futuro y lo desconocido. Confía en mí en todos los aspectos de tu vida: tu matrimonio, tus hijos y tus finanzas. Afrontemos juntos cada día, sabiendo que podemos superar cualquier cosa. Recuerda a los cuervos: no siembran ni cosechan; no tienen almacén ni granero, pero yo les proveo. ¿Cuánto más valioso eres tú que las aves?".

*17 de julio*

# Paz perfecta a través de la confianza

Juan 14:27

La paz les dejo, mi paz les doy. No se la doy como la da el mundo. No se turbe su corazón ni tengan miedo.

El Padre está diciendo: "Te mantendré en perfecta paz cuando tu mente se mantenga fija en mí porque confías en mí. Mantén una actitud de corazón que permanezca alineada conmigo. Invita a mi Espíritu Santo a escudriñar tu corazón y limpiarlo de toda injusticia. Deseo purificar tu corazón y elevarte a nuevas alturas y experiencias. Permite que mi Espíritu se mueva y restaure el orden en tu vida. Te dejo mi paz, que sobrepasa lo que el mundo ofrece. No se turbe su corazón ni tengan miedo".

*18 de julio*

# Aceptando Mi presencia

Isaías 44:2

Esto dice el SEÑOR, el que te creó, el que te formó en el vientre materno y el que te ayudará: No temas, Jacob, mi siervo, Jesurún, a quien he elegido.

El Padre dice: "A medida que transcurra este día, sean conscientes de mi preciosa presencia". Alaben mi santo nombre y dejen que mi presencia llene cada parte de su ser. Mis creaciones son el canto de mis pájaros, los hermosos cielos y las nubes. Yo soy su Creador; ustedes estaban bajo mi cuidado antes de nacer. No teman, Israel. Entiendo los muchos pensamientos que se agolpan en su mente respecto al futuro. Invita a mi Espíritu Santo a cautivar cada pensamiento y hacerlo obediente a Cristo. Deja que mi Espíritu te guíe en toda la verdad. Así como los cielos son más altos que la tierra, así son mis caminos".

# *19 de julio*

# ABRAZANDO LA PAZ DIVINA

Efesios 1:7

En Él tenemos la redención por su sangre, el perdón de los pecados, según las riquezas de la gracia de Dios.

2 Timoteo 1:7

Porque el Espíritu que Dios nos ha dado no nos hace tímidos, sino que nos da poder, amor y autodisciplina.

El Padre está diciendo: "Yo les doy paz, pero no como la da el mundo". Es una paz sobrenatural que sólo yo puedo dar. Quiero que mis hijos sientan esta paz en todos los ámbitos. Si carecen de paz, pidan a mi Espíritu Santo que les revele aquello a lo que aún no se han rendido por completo. ¿Qué cargas siguen soportando en lugar de dejarlas a mis pies? Muchos de mis hijos dejan sus cargas sólo para volver a recogerlas, obsesionados con las mismas preocupaciones y miedos. El miedo y la preocupación no son tu porción; yo soy tu porción. Yo soy tu paz, el gran YO SOY. Pide a mi Espíritu Santo que te conceda la gracia para ayudarte a dejar estas cuestiones y no volver a recogerlas, en el nombre de Jesús.

*20 de julio*

# FLUYENDO CON LAS PALABRAS DIVINAS

Isaías 26:3

Tú mantendrás en perfecta paz a aquellos cuyas mentes son firmes porque confían en ti.

Hechos 1:2

Hasta el día en que fue llevado al cielo, después de dar instrucciones por medio del Espíritu Santo a los apóstoles que había elegido.

El Padre está diciendo: "Ríos de agua viva fluirán desde lo más profundo de tu ser". Pondré lenguas de fuego sobre tu boca y te bautizaré con nuevas lenguas. Cuando hables, yo te daré las palabras que necesitas. No te preocupes por cómo abordar la tarea que te he encomendado; mis palabras fluirán de ti como un río. Solo por fe en mí, di lo que yo te indique. Te estoy llenando desde la coronilla hasta la planta de los pies. Así como en el día de Pentecostés, cuando todos estaban en un mismo lugar y con un mismo acuerdo, vino un sonido del cielo como un viento impetuoso, llenando la casa donde estaban sentados, así te llenaré con mi presencia y mi poder.

*21 de julio*

# ENCONTRAR LA PAZ EN MEDIO DE LA GUERRA

Salmo 55:22

Echa tus preocupaciones sobre el SEÑOR, y él te sostendrá; nunca permitirá que los justos sean sacudidos.

Gálatas 6:2

Lleven las cargas los unos de los otros, y así cumplirán la ley de Cristo.

El Padre está diciendo: "La batalla que enfrentas es para la gloria de Jesucristo, el único Rey verdadero. Yo soy capaz de hacer más de lo que puedes pedir o imaginar". Deja toda la carga que has estado llevando, el peso pesado sobre tus hombros, ya sea que se trate de tu familia, tus amigos o tus finanzas. Entrégame todo eso hoy. Deseo que todos mis hijos sientan la paz perfecta. Te concederé paz tanto en tu corazón como en tu mente. Permíteme saturarte y cubrirte con mi paz, amado mío.

## *22 de julio*

# PAZ EN MEDIO DE LA GUERRA

Deuteronomio 28:8

El SEÑOR bendecirá tus graneros y todo lo que emprendas. El SEÑOR tu Dios te bendecirá en la tierra que te da.

1 Crónicas 16:11

Busca al SEÑOR y su fuerza; busca siempre su rostro.

Padre está diciendo: "La batalla que enfrentas es para la gloria de Jesucristo, el único Rey verdadero. Yo soy capaz de hacer más de lo que puedes pedir o imaginar". Deja toda la carga que has estado llevando, el peso pesado sobre tus hombros, ya sea que se trate de tu familia, tus amigos o tus finanzas. Entrégame todo eso hoy. Deseo que todos mis hijos sientan la paz perfecta. Te concederé paz tanto en tu corazón como en tu mente. Permíteme saturarte y cubrirte con mi paz, amado mío.

## *23 de julio*

# Superar la tentación con la fuerza divina

1 Corintios 10:13

No te ha sobrevenido ninguna tentación que no sea común a todos los hombres. Y Dios es fiel; no permitirá que seas tentado más allá de lo que puedes soportar. Pero cuando seas tentado, él también te dará una salida para que puedas soportarlo.

Isaías 55:11

Así es mi palabra que sale de mi boca: no volverá a mí vacía, sino que hará lo que yo deseo y cumplirá con su propósito.

El Padre está diciendo: "No te rindas. Sé los ataques a los que te enfrentas, pero recuerda al Dios al que sirves". Soy más grande que cualquier tentación o mentira. Las circunstancias no hacen que el enemigo sea más poderoso que yo. Soy un Dios grande, más grande que los desafíos de la vida y cualquier ataque o prueba a la que te enfrentes hoy en el nombre de Jesús. No creas las mentiras del enemigo; confía en cada palabra que he dicho sobre tu vida. Lo que he declarado se cumplirá. Toma cautivo cada pensamiento y hazlo obediente a Cristo Jesús. Ninguna tentación a la que te enfrentes está más allá de la experiencia o la resistencia humanas, porque soy fiel a mi palabra. Soy compasivo y digno de confianza, y no permitiré que seas tentado más allá de tu capacidad de soportarlo. Con cada tentación, también te daré una salida para que puedas superarlas con alegría.

# *24 de julio*

# ACEPTAR LOS PLANES DIVINOS

Colosenses 3:2-10

Pongan su mente en las cosas de arriba, no en las cosas terrenales.
3 Porque ustedes murieron, y ahora su vida está escondida con
Cristo en Dios. 4 Cuando Cristo, quien es su[a]vida, aparezca,
entonces ustedes también aparecerán con él en gloria.5 Por lo
tanto, hagan morir todo lo que pertenece a su naturaleza terrenal:
la inmoralidad sexual, la impureza, la lujuria, los malos deseos y la
avaricia, que es idolatría. 6 Por todo esto, la ira de Dios se
avecina.[b] 7 Solías caminar por estos caminos, en la vida que una
vez viviste.8 Pero ahora también deben deshacerse de todas estas
cosas: ira, furia, malicia, calumnia y lenguaje obsceno de sus labios.
9 No se mientan unos a otros, ya que se han despojado del viejo
hombre con sus prácticas 10 y se han revestido del nuevo, que se
renueva en conocimiento a imagen de su Creador.

El Padre dice: "No te desanimes cuando las cosas no salgan según lo planeado. Hoy tengo planes diferentes para ti. Sigue buscándome con todo tu corazón y me encontrarás, te lo prometo. No busques en las personas lo que sólo yo puedo darte. Las personas fallarán y te decepcionarán, ya que ellas también necesitan un Salvador: a mí. Mi amor es el único amor que nunca falla ni decepciona. Concentra tu mente en las cosas de arriba, no en los asuntos terrenales. Porque has muerto a tu antiguo yo, y tu vida ahora está escondida con Cristo en Dios. Pídele a mi Espíritu Santo que limpie tu corazón de toda injusticia. Quiero hacer algo nuevo en tu vida".

*25 de julio*

# COMENZAR EL DÍA CON ALABANZAS

Jeremías 29:11

Porque yo sé los planes que tengo para ustedes" declara el SEÑOR, "planes de prosperidad y no de calamidad, planes de darles un futuro y una esperanza.

El Padre está diciendo: "Comienza este día con alabanza y acción de gracias". Mi presencia es una puerta abierta, que responde a tu gratitud. Agradéceme continuamente por todo lo que estoy haciendo y lo que haré en tu vida. Entiendo que algunos días son más difíciles que otros, pero no te rindas ni creas las mentiras del enemigo. Alinea tus pensamientos con mi Palabra y mis promesas, porque mi Palabra es verdad. A medida que profundices en las Escrituras, las mentiras se disiparán y mi voz se volverá más clara que los susurros del enemigo. Siempre que te cueste creer en la verdad, pide a mi Espíritu Santo que cautive tu mente y traiga paz a tu alma en el nombre de Jesús".

*26 de julio*

# Guiando las emociones con el Espíritu Santo

Jeremías 29:11

Porque yo sé los planes que tengo para ustedes" declara el SEÑOR, "planes de prosperidad y no de calamidad, planes de darles un futuro y una esperanza.

Isaías 42:16

Guiaré a los ciegos por caminos que no conocen; los conduciré por sendas desconocidas; volveré luz las tinieblas delante de ellos y allanaré los lugares escabrosos. Estas son las cosas que haré; no los abandonaré.

El Padre dice: "Cuando tus emociones estén agitadas y te sientas influido por diferentes sentimientos, pide a mi Espíritu Santo que te guíe". Deja que el Espíritu controle tus emociones y sométela a mí. Nunca permitas que las emociones temporales guíen tus decisiones; sigue siempre al Espíritu Santo. Deja que el Espíritu te guíe a lo largo de este día. Deseo darte todo lo que necesitas hoy, llenándote de esperanza y paz. Confía en mí con todo tu corazón, alma y mente. Te guiaré por caminos que nunca has recorrido y a lugares que nunca has visto. Solo yo soy Dios".

*27 de julio*

# VENCER A TODOS LOS ENEMIGOS

Mateo 27:32

Al salir, se encontraron con un hombre de Cirene, llamado Simón, y lo obligaron a llevar la cruz.

Mateo 28:5

El ángel dijo a las mujeres: "No teman, porque sé que buscan a Jesús, el que fue crucificado.

El Padre está diciendo: "Es hora de vencer a todos los enemigos en tu vida, ya sea el miedo, la ansiedad, la duda o la derrota". Me duele ver a mis hijos luchando con estas cosas cuando, en la cruz, todo terminó. Soporté los clavos y las burlas para que tú, mi amado, no sufrieras. Esto es amor verdadero: salvarte del sufrimiento y del mismo infierno. Te saqué del abismo y puse tus pies sobre una base sólida. Recuerda todo lo que he hecho por ti y confía en que cada palabra que he dicho se cumplirá en el nombre de Jesús".

# 28 de julio

# Superar las distracciones

Proverbios 4:25

Mantén la mirada fija al frente; fija tu mirada directamente delante de ti.

Romanos 8:14-17

Porque los que son guiados por el Espíritu de Dios son hijos de Dios. 15 El Espíritu que recibieron no los hace esclavos para que vuelvan a vivir en temor; más bien, el Espíritu que recibieron los hizo hijos adoptivos.[a]Y por él clamamos: "Abba, Padre". 16 El Espíritu mismo da testimonio a nuestro espíritu de que somos hijos de Dios. 17 Y si somos hijos, también somos herederos; herederos de Dios y coherederos con Cristo, si es que compartimos sus sufrimientos para que también compartamos su gloria.

El Padre dice: "No te centres en las tramas, los planes o las artimañas del enemigo". Una de sus principales tácticas es la distracción, utilizando personas, lugares y cosas para desviar tu atención. Toma autoridad sobre todo espíritu ilegal y ordénale que sea arrojado de vuelta al abismo en el nombre de Jesús. Te he creado para que vivas en perfecta paz y armonía. Mantén tus ojos fijos al frente e ignora las distracciones periféricas. Yo tengo el control y sostengo el mundo entero en mis manos. Cuando te lleguen distracciones y ataques, no te dejes intimidar. Yo te guiaré a lo largo de este día, llevándote hacia adelante".

## *29 de julio*

# ACEPTANDO EL MOMENTO DIVINO

1 Corintios 14:33

Porque Dios no es Dios de desorden, sino de paz, como en todas las congregaciones del pueblo del SEÑOR.

Juan 14:3

Y si voy y preparo un lugar para ustedes, volveré y los llevaré conmigo, para que también ustedes estén donde yo estoy.

El Padre dice: "Estoy trabajando y moviéndome constantemente en tu nombre. Lo que antes no funcionaba ahora dará fruto en el nombre de Jesús, y lo que antes funcionaba puede que ya no sea efectivo". Simplemente no era el momento adecuado para ese trabajo o la respuesta a tu oración. Sigue adelante e inténtalo de nuevo; ahora verás el éxito. Soy un Dios de orden y paz, no de desorden. Siempre protejo a mis amados. No habrías estado preparado si te hubiera dado lo que pediste antes. A medida que te preparo, estás creciendo y dando mucho fruto en el nombre de Jesús.

*30 de julio*

# ACEPTANDO EL PROCESO

Romanos 5:4-6

Perseverancia, carácter y esperanza. 5 Y la esperanza no nos avergüenza, porque el amor de Dios ha sido derramado en nuestros corazones por medio del Espíritu Santo, que nos ha sido dado. [6] Verás, en el momento justo, cuando aún éramos impotentes, Cristo murió por los impíos.

Juan 15:2

Él corta cada rama en mí que no da fruto, mientras que cada rama que da fruto la poda para que sea aún más fructífera.

El Padre dice: "No subestimes la importancia del proceso por el que estás pasando". Es esencial para tu crecimiento y desarrollo. Te estoy fortaleciendo y trabajando en tu carácter. Muchos de mis hijos quieren apresurar este proceso, pero se desarrolla con el tiempo. Estoy actuando continuamente en tu nombre, eliminando lo que ya no te sirve y reemplazándolo por lo que es bueno. Quiero que todos mis hijos den fruto en el nombre de Jesús. Alégrense en medio de los problemas y las pruebas, porque desarrollan la resistencia, que forma el carácter y fortalece su esperanza segura de salvación.

# *31 de julio*

# ORGULLOSO DE TU FIDELIDAD

Éxodo 14:14

El SEÑOR peleará por ti; sólo tienes que estar tranquilo.

Deuteronomio 1:30

El SEÑOR tu Dios, que va delante de ti, peleará por ti, como lo hizo por ti en Egipto, ante tus propios ojos.

El Padre dice: "Estoy muy orgulloso de ti, mi amado. Sé que puede ser difícil levantarse cada mañana debido a los ataques a los que te enfrentas". El enemigo puede lanzarte depresión y pensamientos perturbadores, pero recuerda que se trata de ataques externos. Veo los días en los que te cuesta seguir adelante y acercarte a mí. Ten presente que estoy contigo en cada paso del camino. Incluso cuando tu carne se siente cansada y necesita ánimos, sigues levantándote, vistiéndote y sirviendo a los demás. Tu decisión de anteponer las necesidades de los demás a las tuyas refleja tu discipulado. Te veo y estoy muy orgulloso de ti".

# *1 de agosto*

# ACEPTANDO NUEVOS COMIENZOS

Isaías 43:19

¡Miren, estoy haciendo algo nuevo! Ahora brota; ¿no lo ven? Estoy abriendo un camino en el desierto y ríos en la tierra baldía.

1 Reyes 18:43-46

"Ve y mira hacia el mar", le dijo a su sirviente. Y él subió y miró.
"No hay nada allí", dijo. Siete veces, Elías dijo: "Vuelve". 44 A la
séptima vez, el criado informó: "Una nube tan pequeña como la
mano de un hombre se eleva del mar". Entonces Elías dijo: "Ve y
dile a Acab: 'Engancha tu carro y baja antes de que la lluvia te lo
impida'". 45 Mientras tanto, el cielo se oscureció con nubes, se
levantó el viento, comenzó a caer una lluvia intensa y Acab partió
hacia Jezreel. 46 El poder del SEÑOR descendió sobre Elías, quien
se metió el manto por el cinturón y corrió delante de Acab hasta
Jezreel.

El Padre dice: "Este mes marca un tiempo de nuevas oportunidades y nuevos comienzos: fuera lo viejo y dentro lo nuevo". Estoy derramando agua viva sobre las áreas secas de tu vida. Las viejas situaciones que te han causado dolor y sufrimiento ya no te afectarán. Hoy las estoy eliminando y sustituyéndolas por alegría y más alegría. Todo se está renovando en el nombre de Jesús. He aquí, estoy haciendo algo nuevo; ahora brota. ¿No lo ves? Estoy abriendo puertas que nadie puede cerrar y ofreciendo nuevas oportunidades que sólo yo puedo dar. Abriré un camino en el desierto y ríos en la soledad para ti, mi amado. Vuelve a visitar las áreas donde no has visto movimiento ni crecimiento; míralas de nuevo. Las puertas que se abrirán lo harán con facilidad, sin dificultad. Estoy eliminando el control del enemigo y nada se te ocultará. Míralas de nuevo.

# 2 de agosto

# Anointed for Spiritual Warfare

Ungido para la guerra espiritual

Romanos 8:6-7

6La mente gobernada por la carne es muerte, pero la mente
gobernada por el Espíritu es vida y paz. 7 La mente gobernada por
la carne es enemiga de Dios; no se somete a la ley de Dios, ni puede
hacerlo.

2 Corintios 10:4

Las armas con las que luchamos no son las armas del mundo. Por el contrario, tienen poder divino para derribar fortalezas.

El Padre está diciendo: "Te he consagrado para desmantelar el reino del infierno". Esta consagración conlleva desafíos y ataques, pero te he equipado para enfrentarlos. No te desanimes por los intentos del enemigo de perturbarte; recuerda que él ya ha sido derrotado y está bajo tus pies. La guerra es parte del camino, pero yo estoy contigo. Tú no me elegiste; yo te elegí a ti.

El peso de la unción es significativo. Tus manos están ungidas para batallas espirituales, no físicas. Esta es una guerra espiritual, una batalla por las almas de mi reino. Me entristece profundamente ver a mi pueblo atrapado por las mentiras del enemigo y permaneciendo en cautiverio. El diablo ha estado engañando desde el principio, pero deseo que mi pueblo sea libre, creyendo en la verdad que lo libera.

Si sientes pesadez en tus manos, es la unción la que rompe el yugo de la esclavitud. Estoy liberando a mi pueblo, y tú has aceptado esta tarea con obediencia y confianza. No todos lo entenderán, pero recuerda que te he ungido para este momento. Las armas de nuestra guerra no son carnales, sino poderosas por medio de Dios para derribar fortalezas. Continúa con fe y confía solo en mí.

*3 de agosto*

# MÁS ALLÁ DEL TIEMPO Y EL ESPACIO

2 Crónicas 2:6

El castigo que le ha infligido la mayoría es suficiente.

Génesis 2:7

Entonces el SEÑOR Dios formó al hombre[a] del polvo de la tierra, sopló en su nariz aliento de vida, y el hombre se convirtió en un ser viviente.

El Padre dice: "No estoy limitado por el tiempo ni el espacio". ¿No lo saben? ¿No lo han oído? ¿No se ha revelado desde la fundación de la tierra? Me siento entronizado sobre el círculo del mundo, y sus habitantes son como saltamontes para mí. Extiendo los cielos como un dosel y los despliego como una tienda para morar en ellos. Soy omnipresente, estoy presente en todas partes a la vez. No hay nada que no pueda ver u oír. No estoy limitado por el espacio. Creé los cielos y la tierra, y todo existe por mi aliento. Formé a la humanidad del polvo y soplé el aliento de vida en sus fosas nasales. Recuerda que siempre estoy contigo más allá de los límites del tiempo y el espacio.

## *4 de agosto*

# CONFIAR A TRAVÉS DE LAS PRUEBAS

Santiago 1:2-3

Hermanos míos, considérense felices cuando se enfrenten a diversas pruebas, [3]porque saben que la prueba de su fe produce perseverancia.

1 Pedro 1:6-7

En todo esto, ustedes se regocijan enormemente, aunque ahora, por un poco de tiempo, hayan tenido que sufrir aflicciones en toda clase de pruebas. [7] Estas han venido para que la autenticidad probada de su fe, que es más valiosa que el oro, el cual perece aunque sea refinado por el fuego, resulte en alabanza, gloria y honor cuando Jesucristo sea revelado.

El Padre está diciendo: "Superarás estos tiempos de pruebas y tribulaciones". Saldrás victorioso. Te sostendré con mi mano derecha justa y nunca te soltaré. Incluso en medio de los desafíos, te apoyaré. Recuerda, no estás solo. Concéntrate en un día a la vez; no te obsesiones con el futuro, ya que a menudo trae dudas y temores. En lugar de quejarte y pensar demasiado, entrega tus preocupaciones en mis manos. Allí estarán más seguras que en las tuyas. Estoy contigo en cada paso del camino. Afrontemos juntos este día, conmigo guiándote y dirigiéndote.

*5 de agosto*

# Encontrando abundancia en Su presencia

Mateo 6:33

Pero busquen primero su reino y su justicia, y todas estas cosas les serán dadas.

El Padre está diciendo: "Pasa tiempo conmigo, amado. Anhelo llenarte con mi presencia, ungir tu cabeza con aceite y hacer que tu copa se desborde". Te guiaré a través de este día, paso a paso. Muchos de mis hijos se apresuran, perdiendo la oportunidad de vivir plenamente cada momento conmigo. Reduce la velocidad y vuelve a centrar tu atención en mí. Deseo toda tu atención, ya que todo lo demás (tu matrimonio, tus finanzas y tu familia) se alineará cuando tu corazón y tu mente permanezcan centrados en mí. Busca primero el reino de Dios y su justicia, y todas estas cosas te serán dadas".

*6 de agosto*

# SINTONIZANDO CON LA VOZ SUAVE Y APACIBLE

Juan 10:27

Mis ovejas escuchan mi voz; yo las conozco y ellas me siguen.

El Padre está diciendo: "Presta mucha atención a esa voz suave y tranquila que te guía. Soy yo, quien te lleva a toda la verdad y mueve montañas en tu nombre". Sé obediente a esta voz. Distingue si es mi voz, la que trae paz y amor, o la del enemigo, la que trae miedo y caos. Mis ovejas oyen mi voz; yo las conozco y ellas me siguen. Sentirás mi paz cuando te hable, amado mío. Me comunico a través de la Palabra de Dios y de otros. Yo soy Dios y puedo hacer cualquier cosa. Abre tu corazón a lo desconocido y búscame con diligencia.

*7 de agosto*

# RENDIRSE A LA LIBERTAD

Salmo 52:2

Tú, que practicas el engaño, tu lengua trama la destrucción; es como una navaja afilada.

Gálatas 5:16-26

Por eso digo: caminen según el Espíritu, y no satisfarán los deseos
de la carne. [17] Porque la carne desea lo que es contrario al Espíritu,
y el Espíritu lo que es contrario a la carne. Ambos están en
conflicto entre sí, de modo que no pueden hacer lo que desean.[18]
Pero si eres guiado por el Espíritu, no estás bajo la ley. [19] Las obras
de la carne son evidentes: inmoralidad sexual, impureza y
libertinaje; [20] idolatría y brujería; odio, discordia, celos, arrebatos
de ira, ambición egoísta, disensiones, facciones[21], y envidia;
borracheras, orgías y cosas semejantes. Les advierto, como lo hice
antes, que los que viven así no heredarán el reino de Dios.[22] Pero
el fruto del Espíritu es amor, gozo, paz, paciencia, benignidad,
bondad, fidelidad,[23] mansedumbre y dominio propio. Contra tales
cosas no hay ley. [24]

Los que pertenecen a Cristo Jesús han crucificado la carne con sus
pasiones y deseos. [25] Puesto que vivimos por el Espíritu, andemos
también por el Espíritu. [26] No nos hagamos vanidosos, ni nos
provoquemos unos a otros, ni nos envidiemos unos a otros.

El Padre está diciendo: "Entrega tu vida a mí: tus costumbres, tus hábitos y tus inseguridades". Deseo transformar tus pensamientos y liberarte en todos los ámbitos de tu vida. Muchos de mis hijos están preocupados por pensamientos intrusivos y acelerados, que a menudo provienen de la rebelión y la aceptación de las mentiras del enemigo. Hoy, renuncia a todas las mentiras y desvincúlate del engaño del enemigo. Entrégate a mi voluntad. Toma autoridad sobre el espíritu del engaño y expúlsalo en el nombre de Jesús. Di en voz alta: "Renuncio a todo acuerdo con el enemigo. Rompo toda maldición pronunciada sobre mí y mi familia en el nombre de Jesús. Renuncio a todo engaño y reprendo toda mentira del abismo del infierno". Te libero ahora en el nombre de Jesús.

*8 de agosto*

# Eliminando los obstáculos en tu relación con Dios

Éxodo 34:14

No adorarás a ningún otro dios, porque el SEÑOR, cuyo nombre es Celoso, es un Dios celoso.

Éxodo 6:7

Los tomaré como mi pueblo y seré su Dios. Entonces sabrán que yo soy el SEÑOR su Dios, que los sacó de debajo del yugo de los egipcios.

El Padre está diciendo: "Elimina todo lo que obstaculiza tu relación conmigo". Si hay personas o hábitos que te arrastran a un ciclo de pecado, entrégamelos hoy. Esas cosas no son más que obstáculos para nuestra cercanía. Deseo toda tu atención y compromiso. Soy un Dios celoso. A menudo, mis hijos anteponen otras cosas a mí, permitiendo que se conviertan en ídolos. Hoy, arrepiéntete de cualquier forma en que hayas antepuesto algo a mí. Recuerda, yo soy tu Dios, y no adorarás a ningún otro. Yo soy el Señor, cuyo nombre es Celoso, y soy un Dios celoso.

*9 de agosto*

# ACELERACIÓN DIVINA PARA TUS PROMESAS

Isaías 43:19

¡Miren, estoy haciendo algo nuevo! Ahora brota; ¿no lo ven? Estoy abriendo un camino en el desierto y ríos en la tierra baldía.

2 Crónicas 26:15-17

En Jerusalén fabricó dispositivos inventados para su uso en las torres y en las defensas de las esquinas, de modo que los soldados pudieran disparar flechas y lanzar grandes piedras desde las murallas. Su fama se extendió por todas partes, pues recibió gran ayuda hasta que se hizo poderoso. [16] Pero después de que Uzías se hizo poderoso, su orgullo lo llevó a la ruina. Fue infiel al SEÑOR su Dios y entró en el templo del SEÑOR para quemar incienso en el altar del incienso. [17] El sacerdote Azarías, junto con otros ochenta valientes sacerdotes del SEÑOR, lo siguieron.

El Padre está diciendo: "Me estoy preparando para impulsarte hacia adelante en tu ministerio, tus finanzas y tus relaciones". Lo que no has podido lograr por ti mismo, yo lo lograré por ti. Lo que podría llevar años, yo lo haré realidad de la noche a la mañana. No te preocupes por las dudas de los demás ni por aquellos que te cuestionan. Te has mantenido firme, has confiado en mis palabras y has seguido inmediatamente mis instrucciones. Por tu fidelidad, estoy a punto de dar respuesta a tus oraciones. Este viaje ha sido desafiante; has ayunado, hecho sacrificios y renunciado a relaciones por mi causa. Tu confianza inquebrantable y tu humildad te han traído a este momento. Ahora, observa cómo hago algo nuevo. Estoy abriendo un camino en el desierto y creando arroyos en la tierra baldía. Recibe esto en el espíritu, porque estoy moviéndome poderosamente en tu vida, en el nombre de Jesús.

# *10 de agosto*

## AMOR SIEMPRE PRESENTE

Juan 14:26

Pero el Defensor, el Espíritu Santo, a quien el Padre enviará en mi nombre, les enseñará todas las cosas y les recordará todo lo que yo les he dicho.

El Padre te dice que Él está contigo, siempre. Desde el momento en que te despiertas hasta que te acuestas, Su presencia te rodea. Aunque a veces la soledad pueda parecer abrumadora, recuerda que nunca estás realmente solo. El Espíritu Santo, enviado para guiarte, te llevará a toda la verdad. No confíes únicamente en tus sentimientos o emociones; en cambio, permite que el Espíritu Santo te dé fuerza y te capacite para lograr lo que no puedes hacer solo. El Espíritu Santo, enviado por el Padre en nombre de Jesús, te enseñará y te recordará Sus palabras. Recuerda, Su amor por ti es inquebrantable y eterno. Eres apoyado y amado, nunca olvidado, nunca abandonado.

## *11 de agosto*

# FUERZA RENOVADA EN LAS PRUEBAS

Lucas 10:19

Te he dado autoridad para pisotear serpientes y escorpiones, y para vencer todo el poder del enemigo; nada te hará daño.

2 Corintios 4:8-12

Estamos atribulados por todas partes, pero no abatidos; perplejos,
pero no desesperados; [9] perseguidos, pero no abandonados;
derribados, pero no destruidos. [10] Llevamos siempre en nuestro
cuerpo la muerte de Jesús, para que también la vida de Jesús se
manifieste en nuestro cuerpo. [11] Porque nosotros, los que vivimos,
estamos siempre entregados a la muerte por causa de Jesús, para
que también la vida de Jesús se manifieste en nuestro cuerpo
mortal. [12] Así que la muerte actúa en nosotros, pero la vida actúa
en ustedes.

El Padre está diciendo que, aunque nos sintamos acosados por todas partes, no estamos abatidos; perplejos, pero no desesperados; perseguidos, pero no abandonados; derribados, pero no destruidos. A pesar de las luchas externas, cada día nos renovamos interiormente. Cuando te sientas débil, recuerda que tanto tu espíritu como el Espíritu Santo te dan fuerza. En momentos de intensos ataques mentales y emocionales, ten presente que se te ha dado poder y autoridad para vencer cualquier amenaza. Mantente firme, sabiendo que el poder del enemigo se limita a lo que tú permites. Elige la verdad sobre la mentira y busca la guía del Espíritu Santo para revelar el engaño. Ten fe, mantente firme y recuerda que el Padre está contigo, rodeándote con su presencia inquebrantable. Él nunca te abandonará.

*12 de agosto*

# PROTECCIÓN DIVINA Y PREPARACIÓN

Génesis 24:31

"Vengan, ustedes que son bendecidos por el SEÑOR", dijo. "¿Por qué se quedan ahí fuera? He preparado la casa y un lugar para los camellos".

Isaías 43:2

Al cruzar las aguas, yo estaré contigo; al cruzar los ríos, no te cubrirán sus aguas. Al caminar por el fuego, no te quemarán; las llamas no te abrasarán.

El Padre está diciendo que está limpiando el desorden de tu vida, incluyendo el librarte de personas que ya no sirven a ningún propósito. Este proceso no se trata de rechazo, sino de protección y preparación para el futuro que Él tiene reservado para ti. Algunas personas no pueden ir a donde Él te está guiando; su presencia obstaculizaría tu viaje. Has pedido que se haga Su voluntad, incluso cuando eso signifique enfrentarte a verdades dolorosas, y esta es Su voluntad. Aunque no todo el mundo lo entenderá, confía en que Él comprende tu dolor y te está sanando. Está quitando las flechas que el enemigo ha dirigido contra ti, asegurándose de que estés protegido y restaurado en el nombre de Jesús.

## *13 de agosto*

# CENTRADOS A TRAVÉS DE LAS PRUEBAS ARDIENTES

Salmo 91:5

No temerás el terror de la noche,

ni la flecha que vuela de día,

1 Pedro 4:12

Queridos amigos, no se sorprendan por la prueba ardiente que están atravesando, como si algo extraño les estuviera sucediendo.

El Padre está diciendo que quiere que comprendas que cuando llegan pruebas difíciles, no deben verse como algo extraño o inusual. Las dificultades y las pruebas son parte del camino, pero tu enfoque debe permanecer firme en Él. Vuelve a enfocar tu mente y pide al Espíritu Santo que alinee tu vida con Su voluntad, restaurando el orden en el nombre de Jesús. El Señor desea toda tu atención, con todos los ojos puestos en Él. Él va delante de ti, a tu lado, y te rodea con Su protección. Sus ángeles acampan a tu alrededor, garantizando tu seguridad. No hay necesidad de temer a los horrores de la noche ni las flechas que vuelan durante el día.

# *14 de agosto*

# NUNCA SOLO EN EL FUEGO

Salmo 56:8

Registra mi miseria; enumera mis lágrimas en tu pergamino, ¿no lo tienes anotado?

Santiago 1:2-4

Hermanos míos, consideren como un gran gozo[a] cuando se enfrenten a diversas pruebas, [3] porque saben que la prueba de su fe produce perseverancia [4] Dejen que la perseverancia haga su obra hasta que sean maduros y completos, sin que les falte nada.

El Padre está diciendo que, sin importar cuántas pruebas enfrentes, nunca las enfrentarás solo. Tu Abba está contigo en medio de cada desafío. En lugar de mirar a la derecha o a la izquierda, mira hacia arriba y recuerda que tu ayuda viene del Señor. Incluso cuando las personas te fallen o se alejen, debes saber que el amor de tu Padre es inquebrantable. Él nunca te dejará ni te abandonará. Él ve cada lágrima que derramas y cada momento en que te sientes ignorado. Tu Padre Celestial no te ha olvidado; Él ha anotado cada una de tus penas y ha recogido tus lágrimas. Considera un puro gozo cuando enfrentes diversas pruebas, sabiendo que estas pruebas de fe producen perseverancia. Permite que la perseverancia obre plenamente en ti para que puedas madurar y alcanzar la plenitud, sin que te falte nada.

*15 de agosto*

# LA VICTORIA EN CADA BATALLA

Lucas 6:27-28

"Pero a ustedes que están escuchando, les digo: Amen a sus enemigos, hagan el bien a quienes los odian, [28] bendigan a los que les maldicen, recen por los que los maltratan.

Romanos 1:1-2

Pablo, siervo de Cristo Jesús, llamado a ser apóstol y apartado para el evangelio de Dios, que él prometió antes por medio de sus profetas en las Sagradas Escrituras.

El Padre dice que entiende que estás enfrentando batallas que otros no ven, pero Él es plenamente consciente de ellas. Él te asegura que todas las batallas han sido ganadas, aunque aún no lo veas. Por fe, confía en la victoria que tienes en el nombre de Jesús. Hay triunfo en tu familia, en tus finanzas y en cada lucha que enfrentas. Estas pruebas están moldeando tu carácter y enseñándote a ser resiliente. En tu dolor, recuerda que Dios te ve y entiende los ataques del enemigo. No dejes que estas luchas te definan o te disuadan de tu llamado. El dolor puede llevarte a buscar a Dios más profundamente y alinearte con Su propósito. Estás exactamente donde Él te ha llamado a estar. No permitas que otros te influyan o te contaminen; en cambio, perdona a quienes te hacen daño. Ama a tus enemigos, haz el bien a quienes te odian, bendice a quienes te maldicen y ora por quienes te maltratan.

*16 de agosto*

# ROMPIENDO BARRERAS

1 Pedro 2:9

Pero ustedes son un pueblo escogido, un sacerdocio real, una nación santa, un pueblo perteneciente Dios, para que proclamen las virtudes de aquel que los llamó de las tinieblas a su luz admirable.

2 Corintios 10:5

Derribamos argumentos y toda pretensión que se levanta contra el conocimiento de Dios, y llevamos cautivo todo pensamiento para que se someta a Cristo.

El Padre te invita a permitir que Su presencia derribe las barreras que durante tanto tiempo te han impedido avanzar. Es posible que estas barreras se hayan vuelto tan familiares que hayas comenzado a aceptarlas como parte de ti, pero eso es una mentira. Él está derribando las barreras de la depresión y la ansiedad en tu vida. No estás llamado a estar atado a estas condiciones. En el nombre de Jesús, todas las fortalezas de la ansiedad y la depresión están siendo derribadas. Cuando surjan pensamientos de derrota, tómalos cautivos y hazlos obedientes a Cristo. Rechaza todo pensamiento elevado que se oponga al conocimiento de Dios. No estás destinado a estar atado por el engaño o las tácticas del enemigo. Eres parte de un pueblo elegido, un sacerdocio real, una nación santa, posesión especial de Dios, llamado a proclamar Sus virtudes y a entrar en Su maravillosa luz.

## *17 de agosto*

# SUPERA TUS LIMITACIONES Y ABRAZA TU REALEZA.

Juan 14:6

Jesús respondió: "Yo soy el camino, la verdad y la vida. Nadie viene al Padre sino por mí".

Lucas 6:27-28

"Pero a ustedes que me escuchan, les digo: Amen a sus enemigos, hagan el bien a quienes los odian, [28] bendigan a quienes los maldicen, oren por quienes los maltratan.

El Padre te dice que debes levantarte de la depresión y las situaciones difíciles. Es hora de sacudirte todo lo que el enemigo te ha lanzado. Recuerda que eres hijo del Rey, sentado en los lugares celestiales con Él. Tus enemigos no tienen poder sobre ti; no pueden tocarte. Cuando te enfrentes a la negatividad o al mal, responde con oración y perdón, porque ellos no saben lo que hacen. Tu Padre Abba te llama por tu nombre y te invita a elevarte a dimensiones más altas y profundas. El único camino hacia el Padre es a través de Jesucristo. Él te ama profundamente y está orgulloso de ti.

## *18 de agosto*

# FIEL ANTE LAS PRUEBAS

Mateo 4:4

Jesús respondió: "Está escrito: 'No sólo de pan vivirá el hombre, sino de toda palabra que sale de la boca de Dios'".

Salmo 16:11

Me has dado a conocer el camino de la vida;

me llenarás de alegría en tu presencia, con

placeres eternos a tu diestra.

El Padre te dice que debes seguir perseverando, sirviendo y permaneciendo fiel. Él ve tu constancia, incluso cuando muchos se han alejado. Aunque sea difícil, recuerda que la victoria ya está asegurada en Cristo Jesús. Él fue testigo de tus traiciones y del abandono de tus seres queridos. No te has rendido a pesar de los desafíos, porque el Espíritu de Dios dentro de ti es más fuerte que cualquier obstáculo. Ningún demonio ni persona puede impedirte cumplir tu llamado divino. Está escrito que el hombre no vive sólo de pan, sino de toda palabra que sale de la boca de Dios. Medita en Su Palabra y deja que Su santa presencia llene tu mente y tu corazón, saturándote por completo, de la cabeza a los pies, en el nombre de Jesús.

## *19 de agosto*

# LA FUERZA PARA TU VIAJE

Isaías 46:4

Aún en tu vejez y en tus canas, yo soy el mismo, yo soy el que te sostendrá. Yo te he creado y te llevaré; yo te sostendré y te rescataré.

Isaías 43:2

Al cruzar las aguas, yo estaré contigo; al cruzar los ríos, no te cubrirán sus aguas. Al caminar por el fuego, no te quemarán; las llamas no te abrasarán.

El Padre te dice que Él es tu fuerza y te guía en este camino. No estás solo; Él te acompaña en cada paso del camino. Cuando le has pedido fuerza, Él te la ha dado. En los días en que incluso las tareas cotidianas parecen abrumadoras y clamas por su ayuda, Él ha escuchado tus súplicas. Te ha sostenido a través de los desafíos, las dudas y el dolor. Incluso cuando te enfrentaste a obstáculos aparentemente insuperables, su apoyo te ayudó a perseverar. Recuerda, Él siempre está contigo como tu Dios, protector y Padre amoroso.

# *20 de agosto*

# Confía en mi obra invisible

2 Corintios 5:7

Porque vivimos por fe, no por vista.

Salmo 32:8

Te instruiré y te enseñaré el camino que debes seguir;

te aconsejaré con mi mirada amorosa sobre ti.

El Padre está diciendo que debes comenzar este día dando gracias por todo lo que has hecho y harás. Yo estoy continuamente trabajando en tu vida, incluso cuando no lo ves ni lo sientes. Por eso instruyo a Mis hijos a caminar por fe, no por vista. Muchos se rinden cuando no ven cambios inmediatos en sus circunstancias. Pídele al Espíritu Santo que abra tus ojos espirituales para que puedas percibir lo que estoy haciendo en tu vida. Recuerda, aún no has visto ni oído la plenitud de mi obra. Confía en mí y no te dejes llevar por tus sentimientos o emociones. Deja que el Espíritu del Dios viviente te guíe y yo dirigiré tu camino.

## *21 de agosto*

# ENCONTRAR DESCANSO EN EL LUGAR SECRETO

Éxodo 20:3

No tendrás otros dioses delante de[a] mí.

Crónicas 16:11

Busca al SEÑOR y su fuerza;

busca siempre su rostro.

El Padre te está diciendo que debes liberarte de las presiones de la vida cotidiana y pasar tiempo con Él en el lugar secreto. Él desea hablar contigo y guiarte. Quizás hayas estado buscando respuestas a los desafíos de la vida y cómo manejar diversas circunstancias. Su respuesta es simple: confía solo en Él. Muchos recurren a las personas, al dinero y a las posesiones materiales para sobrellevar las dificultades, pero éstas son cosas mundanas y pueden convertirse en ídolos. Recuerda que Él es el Señor tu Dios, quien te liberó de la esclavitud. Ningún otro dios debe anteponerse a Él. Continúa confiando en Él con todo tu corazón, alma y mente.

## 22 de agosto

# A LO LARGO DE CADA DÍA

Proverbios 4:12

Cuando camines, tus pasos no se verán obstaculizados;

cuando corras, no tropezarás.

2 Corintios 5:7

Porque vivimos por fe, no por vista.

Salmo 18:19

Él me sacó a un lugar espacioso;

me rescató porque se agradó de mí.

El Padre te está diciendo que quiere que sepas que Él te está guiando y dirigiendo, por lo que no hay necesidad de dudar. No dejes que las distracciones interfieran en tu camino. Aunque ahora quizá no comprendas del todo Su obra en tu vida, con el tiempo lo verás con claridad. Este camino puede ser difícil, pero juntos pueden superar cualquier obstáculo. Tu compromiso con Él te llevará al éxito en todos tus proyectos. Concéntrate en vivir cada día y dar un paso a la vez. Aunque planificar es importante, avanzar demasiado rápido puede llevar a la frustración. Abraza la paz que Él te ofrece y confía en que estás a salvo en Sus manos.

# 23 de agosto

## AVANZANDO EN LA FE

Juan 4:34

"Mi alimento" , dijo Jesús, "es hacer la voluntad del que me envió y llevar a cabo su obra".

Génesis 19:17-26

Tan pronto como los sacaron, uno de ellos dijo: "¡Huyan por sus vidas! ¡No miren atrás ni se detengan en ningún lugar de la llanura! ¡Huyan a las montañas, o serán arrasados!" 18 Pero Lot les dijo: "¡No, señores míos, por favor! 19 Su siervo ha hallado gracia ante sus ojos, y ustedes me han mostrado gran bondad al perdonarme la vida. Pero no puedo huir a las montañas; este desastre me alcanzará y moriré. 20 Miren, aquí hay una ciudad lo suficientemente cerca como para correr hacia ella, y es pequeña. Déjenme huir a ella, es muy pequeña, ¿no? Entonces se me perdonará la vida".

21 Él le dijo: "Muy bien, también concederé esta petición; no destruiré la ciudad de la que hablas. 22 Pero huye rápidamente hacia allí, porque no puedo hacer nada hasta que llegues". (Por eso la ciudad se llamó Zoar) 23 Cuando Lot llegó a Zoar, el sol ya se había levantado sobre la tierra. 24 Entonces el SEÑOR hizo llover azufre ardiente sobre Sodoma y Gomorra, desde el SEÑOR desde los cielos. 25 Así destruyó aquellas ciudades y toda la llanura, matando

a todos los que vivían en las ciudades, y también la vegetación de la tierra. [26] Pero la mujer de Lot miró atrás y se convirtió en una estatua de sal.

El Padre te aconseja que no mires atrás como la mujer de Lot, que se convirtió en una estatua de sal cuando se volvió hacia el pasado. Así como Él te sacó de Egipto y te alejó de los problemas del pasado, te insta a que no vuelvas a los viejos hábitos, lugares o relaciones simplemente por comodidad. Lo que Él ha planeado para ti es mucho más grande que lo que dejas atrás. Recuerda, aquellos que se aferran a sus viejas costumbres las perderán, pero aquellos que aceptan el cambio encontrarán la verdadera preservación. Confía en que Él tiene el control, guiándote a lugares más allá de tu imaginación y trayendo a las personas adecuadas a tu vida. Él está reemplazando lo viejo con algo mejor. Tal como dijo Jesús, Su propósito era hacer la voluntad del Padre y completar Su obra.

# *24 de agosto*

# ABRAZA TU LUZ

Isaías 43:1-4

Pero ahora, esto es lo que dice el SEÑOR, el que te creó, Jacob, el que te formó, Israel:

"No temas, porque yo te he redimido; te he llamado por tu nombre; tú eres mío. [2] Cuando pases por las aguas, yo estaré contigo; y cuando cruces los ríos, no te cubrirán. Cuando camines por el fuego, no te quemarás; las llamas no te abrasarán. [3] Porque yo soy el SEÑOR, tu Dios, el Santo de Israel, tu Salvador; doy a Egipto como rescate por ti, a Cus y a Seba en tu lugar. [4] Puesto que eres precioso y honrado a mis ojos, y porque te amo, daré a los pueblos a cambio de ti, naciones a cambio de tu vida.

El Padre dice que la luz brilla en la oscuridad, y la oscuridad no puede vencerla. Él te ha llamado a ser esa luz en este mundo. Tú has sido apartado y designado por Él. Como dice el Señor que te creó y te formó, no temas; Él te ha redimido y te ha llamado por tu nombre. Tú le perteneces, y Él no comete errores. Recuerda que Dios te califica a ti, no a otros, aunque no siempre te sientas capaz. Él está siempre contigo, guiándote y apoyándote en cada paso del camino. Eres precioso a sus ojos y Él te ha elegido para un propósito.

*25 de agosto*

# Libertad de la condenación

Romanos 8:1

Por lo tanto, ahora no hay condenación para los que están en Cristo Jesús,

2 Corintios 5:17

Por lo tanto, si alguno está en Cristo, es una nueva creación. ¡Lo viejo ha pasado, ha llegado lo nuevo!

El Padre está diciendo que no hay condenación para aquellos que están en Cristo Jesús. Todos los errores del pasado, ya sean de ayer, de hace meses o incluso de hace años, han sido perdonados. Si te has arrepentido, esos pecados han desaparecido. Cuando surjan sentimientos de culpa por errores del pasado, toma autoridad sobre ellos y arráncalos en el nombre de Jesús. Su nombre tiene poder sobre todos los demonios, enfermedades y dolencias. Eres una nueva creación en Cristo Jesús, y Él está siempre contigo. Nunca te dejará ni te abandonará.

## *26 de agosto*

# ORIENTACIÓN INMUTABLE

Romanos 6:19

Estoy usando un ejemplo de la vida cotidiana debido a sus limitaciones humanas. Así como antes se ofrecían como esclavos de la impureza y de la maldad cada vez mayor, ahora ofrézcanse como esclavos de la justicia que conduce a la santidad.

Hebreos 13:8

Jesucristo es el mismo ayer, hoy y siempre.

El Padre dice que Él es el mismo ayer, hoy y siempre; Él nunca cambia. Aunque tus pensamientos y emociones puedan fluctuar, Su constancia permanece. Permite que el Espíritu de Dios te guíe mientras te habla de maneras que abordan tus limitaciones humanas. Así como una vez entregaste tu cuerpo a la impureza y la ilegalidad, dedícate a la justicia y la santificación. Aunque el proceso de maduración puede ser incómodo, recuerda que Él nunca prometió facilidad, sino que ofrece Su presencia inquebrantable. Busca Su mano y Él te guiará a través de cada desafío. Escucha Su voz suave y apacible y sé obediente, sabiendo que juntos pueden superar cualquier cosa.

## *27 de agosto*

# ENCONTRAR ALEGRÍA EN LAS PRUEBAS

Proverbios 16:9

En su corazón, los seres humanos planean su camino, pero el SEÑOR establece sus pasos.

Isaías 40:31

pero aquellos que esperan en el SEÑOR renovarán su fuerza, volarán como águilas, correrán y no se cansarán, caminarán y no flaquearán.

El Padre está diciendo que no debes sorprenderte por las pruebas ardientes que enfrentas, como si algo inusual estuviera sucediendo. En cambio, regocíjate de compartir los sufrimientos de Cristo, sabiendo que también compartirás Su gloria cuando sea revelada. Él está contigo en cada prueba, tormenta, sequía o enfermedad. Aunque no veas resultados inmediatos, cree en los milagros y la sanación. El hecho de que aún no haya sucedido no significa que no sucederá. Confía en el tiempo perfecto de Dios y mantén tu fe y tu obediencia firmes. Su tiempo siempre es perfecto, y Él permanece contigo a través de todo.

# *28 de agosto*

# CONFÍA EN EL CAMINO INVISIBLE

Filipenses 2:14-15

Hagan todo sin quejarse ni discutir,[15] para que sean irreprochables y puros, "hijos de Dios sin culpa en una generación perversa y corrupta". Entonces brillarán entre ellos como estrellas en el cielo.

Mateo 22:37-40

Jesús respondió: "'Ama al SEÑOR tu Dios con todo tu corazón, con toda tu alma y con toda tu mente.' [38] Este es el primero y el más importante de los mandamientos. [39] Y el segundo es semejante a este: Ama a tu prójimo como a ti mismo.' [40] De estos dos mandamientos dependen toda la Ley y los Profetas".

El Padre te dice que no dudes de Su obra en tu vida. Él está abriendo un camino donde parecía imposible. Muchos de Sus hijos vacilan cuando no ven inmediatamente cumplidas Sus promesas o no experimentan la sanidad que Él les ha asegurado. La fe es crucial; sin ella, es imposible agradar a Dios. ¿Confiarás en Él incluso cuando no veas resultados? ¿Obedecerás Su guía incluso cuando te resulte incómodo o ilógico? Presta atención a Su voz suave y tranquila, y confía en Él con todo tu corazón, mente y alma.

Deja de centrarte en las quejas, entrégate por completo a Él y sirve con un corazón alineado con Su voluntad.

## *29 de agosto*

# ACEPTAR TU VIAJE ÚNICO

Juan 10:10

El ladrón sólo viene para robar, matar y destruir; yo he venido para que tengan vida y la tengan en abundancia.

Zacarías 3:2

El SEÑOR dijo a Satanás: "¡El SEÑOR te reprenda, Satanás! ¡El SEÑOR, que ha elegido a Jerusalén, te reprenda! ¿No es este hombre una brasa arrebatada del fuego?".

El Padre te está diciendo que no menosprecies tu camino ni lo compares con el de los demás. Cada uno de Sus hijos está en un camino único, pero todos están recorriendo el mismo camino con Él. Cuando el espíritu de comparación te tiente, toma autoridad sobre él y échalo fuera en el nombre de Jesús. Evita caer en la trampa del enemigo, ya que el maligno busca usar cualquier cosa para obstaculizarte. Recuerda, el ladrón sólo viene para robar, matar y destruir, pero Jesús vino para dar vida en abundancia. Cuando te enfrentes a la tentación, reprende las tácticas del enemigo y proclama la Palabra de Dios sobre tu vida.

## *30 de agosto*

# ELEGIR TU CAMINO

Apocalipsis 3:15-18

Conozco tus obras, que no eres ni frío ni caliente. ¡Ojalá fueras uno
u otro! 16 Pero por cuanto eres tibio, y no frío ni caliente, te
vomitaré de mi boca. 17 Tú dices: 'Soy rico; me he enriquecido y no
tengo necesidad de nada'. Pero no te das cuenta de que eres
desdichado, miserable, pobre, ciego y desnudo. 18 Te aconsejo que
compres de mí oro refinado en fuego, para que te hagas rico, y
vestiduras blancas para vestirte, para que cubras tu vergonzosa
desnudez, y colirio para ungir tus ojos, para que veas.

Apocalipsis 2:1-7

"Escribe al ángel de la iglesia de Éfeso:

Estas son las palabras de aquel que sostiene las siete estrellas en su
mano derecha y camina entre los siete candeleros de oro. 2
Conozco tus obras, tu arduo trabajo y tu perseverancia. Sé que no
puedes tolerar a los malvados, que has puesto a prueba a los que
se dicen apóstoles y no lo son, y has descubierto que son falsos. 3
Has perseverado y has soportado dificultades por mi nombre, y no
te has cansado. 4 Pero tengo esto contra ti: has abandonado el amor
que tenías al principio. 5 ¡Considera cuán lejos has caído!
Arrepiéntete y haz las cosas que hacías al principio. Si no te
arrepientes, vendré a ti y quitaré tu candelero de su lugar. 6 Pero

tienes esto a tu favor: odias las prácticas de los nicolaítas, que yo también odio. [7] El que tiene oídos, que oiga lo que el Espíritu dice a las iglesias. Al que salga victorioso, le daré derecho a comer del árbol de la vida, que está en el paraíso de Dios.

El Padre dice que necesita un compromiso claro. Le entristecen las acciones que buscan mantener un equilibrio entre el mundo y Él. Esta idea de tener un pie en cada reino es una mentira del enemigo y una forma de engaño. Arrepiéntete y aléjate de estos caminos malvados. No retrases tu regreso a Dios, pensando que tienes tiempo para cambiar más adelante. El Señor prefiere que estés totalmente comprometido, ya sea caliente o frío, en lugar de tibio. Ser indiferente o poco entusiasta es inaceptable. Él advierte que, si permaneces tibio, correrás el riesgo de ser descartado. Mientras Él se prepara para regresar, aléjate del mal, arrepiéntete y renueva tu compromiso con Él. Recuerda tu primer amor, arrepiéntete y vuelve a las obras que antes hacías. Si no lo haces, Él quitará tu candelero de su lugar.

## *31 de agosto*

# ACEPTANDO EL FAVOR ILIMITADO

1 Corintios 14:33

Porque Dios no es Dios de desorden, sino de paz, como en todas las congregaciones del pueblo del SEÑOR.

El Padre te promete favor ilimitado en todo lo que hagas. Su favor tocará todas tus acciones y palabras. Cuando hables, Él te dará las palabras que necesitas. No te preocupes por lo que debes decir o hacer; Él puede hacer maravillas más allá de tu imaginación. Confía en Su capacidad para lograr grandes cosas en ti y a través de ti. Evita que el enemigo siembre semillas de duda y confusión. Recuerda, Dios no es autor de confusión, sino de paz, y proporciona claridad y tranquilidad a sus amados.

*1 de septiembre*

# Dar prioridad a Cristo por encima de todo

Juan 8:44

Tú eres de tu papá, el diablo, y quieres hacer lo que él quiere. Él ha sido un asesino desde el principio y no se queda con la verdad, porque no hay verdad en él. Cuando miente, habla su idioma nativo, porque es un mentiroso y el papá de las mentiras.

El Padre está diciendo que Su misión no era traer paz, sino una espada, enfrentando al hombre contra su padre y a la hija contra su madre. Para seguirlo, debes priorizar tu relación con Él por encima de todas las demás, incluso si eso significa perder amigos o familiares. Algunos se han alejado de tu vida porque lo rechazaron a Él, el camino, la verdad y la vida. No permitas que el enemigo manipule tus emociones o utilice estas pérdidas en tu contra. Pide al Espíritu Santo que te dé mayor discernimiento para distinguir entre el trigo, que representa a los hijos de Dios, y la cizaña, que representa a los hijos del mal. Mantén tu atención centrada únicamente en Cristo y recuerda que eres aceptado en el reino de Dios, no rechazado.

## *2 de septiembre*

# SUPERAR EL MIEDO Y ABRAZAR TU PROPÓSITO

Isaías 43:4-6

Porque eres precioso y honrado a mis ojos, y porque te amo,

daré a otros a cambio de ti, naciones a cambio de tu vida.

5 No temas, porque yo estoy contigo;

traeré a tus hijos desde el oriente

y te reuniré desde el occidente.

6 Diré al norte: "¡Entrégalos!",

y al sur: "No los retengas".

Trae a mis hijos desde lejos

y a mis hijas desde los confines de la tierra.

El Padre está diciendo que espera que enseñes a los nuevos discípulos a seguir todos Sus mandamientos, asegurándote Su presencia hasta el fin de los tiempos. Cuando el miedo surja inesperadamente, toma autoridad y échalo fuera en el nombre de Jesús. Recuerda, eres un soldado en una batalla espiritual, no física. Tus armas tienen el poder divino para derribar fortalezas y argumentos contra el conocimiento de Dios. Captura cada pensamiento y hazlo obediente a Cristo. Busca la fuerza del Espíritu Santo para reforzar tu fe y tu valor en todos los ámbitos de tu vida. Rechaza los sentimientos de indignidad, porque Dios te estima y te ama. Él te valora tanto que cambiaría a otros por tu vida. No temas; Él está contigo y te reunirá a ti y a tus seres queridos de todas partes.

*3 de septiembre*

# Siguiendo la guía de Dios

Deuteronomio 12:24

No coman la sangre; derrámela en tierra como agua.

Salmo 32:8

Te instruiré y te enseñaré el camino que debes seguir; te aconsejaré con mi mirada amorosa puesta en ti.

El Padre dice que te llamará para que obedezcas cuidadosamente todos sus mandamientos. Demuestra tu amor por Él siguiendo sus caminos y aferrándote a Él, escuchando atentamente su voz suave y apacible. Él te está guiando por el camino correcto. Mantén tu atención en Él, evitando distracciones y dudas. Cuando te preguntes si oyes Su voz, ten por seguro que es el Señor quien te habla. Él te instruirá y te enseñará, ofreciéndote consejo con Su mirada amorosa. Confía en Su guía y mantente firme en tu camino con Él.

*4 de septiembre*

# Declarando tu confianza en Dios

Proverbios 3:18

Ella es un árbol de vida para quienes la abrazan;

quienes la sostienen con firmeza serán bendecidos.

El Padre te invita a afirmar abiertamente tu confianza en Él. Cuando te sientas ansioso, declara: "Confío en Ti, Señor". Al pronunciar estas palabras y creerlas en tu corazón, declaras tu fe en el nombre de Jesús. Confía en Él incluso cuando no veas resultados inmediatos o el cumplimiento de tus oraciones. Recuerda que Él nunca te abandonará. Rechaza cualquier pensamiento o mentira que sugiera lo contrario, y deséchalos en el nombre de Jesús. Entrega cada aspecto de tu vida a Él, porque tu vida está mejor en Sus manos que en las tuyas. Comprende que confiar en tu propia fuerza puede llevarte al orgullo. Arrepiéntete de cualquier orgullo y abraza Su fuerza, sabiendo que Él desea guiarte y apoyarte según Su voluntad.

*5 de septiembre*

# BUSCANDO LA GUÍA DE DIOS CADA DÍA

Proverbios 3:5-6

Confía en el SEÑOR con todo tu corazón y no te apoyes en tu propio entendimiento; [6] en todos tus caminos sométete a él, y él enderezará tus sendas.

El Padre dice que debes buscar Su rostro diligentemente todos los días. Como el Dios omnipresente de Abraham, Isaac y Jacob, Él siempre está contigo, obrando en tu vida de manera visible y detrás de escena. Sé agradecido por todo lo que Él ha hecho y sigue haciendo. En los momentos de quietud, recuerda que Él es Dios y que todo lo hace para tu bien. Confía en Él con todo tu corazón y no te bases únicamente en tu entendimiento. Reconoce a Dios en todos tus caminos, y Él enderezará tus sendas. Él promete guiarte en la verdad, asegurándose de que nunca te desvíes.

# *6 de septiembre*

## ERES VISTO Y CONOCIDO

Salmo 66:11

Nos hiciste caer en la trampa y pusiste una pesada carga sobre nuestra espalda.

Jeremías 1:5

"Antes de formarte en el vientre, te conocía; antes de que nacieras, te aparté; te nombré profeta para las naciones".

1 Corintios 2:14

La persona sin el Espíritu no acepta las cosas que provienen del Espíritu de Dios, sino que las considera una locura y no puede entenderlas porque sólo se disciernen a través del Espíritu.

El Padre te dice que te ve, amado. Nunca estás solo, ni siquiera en momentos de traición y malentendidos. Perdona a quienes te han hecho daño, porque no saben lo que hacen. Has hecho grandes progresos y estoy orgulloso de lo lejos que has llegado. No dejes que la falta de comprensión de los demás te desanime. Las personas naturales no comprenden las cosas del Espíritu; se disciernen espiritualmente y pueden parecer una locura para el mundo. No pasa nada por ser incomprendido. Lo que realmente importa es que yo te conozco. Te creé antes de que nacieras, te aparté y te designé para un propósito. Tú eres mío y yo soy tuyo.

# *7 de septiembre*

# BUSCA MI GUÍA EN TODAS LAS COSAS

1 Corintios 45:33

Mateo 18:15-20

"Si tu hermano o hermana [a] pecan,[b] ve y señálales su falta, sólo entre ustedes dos. Si te escucha, lo habrás ganado. 16 Pero si no te escucha, lleva contigo a uno o dos más, para que 'todo asunto se establezca por el testimonio de dos o tres testigos.'[c] 17 Si aún así se niega a escuchar, díselo a la iglesia; y si se niega a escuchar incluso a la iglesia, trátalo como tratarías a un pagano o a un recaudador de impuestos. 18 "En verdad les digo que todo lo que aten en la tierra quedará [d] atado en el cielo, y todo lo que desaten en la tierra quedará[e] desatado en el cielo. 19 "Además, en verdad les digo que si dos de ustedes en la tierra se ponen de acuerdo para pedir algo, mi Padre que está en el cielo se lo concederá. 20 Porque donde dos o tres se reúnen en mi nombre, allí estoy yo con ellos".

Colosenses 4:6

Que siempre hablen con gracia, sazonando sus palabras con sal, para saber cómo responder a cada uno.

El Padre dice que abordes todo lo que escuches con discernimiento. Siempre tráeme primero tus preocupaciones y sentimientos. Al hacerlo, descubrirás que las cargas que intentan adherirse a ti se disiparán rápidamente. Usa el discernimiento cuando respondas a los demás y escuches sus palabras. Mi Espíritu Santo te guiará y te revelará lo que necesitas saber. Si me has pedido que te muestre la verdadera naturaleza de ciertas personas, lo estoy haciendo, pero recuerda orar por ellas en lugar de juzgarlas. No pasa nada si la verdad no es lo que esperabas; sigue orando y mantén una distancia segura si es necesario. Recuerda, las malas compañías pueden corromper el buen carácter.

*8 de septiembre*

# Confía en el guardián de la promesa

Salmo 102:16-17

Porque el SEÑOR reconstruirá Sión

y se manifestará en su gloria.

[17] Responderá a la oración de los desamparados;

no despreciará su súplica.

Tesalonicenses 5:23-24

Que Dios mismo, el Dios de la paz, los santifique por completo. Que todo su espíritu, alma y cuerpo sean guardados sin mácula hasta la venida de nuestro SEÑOR Jesucristo. [24] El que los llama es fiel, y él lo hará.

El Padre está diciendo que el Señor reconstruirá Sión y revelará Su gloria. Él escucha las oraciones de los indigentes y no pasa por alto sus súplicas. Escucho tus gritos de ayuda y sé que has estado despierto durante muchas noches inquietas. Estoy trabajando en tu nombre, incluso cuando no puedes verlo. Siempre estoy moviendo cosas y orquestando cambios tras bastidores. Te corresponde confiar en mí y obedecerme. Independientemente de lo que observes a tu alrededor, confía en mí cuando no tenga sentido, en momentos de incomodidad e incluso cuando las promesas parezcan incumplidas. El hecho de que aún no hayas visto cumplirse la promesa no significa que no la esté cumpliendo. Soy un hombre que cumple sus promesas, no un hombre que miente. Soy un Padre fiel y un Dios poderoso que puede lograr lo imposible: cree y ten fe.

# *9 de septiembre*

# Estoy contigo

Efesios 1:13-14

Y también ustedes fueron incluidos en Cristo cuando escucharon el mensaje de la verdad, el evangelio de su salvación. Cuando creyeron, fueron marcados en él con un sello, el Espíritu Santo prometido, [14] que es una garantía de nuestra herencia hasta la redención de los que son posesión de Dios, para alabanza de su gloria.

Gálatas 6:9

No nos cansemos de hacer el bien, porque a su debido tiempo cosecharemos si no nos rendimos.

El Padre está diciendo: "Estoy contigo en cada paso que das". No te dejes influir por la confusión que te rodea. Mantente firme donde estás; estoy presente en cada movimiento que haces. Cuando te falten las palabras para orar, yo te daré el empujón extra que necesitas. El Espíritu Santo intercederá con gemidos y oraciones más allá de tu comprensión. Te daré las palabras y la fuerza cuando te sientas demasiado débil para continuar. Sé que la batalla ha sido larga y que estás cansado, pero recuerda que estoy aquí. Has estado preguntando dónde estoy, y aquí estoy. Te estoy llamando, ungiéndote y llenándote con mi Espíritu. Te he sellado y he pagado el precio por ti.

*10 de septiembre*

# ABRAZADO POR EL AMOR ETERNO

Jeremías 31:3

El SEÑOR se nos apareció en el pasado diciendo: "Te he amado con un amor eterno; te he atraído con bondad inquebrantable".

Romanos 8:1

Por lo tanto, ahora no hay condenación para los que están en Cristo Jesús,

1 Juan 1:9

Si confesamos nuestros pecados, él es fiel y justo y perdonará nuestros pecados y nos purificará de toda maldad.

El Padre está diciendo: "Amado, quiero que sepas cuánto te amo. Mi amor por ti es eterno, y con amorosa bondad te he acercado a mí y te he permanecido fiel. No te he olvidado ni te he descartado". Aunque te sientas ignorado, recuerda que nunca te abandonaré ni te dejaré. Si los errores te han llevado a sentirte condenado, reprendo ese espíritu en el nombre de Jesús. La condenación proviene del enemigo, pero la convicción proviene del Espíritu Santo. No hay condenación para los que están en Cristo Jesús. Pasa tiempo conmigo y deja que mi presencia te llene y te renueve. Todos cometemos errores, pero no dejes que te agobien. En cambio, deja que mi gracia te fortalezca. Eres perdonado y elegido, mi amado.

## *11 de septiembre*

# Formación en la soberanía divina

Apocalipsis 12:1-12

Una gran señal apareció en el cielo: una mujer vestida con el sol,
con la luna bajo sus pies y una corona de doce estrellas sobre su
cabeza. 2 Estaba embarazada y gritaba de dolor porque estaba a
punto de dar a luz. 3 Entonces apareció otra señal en el cielo: un
enorme dragón rojo con siete cabezas, diez cuernos y siete coronas
en sus cabezas. 4 Su cola barrió un tercio de las estrellas del cielo y
las arrojó a la tierra. El dragón se paró frente a la mujer que estaba
a punto de dar a luz, para devorar a su hijo en cuanto naciera. 5 Ella
dio a luz un hijo varón, que "gobernará todas las naciones con
cetro de hierro".[a]Y su hijo fue arrebatado para Dios y para su
trono. 6 La mujer huyó al desierto, a un lugar preparado por Dios,
donde sería cuidada durante 1260 días. 7 Entonces estalló la guerra
en el cielo. Miguel y sus ángeles lucharon contra el dragón, y el
dragón y sus ángeles contraatacaron. 8 Pero no era lo
suficientemente fuerte, y perdieron su lugar en el cielo.

9 El gran dragón fue expulsado, la serpiente antigua llamada diablo
o Satanás, que engaña al mundo entero. Fue arrojado a la tierra, y
sus ángeles con él. 10 Entonces oí una gran voz en el cielo que decía:
"Ahora ha llegado la salvación, el poder y el reino de nuestro Dios,

y la autoridad de su Mesías. Porque ha sido expulsado el acusador de nuestros hermanos, el que los acusa delante de nuestro Dios día y noche.[11] Ellos lo vencieron por medio de la sangre del Cordero y por la palabra de su testimonio; no amaron sus vidas tanto como para temer la muerte. [12] Por lo tanto, ¡alégrense, cielos, y ustedes que moran en ellos! Pero ¡ay de la tierra y del mar, porque el diablo ha descendido a ustedes! Está lleno de furia, porque sabe que le queda poco tiempo".

Job 22:28

Lo que decidas se hará, y la luz brillará en tus caminos.

Ezequiel 37:1-10

La mano del SEÑOR estaba sobre mí, y él me sacó por el Espíritu del SEÑOR y me puso en medio de un valle; estaba lleno de huesos. [2] Me llevó de un lado a otro entre ellos, y vi una gran cantidad de huesos en el suelo del valle, huesos que estaban muy secos. [3] Me preguntó: "Hijo de hombre, ¿pueden estos huesos vivir?" Yo respondí: "SEÑOR soberano, sólo tú lo sabes". [4] Entonces me dijo: "Profetiza a estos huesos y diles: '¡Huesos secos, oigan la palabra del SEÑOR! [5] Esto es lo que dice el SEÑOR Soberano a estos huesos: Haré que el aliento[a] entre en ustedes, y vivirán· [6] Les pondré tendones, haré que les crezca carne y los cubriré de piel; les daré aliento, y vivirán. Entonces sabrán que yo soy el SEÑOR'". [7] Profeticé como se me había ordenado. Y mientras profetizaba, se oyó un ruido, un estruendo, y los huesos se unieron, hueso con hueso. [8] Miré, y aparecieron tendones y carne sobre ellos, y piel los cubrió, pero no había aliento en ellos. [9] Entonces me dijo: "Profetiza al aliento; profetiza, hijo de hombre, y dile: 'Así dice el SEÑOR Dios: Ven, aliento, de los cuatro vientos, y sopla sobre estos muertos, para que vivan'". [10] Profeticé como me había mandado, y el aliento entró en ellos; cobraron vida y se pusieron en pie: un ejército numeroso.

El Padre está diciendo: "Te estoy guiando por el camino que debes seguir, estableciendo los principios de mi soberanía. Soy supremo en todas las cosas, el Padre, el Hijo y el Espíritu Santo, y tengo todo el poder y la autoridad". Cuando crees en mi poder, yo obro a través de ti y en ti. Al enfrentar desafíos, obstáculos y conflictos, quédate quieto y reconoce que yo soy Dios. Toma autoridad sobre cualquier oposición y átala; estás listo para la batalla como un soldado en mi reino. Reconoce que ya has vencido en tus finanzas, en tu vida y en la vida de tus hijos porque Cristo vive en ti. La victoria ha sido asegurada por la sangre de Jesús. Declara y decreta esta victoria sobre cada situación, profetizando sobre ti mismo y tu familia, porque el Dios vivo mora en ti.

*12 de septiembre*

# ASCENDIENDO A LA CIMA DE LA MONTAÑA

Éxodo 24:12

El SEÑOR dijo a Moisés: "Sube a la montaña y quédate aquí, y te daré las tablas de piedra con la ley y los mandamientos que he escrito para instruirlos".

Mateo 9:17

Tampoco se echa vino nuevo en odres viejos. Si lo hacen, los odres se rompen, el vino se derrama y los odres se echan a perder. No, se echa vino nuevo en odres nuevos, y así se conservan ambos.

El Padre está diciendo: "Te veo, incluso cuando te sientes invisible. Te llamo a elevarte más alto, a subir a la cima de la montaña conmigo. Quiero compartir contigo en abundancia, llenarte y saturarte con mi presencia. Eres mi amado, y estoy muy complacido con tu fidelidad".

A pesar de las largas batallas y tu renuencia a levantarte, has regresado a la tarea que te encomendé. Quiero hablar contigo, tal como llamé a Moisés a la montaña para recibir las tablas de piedra. Me estoy preparando para derramar vino nuevo en ti, mi amado. Acércate, porque hay mucho que deseo revelarte y otorgarte.

## *13 de septiembre*

# RENDICIÓN Y ADORACIÓN

Mateo 11:28-30

"Vengan a mí todos los que están cansados y agobiados, y yo les daré descanso. 29 Tomen mi yugo sobre ustedes y aprendan de mí, que soy manso y humilde de corazón, y encontrarán descanso para sus almas. 30 Porque mi yugo es fácil y mi carga ligera".

Deuteronomio 6:4-9

Escucha, Israel: El SEÑOR nuestro Dios, el SEÑOR es uno. [a] 5 Ama al SEÑOR tu Dios con todo tu corazón, con toda tu alma y con todas tus fuerzas. 6 Estos mandamientos que te doy hoy deben estar en tu corazón 7 Incúlcaselos a tus hijos. Háblales de ellos cuando estés en tu casa y cuando vayas por el camino, cuando te acuestes y cuando te levantes. 8 Átalos como símbolos en tus manos y fíjalos en tu frente.9 Escríbelos en los postes de tu casa y en tus puertas.

El Padre está diciendo: "Adórenme, porque soy digno de toda alabanza, aunque las cosas no parezcan avanzar como ustedes esperan. En el poderoso nombre de Jesús, estoy moviendo montañas y haciendo cambios en sus vidas". Todo obra para su bien porque los amo y los he elegido. Ustedes no me eligieron a mí; yo los elegí a ustedes. Como generación elegida, adoren al Rey de reyes y Señor de señores. Entreguen su situación y cualquier preocupación familiar a mí. Escuchen y obedezcan mi voz suave y apacible. Yo sé lo que es mejor para ustedes. Si les cuesta liberarse de sus cargas, pídanme más gracia; mi gracia es suficiente. Yo soy el Dios de la gracia y la misericordia, que siempre es mejor en mis manos que en las suyas. Dejen hoy sus cargas a mis pies y dejen que mi presencia sane su amado corazón.

*14 de septiembre*

# ACEPTA LOS PEQUEÑOS PASOS

Mateo 21:22

Si crees, recibirás todo lo que pidas en la oración.

Lucas 1:37

Porque ninguna palabra de Dios quedará sin cumplir.

Romanos 10:17

Por lo tanto, la fe viene de oír el mensaje, y el mensaje se oye a través de la palabra acerca de Cristo.

El Padre está diciendo: "Cuenta cada pequeño avance y no subestimes el valor de los pequeños pasos". Cada paso de fe que das te acerca más a tu destino. Aunque parezca que las cosas no te están saliendo bien, ten por seguro que todo se está desarrollando según mi plan. Entrega tu voluntad y tus emociones a mí hoy. Muchos de mis hijos se guían por sus sentimientos en lugar de por el Espíritu Santo. Pídele al Espíritu Santo que alinee tus emociones con la Palabra de Dios. Confía en que estoy obrando en tu vida, poniendo todo en orden. Te amo profundamente y deseo lo mejor para ti, incluso más que tú mismo.

# *15 de septiembre*

# Avanzando con confianza

Isaías 43:19

¡Miren, estoy haciendo algo nuevo! Ahora brota; ¿no lo ven? Estoy abriendo un camino en el desierto y ríos en la tierra baldía.

2 Pedro 3:9

El SEÑOR no tarda en cumplir su promesa, como algunos entienden la tardanza. Más bien, él es paciente con ustedes, no queriendo que nadie perezca, sino que todos lleguen al arrepentimiento.

El Padre dice que es hora de cerrar la puerta al pasado y liberarse de todas las ataduras. Avancen desde las situaciones que los frenan, sabiendo que estoy con ustedes en cada paso del camino. Ningún enemigo es demasiado grande para mí; juntos venceremos a todos los gigantes. Soy un Dios poderoso, y cada desafío que enfrentas no es nada comparado con mi poder. Estoy reemplazando lo que es falso con lo que es real, trayéndote personas que verdaderamente te apoyarán y te animarán.

Deja atrás las viejas relaciones y circunstancias que ya no te sirven, y confía en mí para que te traiga lo mejor. Reza por aquellos que te han hecho daño, porque mi misericordia y mi gracia también se extienden a ellos. Muchos actúan por ignorancia, impulsados por fuerzas que no comprenden. No estoy cumpliendo lentamente mis promesas; soy paciente, deseando que todos lleguen al arrepentimiento. Confía en mi plan y reconoce que estoy haciendo algo nuevo. Estoy abriendo un camino y creando ríos en el desierto. Acoge este nuevo comienzo con fe y confianza.

# *16 de septiembre*

# VICTORIA EN CRISTO

Efesios 6:11-13

Pónganse toda la armadura de Dios para que puedan resistir las artimañas del diablo. [12] Porque nuestra lucha no es contra seres humanos, sino contra poderes, contra autoridades, contra potestades que dominan este mundo de tinieblas, contra fuerzas espirituales malignas en las regiones celestes. [13] Por lo tanto, pónganse toda la armadura de Dios, para que cuando llegue el día malo puedan resistir hasta el fin con firmeza.

El Padre está diciendo que la batalla ya ha sido ganada. Permíteme luchar por ti. Has estado luchando por tu cuenta, lo que te ha llevado al agotamiento y al desgaste. Quédate tranquilo y recuerda que yo soy tu Dios. Cuanto antes me entregues tus preocupaciones e inquietudes, más eficazmente podré actuar en tu nombre. Algunos de ustedes se han estado enfrentando a retos sin la armadura adecuada; ¿cómo pueden esperar prevalecer cuando sus defensas no están preparadas?

Ponte toda la armadura de Dios para que puedas resistir las artimañas del diablo. Discernir las tácticas del enemigo y reconocer que nuestra lucha no es contra sangre y carne, sino contra principados, potestades y gobernadores de las tinieblas de este siglo. Recuerda, eres un guerrero en Cristo Jesús. Afila tu espada y reclama la victoria que ya es tuya en Su nombre.

## *17 de septiembre*

# SUPERANDO CADA ATAQUE

Mateo 10:14-16

Si alguien no los recibe ni escucha sus palabras, salgan de esa casa o ciudad y sacúdanse el polvo de los pies. [15] En verdad les digo que en el día del juicio será más tolerable para Sodoma y Gomorra que para esa ciudad.

[16] "Los envío como ovejas en medio de lobos. Por lo tanto, sean astutos como serpientes e inocentes como palomas.

Juan 8:44

Tú eres de tu papá, el diablo, y quieres hacer lo que él quiere. Él ha sido un asesino desde el principio y no se queda con la verdad, porque no hay verdad en él. Cuando miente, habla su idioma nativo, porque es un mentiroso y el papá de las mentiras.

El Padre está diciendo: "Ningún arma forjada contra ti prosperará, aunque el enemigo sea implacable". Él puede usar a la familia, atacar tu matrimonio o causar discordia. Toma autoridad sobre cada ataque del enemigo y ata cada ataque en el poderoso nombre de Jesús.

Recuerda quién eres y quién eres en cada temporada. El enemigo se nutre de jugar con tus emociones, pero el engaño es una mentira. Rechaza el seguir siendo engañado. Reclama tu alegría, levanta la cabeza y vuelve a participar en la batalla. El enemigo ha jugado contigo durante demasiado tiempo. Levántate, sacúdete el polvo y continúa como precursor en el reino de Dios.

*18 de septiembre*

# SUPERAR EL ESPÍRITU DEL MIEDO

2 Timoteo 1:7

Porque el Espíritu que Dios nos ha dado no nos hace tímidos, sino que nos da poder, amor y autodisciplina.

2 Tesalonicenses 3:16

Ahora, que el SEÑOR de la paz les dé paz en todo momento y de todas las maneras. Que el SEÑOR esté con todos ustedes.

El Padre dice: "No dudes de las promesas que te he hecho". Es posible que en ocasiones surja el miedo, pero recuerda que el miedo es un mentiroso. Toma autoridad sobre el espíritu del miedo y échalo de vuelta al abismo en el nombre de Jesús. El miedo es un espíritu paralizante destinado a impedir que cumplas tu llamado.

No te dejes engañar, amado. Reprende y anula todas las tareas demoníacas en tu contra. Quiero que mis hijos encuentren descanso y paz sobrenatural en mi presencia. No permitas que el enemigo robe lo que yo te he dado gratuitamente. Mantente firme contra todos los gigantes en tu vida y ordénales que regresen al abismo del infierno. Busca continuamente mi presencia y mi voluntad para tu vida. Nunca te defraudaré.

## *19 de septiembre*

# ABRAZANDO EL FUEGO

Isaías 43:2

Al cruzar las aguas, yo estaré contigo; al cruzar los ríos, no te cubrirán sus aguas. Al caminar por el fuego, no te quemarán; las llamas no te abrasarán.

Efesios 6:10-11

Por último, fortalécete en el SEÑOR y en su gran poder.11 Ponte toda la armadura de Dios para que puedas resistir las artimañas del diablo.

El Padre dice que es hora de ayunar y perseverar hasta que pasen tus pruebas. Te enfrentarás a una guerra, pero yo estaré contigo en todo momento. No te abrumarán cuando atravieses las aguas; cuando cruces los ríos, no te arrastrarán. Cuando camines por el fuego, no te quemarás; las llamas no te abrasarán.

Al atravesar el fuego, no llevarás contigo el olor del humo, sino que emergerás como el fuego de Dios, encendido dentro de ti. Te mantendrás firme contra el enemigo, sabiendo quién eres en Cristo Jesús. El enemigo puede intentar diversas tácticas, pero tú permanecerás firme en la adoración al Rey de Reyes. Tú eres mi amado, un fuego artificial con el que estoy muy complacido.

# *20 de septiembre*

# PREPARADO PARA LA ABUNDANCIA

1 Tesalonicenses 3:12

Que el SEÑOR haga crecer y desborde su amor mutuo y hacia todos los demás, tal como lo hace el nuestro hacia ustedes.

Salmo 65

Te alabamos, Dios nuestro, en Sión; a ti cumpliremos nuestros votos. [2] Tú, que respondes a la oración, a ti acudirán todos los pueblos. [3] Cuando nos sentíamos abrumados por nuestros pecados, tú perdonaste nuestras transgresiones. [4] ¡Dichosos los que tú eliges y acercas para que habiten en tus atrios! Nos sacias con los bienes de tu casa, de tu santo templo. Tú nos respondes con obras maravillosas y justas, Dios nuestro Salvador, esperanza de todos los confines de la tierra y de los mares más lejanos,6que formaste las montañas con tu poder, armándote de fuerza, [7] que calmaste el rugido de los mares, el rugido de sus olas y la agitación de las naciones.[8] Toda la tierra está llena de asombro ante tus maravillas; donde amanece, donde se pone el sol, tú invocas cantos de alegría.[9] Tú cuidas la tierra y la riegas; la enriqueces abundantemente. Los arroyos de Dios están llenos de agua para dar grano al pueblo, porque así lo has ordenado. [10] Empapas sus surcos y allanas sus lomas; la ablandas con lluvias y bendices sus cosechas. [11] Coronas el año con tu generosidad, y tus carros rebosan de abundancia. [12] Las praderas del desierto rebosan; las colinas se visten de alegría. [13] Los prados están cubiertos de rebaños, y los valles están cubiertos de grano; gritan de alegría y cantan.

El Padre te dice que te mantengas firme sobre el fundamento que Él ha puesto para ti. Te he colocado exactamente donde quiero que estés, posicionándote para la promesa que he preparado. No te he olvidado, y nunca lo haré. A pesar de las circunstancias y emociones cambiantes, recuerda que Yo soy inmutable, el mismo ayer, hoy y por los siglos.

No me afectan ni me perturban las cosas que te rodean. Estás en el lugar perfecto para recibir todo lo que tengo para ti. Me estoy preparando para poner todo lo que necesitas directamente en tu regazo. Tus dones aumentarán y experimentarás abundancia. Manténme en primer lugar y descubrirás que nunca serás el último. Prepárate para la abundancia; llenaré tu regazo con más de lo necesario.

## *21 de septiembre*

# PREPARACIÓN DIVINA

Proverbios 3:5-6

Confía en el SEÑOR con todo tu corazón y no te apoyes en tu propio entendimiento; [6] en todos tus caminos sométete a él, y él enderezará tus sendas.

El Padre está diciendo: "Estoy contigo. La tormenta que estás soportando pronto pasará. Confía en mí con todo tu corazón y no te apoyes en tu propio entendimiento. Reconócelo en todos tus caminos, y yo enderezaré tus sendas". Te estoy preparando para cosas más grandes porque posees grandeza en tu interior. Lo que llevas contigo no es ordinario; es extraordinario y divino, creado exclusivamente para ti. Aunque la batalla ha sido larga, debes saber que estoy contigo en todo momento: tanto si te levantas como si te acuestas, siempre estoy a tu lado.

## *22 de septiembre*

# ACEPTAR LA GRACIA EN MEDIO DE LA RESISTENCIA

Queridos hermanos, no se sorprendan por la prueba de fuego que están soportando, como si algo extraño les estuviera sucediendo. [13] Más bien, regocíjense en la medida en que participan en los sufrimientos de Cristo, para que también se regocijen cuando se revele su gloria. [14] Si son insultados por causa del nombre de Cristo, son bienaventurados, porque el Espíritu de gloria y de Dios reposa sobre ustedes. [15] Si sufren, no debe ser como asesinos, ladrones o cualquier otro tipo de delincuentes, ni siquiera como entrometidos. [16] Sin embargo, si sufren como cristianos, no se avergüencen, sino alaben a Dios por llevar ese nombre.[17] Porque es hora de que el juicio comience por la casa de Dios; y si comienza por nosotros, ¿cuál será el resultado para aquellos que no obedecen el evangelio de Dios? [18] Y "si es difícil que se salven los justos, ¿qué será de los impíos y los pecadores?" [19] Por tanto, los que sufren según la voluntad de Dios deben encomendarse a su fiel Creador y seguir haciendo el bien.

Romanos 12:2

No se conformen al patrón de este mundo, sino transfórmense mediante la renovación de su mente. Entonces podrán comprobar y aprobar cuál es la voluntad de Dios: su buena, agradable y perfecta voluntad.

El Padre está diciendo: "Puedes esperar resistencia cuando ministras la palabra de Dios o sirves donde te he colocado". Mi gracia te basta; pide más para tus tareas. Busca al Espíritu Santo para que te revele dónde te he llamado y designado, ya que estar en Mi voluntad es crucial.

Ten fe en mí, y yo te ayudaré cuando la esperanza parezca lejana. Ven al lugar secreto y permíteme desbordar tu copa. Deseo llenarte de pies a cabeza. Cuando enfrentes resistencia, ordena al espíritu de obstáculo y represalia que sea arrojado de vuelta al abismo en el nombre de Jesús. Te estoy llamando a tener una relación más profunda conmigo. No te sorprendas por las pruebas dolorosas que encuentres, como si algo extraño estuviera sucediendo.

*23 de septiembre*

# Ungidos a través de la batalla

Sofonías 3:9

Entonces purificaré los labios de los pueblos, para que todos invoquen el nombre del SEÑOR y le rindan culto unidos.

Isaías 58:12

Tu pueblo reconstruirá las ruinas antiguas y levantará los cimientos antiguos; serás llamado reparador de muros rotos, restaurador de calles con viviendas.

El Padre está diciendo: "Has soportado muchas guerras, dolor y aplastamiento, pero te he ungido para estos ataques y presiones". Nunca estuviste solo, y nunca te dejaré ni te abandonaré. No pasa nada si no todos te quieren o te aceptan; recuerda que primero me rechazaron a mí.

Te amo y estoy muy orgulloso de ti. Estoy contigo cuando otros hablan de ti, te maltratan o te manipulan. Lo veo y lo oigo todo; mientras la gente se fija en las apariencias, yo miro el corazón. Veo tu corazón puro y bueno.

Te veo y estoy preparando un cambio radical en tu cuerpo, tus finanzas y tu vida. Se avecina un cambio radical en el nombre de Jesús. Si lo recibes, di "Amén" y "Gracias, Jesús".

## *24 de septiembre*

# FORTALEZA A TRAVÉS DEL ESPÍRITU

Zacarías 4:1

Entonces, el ángel que hablaba conmigo regresó y me despertó como quien despierta de un sueño.

El Padre dice: "No con ejército ni con fuerza, sino con mi Espíritu", podemos lograr todas las cosas. A través de Cristo, quien nos da poder, encontramos nuestra fuerza. Mientras navegas hoy y buscas seguir la voluntad de nuestro Padre, recuerda que sólo por el Espíritu del Dios vivo puedes perseverar y prosperar.

Reflexiona sobre cómo has superado retos en el pasado, tal vez obteniendo un título, comprando un auto nuevo o simplemente superando un año difícil. Estos logros no se deben únicamente a tus esfuerzos, sino que son testimonio del poder de Dios obrando en tu vida.

# *25 de septiembre*

# CONFIAR Y VOLVER A ENFOCARSE

Isaías 53:10

Sin embargo, fue la voluntad del SEÑOR aplastarlo y hacerlo sufrir, y aunque el SEÑOR hace de su vida una ofrenda por el pecado, verá a su descendencia y prolongará sus días, y la voluntad del SEÑOR prosperará en su mano.

Éxodo 27:20

Ordena a los israelitas que te traigan aceite puro de olivas prensadas para el alumbrado, a fin de que las lámparas puedan mantenerse encendidas.

El Padre está diciendo: "Confía y cree en mí con todo tu corazón, mente y alma. Centra toda tu atención en mí". Es hora de volver a dirigir toda tu atención hacia mí. Estoy derramando mi Espíritu sobre ti. Como agua viva, te llenaré hasta rebosar y nunca más volverás a tener sed.

Sé que te has estado preguntando por la confusión en tu vida. Te estoy quebrantando y aplastando porque todo lo que no es de Mí debe ser quemado. Tu lucha interior y la muerte de tu carne son parte del proceso. Tú pediste ser refinado, que es como se produce el aceite nuevo.

Alcanza tu máximo potencial, lo cual solo ocurrirá mediante este proceso de ser aplastado.

## *26 de septiembre*

# TÚ ERES MI HACHA DE GUERRA

Jeremías 1:9-10

Entonces el SEÑOR extendió su mano y tocó mi boca, y me dijo: "He puesto mis palabras en tu boca. [10] Mira, hoy te nombro sobre naciones y reinos para arrancar y derribar, para destruir y derrocar, para edificar y plantar".

El Padre está diciendo: "Tú eres mi hacha de guerra y mi espada. A través de ti, destrozaré naciones y destruiré reinos. Derrotaré ejércitos, incluidos sus caballos, jinetes, carros y aurigas. Tú eres una fuerza a tener en cuenta, y el enemigo ya está derrotado. Estoy en proceso de reconciliar todo lo que ha sido tomado".

No te desanimes por lo que ves. Lo visible es temporal, pero lo que tienes en Mí es eterno y está lleno de Mi gloria. Tú llevas Mi presencia, y Yo estoy contigo en todo lugar y circunstancia. No temas a los rostros que encuentres, porque Yo estoy contigo para liberarte.

Así como toqué la boca de Jeremías, estoy tocando la tuya. He puesto Mis palabras en tu boca, Mi amado.

## 27 de septiembre

# EL ESPÍRITU DE LA EXCELENCIA EN CADA TAREA

Nehemías 4:17

Los que transportaban materiales hacían su trabajo con una mano y sostenían un arma en la otra.

El Padre dice: "Considera a los constructores del muro que trabajaban con una mano sosteniendo su carga y con la otra empuñando un arma. Del mismo modo, pide a Mi Espíritu Santo la gracia para soportar las batallas y las dificultades a las que te enfrentas hoy. Busca la sabiduría para trabajar con diligencia en todo lo que hagas, esforzándote por alcanzar la excelencia en todas las cosas.

Ora para que el espíritu de excelencia esté contigo, permitiéndote trabajar duro y ser competente en tus tareas para Mi gloria. Deja que Mi gloria brille a través de ti y dentro de ti. Estás equipado para ser fuerte y valiente en todo lo que emprendas, porque te he ordenado que seas así, amado.

## *28 de septiembre*

# AVANZANDO CON FE

Génesis 19:2

"Señores", dijo, "por favor, pasen a la casa de su siervo. Podrán lavarse los pies y pasar la noche, y luego continuar su camino temprano por la mañana".

"No", respondieron, "pasaremos la noche en la plaza".

El Padre dice que debes considerar cómo Lot y su familia fueron instados a abandonar Sodoma antes de su destrucción. El apego de Lot a la ciudad dificultó su partida, incluso cuando los mensajeros les advirtieron. Del mismo modo, algunos de ustedes se han acomodado demasiado donde están. Los llamo a dar un paso adelante con fe y confianza en que estoy con ustedes.

Te he pedido que compartas el evangelio, que ores por los perdidos y que traigas de vuelta a casa a los que se han alejado. Extiende a los demás la gracia que yo te he dado. No mires atrás ni a los lados; yo controlo tu vida. Permíteme guiarte sin vacilar. Confía en mi dirección y deja atrás lo que ya te he liberado.

## *29 de septiembre*

# UN PACTO DE LUZ

2 Corintios 6:14

No se unan en yugo desigual con los incrédulos. La justicia y la iniquidad no tienen nada que ver entre sí, y la luz no se une con las tinieblas

El Padre dice: "No se unan en yugo desigual con los incrédulos. La justicia y la iniquidad no tienen nada que ver entre sí, y la luz no se une con las tinieblas". Amados, ustedes tienen un pacto conmigo y yo estoy en ustedes. Es prudente mantener distancia de aquellos que niegan a Cristo o el poder de Dios.

Ora por ellos y comparte las buenas nuevas del amor de Jesús, pero sigue adelante si no te reciben. Ellos me están rechazando a mí, no a ti. Busca la guía de mi Espíritu Santo y recuerda que ahora estás vivo en Cristo, habiendo sido transformado de tus antiguos caminos. Continúa caminando conmigo, y juntos lograremos grandes cosas para el reino de Dios.

## 30 de septiembre

# CONFÍA EN EL SILENCIO

Apocalipsis 22:13

Yo soy el Alfa y la Omega, el Primero y el Último, el Principio y el Fin.

Salmo 37:6

Él hará que tu justa recompensa brille como el alba, tu vindicación como el sol del mediodía.

El Padre dice: "En esta temporada, sólo necesitas estar en silencio. Abstente de defenderte o de demostrar nada; mantén la boca cerrada". Yo soy tu protector, defensor, guardián y amigo. Te vindicaré públicamente y la justicia prevalecerá. He visto cómo algunos te han maltratado y conozco todas las injusticias. Permíteme ser tu abogado y trabajar en tu nombre. Quédate donde pueda recibir lo que tengo para ti y lo que estoy a punto de hacer. Quédate quieto y sabe que yo soy Dios, el Alfa y la Omega, el principio y el fin".

*1 de octubre*

# Abrazado por el amor divino

Isaías 61:7

En lugar de tu vergüenza, recibirás una doble porción, y en lugar de deshonra, te regocijarás en tu herencia. Y así heredarás una doble porción en tu tierra, y la alegría eterna será tuya.

1 Juan1:9

Si confesamos nuestros pecados, él es fiel y justo para perdonarnos y purificarnos de toda maldad.

El Padre dice: "Yo soy tuyo y tú eres mío. Nada puede separarte de mi amor". Tú eres elegido y digno de ser mi hijo porque yo lo soy. Siempre estoy contigo, a tu lado y a tu alrededor. Incluso en tu quebrantamiento, sigues bendecido. Entrega tu matrimonio, tus planes y tus deseos a mí. Deseo bendecirte a ti y a tus hijos. Confía en mí todo lo que eres, incluidas aquellas partes que deseas mantener ocultas. Yo te veo, te conozco y sigo amándote sin condenarte ni avergonzarte. Toda condena proviene del enemigo. En mí sólo hay amor. Como salvador del mundo, puedo sanar todas las enfermedades y liberarte de la adicción. ¡Sé libre! Siéntate a mis pies y sírveme. Eres profundamente amado".

*2 de octubre*

# Empoderados a través de Cristo

Filipenses 4:13

Todo lo puedo en Cristo que me fortalece.

Mateo 21:21

Jesús respondió: "En verdad les digo que si tienen fe y no dudan, no sólo podrán hacer lo que se hizo con la higuera, sino que también podrán decirle a esta montaña: 'Vete, tírate al mar', y así sucederá.

El Padre está diciendo: "Todo lo puedes en Cristo que te fortalece". Ningún gigante te vencerá y ninguna montaña permanecerá inmóvil. Tienes el poder y la autoridad para ordenar que esa montaña se mueva en el nombre de Jesús, y así será. Ten fe y pide al Espíritu Santo que alinee tus pensamientos con mi Palabra, y así será. El enemigo puede tratar de desanimarte y hacerte dudar de mis planes para tu vida, pero recuerda que Satanás es el padre de la mentira. Yo soy tu verdadero Padre y nunca te dejaré ni te abandonaré. Cuando la duda te agobie, ven a mí y libera toda incredulidad. Rechaza cada mentira del enemigo y confía en mí, porque nunca te fallaré. El Dios Altísimo te ama.

*3 de octubre*

# Fuerza inquebrantable en Cristo

1 Juan1:9

Si confesamos nuestros pecados, él es fiel y justo para perdonarnos y purificarnos de toda maldad.

1 Pedro5:6-7

Humíllense, pues, bajo la poderosa mano de Dios, para que él los exalte a su debido tiempo. [7] Echen toda su ansiedad sobre él, porque él se preocupa por ustedes.

El Padre está diciendo: "Humíllate bajo mi poderosa mano, y a su debido tiempo, yo te levantaré. Conozco las cargas que llevas y me preocupo profundamente por ti. Pon todas tus preocupaciones, miedos y ansiedades en mí, porque estoy contigo y te daré paz. El enemigo puede intentar llenar tu corazón de miedo y dudas, pero recuerda que yo soy fiel. Confía en mi amor por ti; debes saber que nunca te abandonaré ni te defraudaré. Nunca estás solo, porque yo me preocupo por ti y siempre estaré a tu lado".

*4 de octubre*

# MANTENIÉNDONOS FIRMES EN LA FUERZA DIVINA

Isaías 54:17

Ningún arma forjada contra ti prevalecerá, y refutarás toda lengua que te acuse. Esta es la herencia de los siervos del SEÑOR, y esta es su vindicación de mi parte", declara el SEÑOR.

Romanos 12:2

No se conformen al patrón de este mundo, sino transfórmense mediante la renovación de su mente. Entonces podrán comprobar y aprobar cuál es la voluntad de Dios: su buena, agradable y perfecta voluntad.

El Padre está diciendo: "Cuando el enemigo venga a robar, matar y destruir, permanezcan fieles y obedientes, porque el arma puede formarse, pero nunca prosperará". Las pruebas vendrán y se irán, pero manténganse firmes contra cada ataque. Rechacen cada complot, plan y maquinación en el nombre de Jesús. Mi nombre está por encima de cualquier otro nombre. Todo lo que necesitas ha sido puesto dentro de ti. Lucha y no te rindas. El enemigo puede intentar intimidarte, pero rechaza el espíritu del miedo en el nombre de Jesús. En mi nombre, todo enemigo, montaña y tormenta deben huir. Pide al Espíritu Santo que renueve tu mente y ponte toda la armadura de Dios. ¡No hay gigante demasiado grande para el Señor!

# *5 de octubre*

# ALIMENTA TU ESPÍRITU CON FE

1 Pedro 5:8

Mantente alerta y sobrio. Tu enemigo, el diablo, ronda como un león rugiente, buscando a quien devorar.

El Padre está diciendo: "La fe viene al escuchar mi Palabra". Sé consciente de con qué alimentas tu espíritu y ten cuidado con lo que ves. El enemigo ronda como un león, buscando a quien devorar. Fíjate que dice "como un león": el enemigo puede pensar que es poderoso, pero no es nada comparado conmigo. Mantente alerta y concéntrate en alimentar tu espíritu con mi Palabra. Ven a mí con esperanza y fe infantil, dispuesto a recibir todo lo que puedo ofrecerte. Te he estado esperando. Toma cada día tal como viene y deja a mis pies cada carga, preocupación y estrés. Yo te daré una paz que sobrepasa todo entendimiento. En medio de tantas distracciones, recuerda que yo, tu Padre y Rey, determino lo que es verdaderamente importante. Reprende todas las distracciones en el nombre de Jesús. Yo estaré contigo, incluso cuando camines sobre el agua.

## *6 de octubre*

# 2 Corintios 5:7

Porque vivimos por fe, no por vista.

Santiago 1:6

Pero cuando pidas, debes creer y no dudar, porque el que duda es como una ola del mar, que es llevada y agitada por el viento.

El Padre está diciendo: “Camina por fe y no por vista”. Aunque a veces puedas sentirte influido por tus emociones, no dejes que tus sentimientos te guíen; en cambio, déjate guiar por el Espíritu del Dios vivo. El Espíritu Santo te dirigirá y guiará. Recuerda, las emociones son temporales, pero mi Espíritu es eterno. Pídele al Espíritu Santo que fortalezca tu fe mientras buscas mi voluntad. Este viaje conmigo requiere confianza. Escucha mi voz suave y apacible que te guía en la dirección correcta. Nunca te desviaré del camino. Cuando sientas que mi Espíritu te llama a ser obediente y seguir mi dirección, recuerda que yo soy tu pastor y tú eres mi oveja. Una de las tácticas del enemigo es la duda: resístela. Ten fe en mí y yo te guiaré a través de cualquier valle. No hay montaña ni gigante demasiado grande para mí. Sea lo que sea a lo que te enfrentes, no lo harás solo.

*7 de octubre*

# DEJAR IR Y CONFIAR EN SU GRACIA

2 Corintios 12:9

Pero él me dijo: "Mi gracia te basta, porque mi poder se perfecciona en la debilidad". Por lo tanto, me gloriaré aún más gustosamente en mis debilidades, para que el poder de Cristo repose sobre mí.

Salmos 139:7-8

¿A dónde puedo ir lejos de tu Espíritu? ¿A dónde puedo huir de tu presencia? [8] Si subo a los cielos, allí estás tú; si hago mi lecho en las profundidades, allí estás tú.

El Padre está diciendo: "Entrégame hoy todas tus cargas. Esas cargas nunca fueron para ti". Cuando dejes ir todas tus preocupaciones y temores, se eliminará el obstáculo que bloquea tu capacidad para escucharme. Yo estoy luchando todas las batallas, grandes y pequeñas. Te amo, mi amado, y amo todo lo que te importa. Cuando el enemigo ataque, llama a mi nombre: yo siempre estoy contigo. Mi presencia te rodea, por lo que nunca estás solo. Si hoy necesitas gracia, ya sea para tu hogar, tus hijos, tu matrimonio o cualquier relación, pídemela y la recibirás. Mi gracia es suficiente y no te faltará nada".

*8 de octubre*

# Superar el miedo con la fuerza divina

Juan 15:18-25

"Si el mundo los aborrece, recuerden que a mí me aborreció primero [19] Si fueran del mundo, el mundo los amaría como cosa propia; pero porque no son del mundo, sino que yo los he escogido del mundo, por eso el mundo los aborrece. [20] Recuerden lo que les dije: 'El siervo no es mayor que su señor.' Si me persiguieron a mí, también los perseguirán a ustedes. Si obedecieron mi enseñanza, también obedecerán la suya. [21] Los tratarán así por mi nombre, porque no conocen al que me envió.[22] Si yo no hubiera venido y les hubiera hablado, no serían culpables de pecado, pero ahora no tienen excusa para su pecado. [23] El que me odia a mí, también odia a mi Padre. [24] Si no hubiera hecho entre ellos las obras que nadie más hizo, no serían culpables de pecado. Pero como lo han visto, me han odiado a mí y a mi Padre. [25] Pero esto es para que se cumpla lo que está escrito en su Ley: 'Me odiaron sin motivo.'

2 Crónicas 20:15

Él dijo: "¡Escuchen, rey Josafat y todos los que viven en Judá y Jerusalén! Esto es lo que dice el SEÑOR: 'No teman ni se desanimen por este vasto ejército. Porque la batalla no es suya, sino de Dios.

El Padre dice: "No dejes que el miedo se apodere de ti. El enemigo utiliza el miedo para obstaculizar a mis hijos, pero como hijo de Dios, no te falta nada". Cuando sientas que la ansiedad o el miedo te atacan, reprende a esos espíritus en el nombre de Jesús. Declara: 'Jesús, soy fuerte; sé que mi Dios lucha por mí'. El Señor es tu torre fuerte y su vara y su cayado te reconfortan. No tienes por qué temer. Alégrate y mantén la alegría incluso en el sufrimiento o cuando otros te rechacen sin motivo: no es a ti a quien rechazan, sino a mí primero. Ora continuamente y da gracias en todas las circunstancias. Ven a adorarme y alabarme por todo lo que he hecho y lo que estoy a punto de hacer. Te amo, mi amado. La batalla no es tuya, es mía. Combate la buena batalla de la fe".

*9 de octubre*

# AFRONTANDO LOS RETOS CON EL APOYO DIVINO

Deuteronomio 8:18

Pero recuerda al SEÑOR tu Dios, porque es él quien te da la capacidad de producir riqueza y así confirma su pacto, que juró a tus antepasados, tal y como es hoy.

El Padre dice: "No importa lo que enfrentes, yo lo enfrentaré contigo". Puedes enfrentarte a todas las tácticas del enemigo con un 'Te reprendo, Satanás', y él huirá en mi nombre. Sé que este viaje no ha sido fácil, pero nunca prometí que fuera fácil, sólo que puedes hacer todo a través de Cristo, quien te fortalece. Extenderé mi gracia para ayudarte a alcanzar tus metas, y recuerda: te doy el poder para obtener riquezas y confirmar el pacto que hice con tus antepasados. Te doy el poder para tener éxito. Si no estás seguro de tus esfuerzos, pide al Espíritu Santo que te asegure de que siempre estoy contigo".

## *10 de octubre*

# ABRAZANDO EL PODER DIVINO Y LA PERFECCIÓN

Lucas 10:19

Les he dado autoridad para pisotear serpientes y escorpiones, y para vencer todo el poder del enemigo; nada les hará daño.

Juan 10:10

El ladrón sólo viene para robar, matar y destruir; yo he venido para que tengan vida y la tengan en abundancia.

Hebreos 12:2

Fijemos nuestra mirada en Jesús, el pionero y perfeccionador de la fe. Por el gozo que le esperaba, soportó la cruz, menospreciando su vergüenza, y se sentó a la derecha del trono de Dios.

El Padre está diciendo: "¡No dudes ni temas!" Cuando el enemigo intente robar, matar y destruir, recuerda que te he dado poder y autoridad sobre todas las artimañas del enemigo. Nada te hará daño. Sé que te preguntas si estás haciendo lo suficiente por mí. Mi amado, eres perfecto tal como eres. Solo ámame con todo tu corazón, mente y alma, y obedece mi voluntad. No necesitas esforzarte por alcanzar la perfección; yo soy el perfeccionador y autor de tu fe. Confía en mí y sigue mi guía. Yo lo veo y lo oigo todo. Soy el Rey de reyes y Señor de señores, y tú eres perfecto para mí.

## *11 de octubre*

# BUSCANDO A DIOS POR ENCIMA DE LAS PERSONAS

Hebreos 11:6

Y sin fe es imposible agradar a Dios, porque cualquiera que se acerca a él debe creer que existe y que recompensa a quienes lo buscan con sinceridad.

Gálatas 1:10

¿Estoy tratando ahora de ganar la aprobación de los seres humanos o de Dios? ¿O estoy tratando de complacer a la gente? Si todavía estuviera tratando de complacer a la gente, no sería siervo de Cristo.

El Padre dice: "Evita complacer a los demás y concéntrate en complacerme a mí". Buscar complacer a los demás puede llevar a la idolatría. Arrepiéntete y vuelve a mí; estoy aquí con los brazos abiertos. Sé que estás cansado y te sientes abrumado, pero tienes la fuerza para continuar. El enemigo es un engañador que ataca cuando eres vulnerable. Encuentra descanso en mí y búscame con todo tu corazón. Siempre estaré contigo. Dedica tiempo a comunicarte conmigo, porque sin fe es imposible complacerme. Debes creer que yo soy y que recompenso a aquellos que me buscan diligentemente y luchan la buena batalla de la fe".

## *12 de octubre*

# DESCANSANDO EN SUS PROMESAS

Mateo 11:28-30

"Vengan a mí todos los que están cansados y agobiados, y yo les daré descanso. [29] Lleven mi yugo sobre ustedes y aprendan de mí, porque soy manso y humilde de corazón, y encontrarán descanso para sus almas. [30] Porque mi yugo es fácil y mi carga es ligera".

Romanos 15:13

Que el Dios de la esperanza les llene de alegría y paz al confiar en él, para que rebosen de esperanza por el poder del Espíritu Santo.

El Padre dice: "Vengan a mí todos los que están cansados y agobiados, y yo les daré descanso". Tomen mi yugo sobre ustedes y aprendan de mí, porque soy manso y humilde, y encontrarán descanso para sus almas. Mi yugo es fácil y mi carga es ligera. Sé que es difícil no ver lo que estoy haciendo tras bastidores. Incluso cuando nada parece moverse, sigue adelante. Aguanta un poco más; estoy trabajando en todo para que estés bien. ¡Confía en mí! Lo que tengo reservado para ti es lo mejor, y nunca daré a mis hijos meras migajas. Tu fe en mí te llevará al siguiente nivel. ¡Prepárate, ponte en marcha, adelante! Tú puedes hacerlo, y yo estaré contigo".

*13 de octubre*

# Una mesa preparada en el desierto

Salmo 20:6

Ahora sé que el SEÑOR da la victoria a su ungido. Le responde desde su santuario celestial con el poder victorioso de su diestra.

Isaías 59:19

Desde el oeste, la gente temerá el nombre del SEÑOR, y desde la salida del sol, reverenciarán su gloria. Porque él vendrá como una inundación contenida que el aliento del SEÑOR impulsa.

El Padre dice: "Mientras te saco del desierto, he preparado una mesa en presencia de tus enemigos". Yo unjo tu cabeza con aceite y tu copa rebosa. No te dejes influir por lo que ves, incluso cuando no estoy actuando en tu vida. Debes tener fe y creer que estoy constantemente trabajando en cada área de ella. Satanás es un mentiroso; yo siempre estoy actuando, reorganizando las cosas y las personas para devolver el orden a tu vida. Invoca mi nombre, Jesús: siempre estoy cerca cuando te sientes lejos. Descansa en mi presencia, sabiendo que eres mi hijo y yo soy tu Padre. Tu futuro está asegurado en mí. Aunque has enfrentado muchas pruebas y te has centrado en los ataques, fija tus ojos en mí y adórame en cada batalla, porque la victoria ya ha sido ganada. Yo concedo la victoria a mis ungidos. Cuando el enemigo venga como una inundación, el Espíritu del Señor levantará un estandarte contra él.

*14 de octubre*

# ABRAZANDO LAS PROMESAS DE DIOS

Isaías 41:9-10

Te traje desde los confines de la tierra, desde sus rincones más lejanos, te llamé. Te dije: "Tú eres mi siervo", te he elegido y no te he rechazado. [10] Así que no temas, porque yo estoy contigo; no te desalientes, porque yo soy tu Dios. Te fortaleceré y te ayudaré; te sostendré con mi diestra justa.

Salmo 91:11-12

Porque él ordenará a sus ángeles que te guarden en todos tus caminos; [12] te levantarán en sus manos, para que no tropieces con ninguna piedra.

El Padre está diciendo: "No duden de lo que ya les he dicho; lo que he prometido se cumplirá. Celebren cada victoria que ya hemos ganado, amados. Tengo mucho que compartir con ustedes y aún más reservado. Las bendiciones que tengo para ustedes son inconmensurables. Todo lo que necesitan ya está dentro de ustedes. Te he elegido y no te he rechazado, así que no temas, porque estoy contigo; no te desanimes, porque yo soy tu Dios. Te fortaleceré y te ayudaré, sosteniéndote con mi diestra justa. He encargado a los ángeles que te protejan del maligno. Ora por tu hogar, tu familia y todo lo que te concierne. Invoca la sangre de Jesús sobre ti en mi nombre. Los demonios huirán al mencionar mi nombre. Te guiaré y conduciré continuamente a toda la verdad".

*15 de octubre*

# AFRONTAR CADA DÍA CON LA PRESENCIA DIVINA

Salmo 23:4

Aunque pase por el valle más oscuro, no temeré ningún mal, porque tú estás conmigo; tu vara y tu bastón me reconfortan.

Isaías 45:5

Yo soy el SEÑOR, y no hay otro; aparte de mí, no hay Dios. Te fortaleceré, aunque no me hayas reconocido,

El Padre está diciendo: "Tómate un día y un paso a la vez. Yo siempre estoy contigo. Algunos de mis hijos olvidan que yo sé lo que están enfrentando". Nunca estás solo en ninguna prueba, batalla o tormenta. Yo soy tu Señor y Salvador, tres en uno. En medio de muchas distracciones y voces, recuerda que sólo una cosa importa: tu relación conmigo. Necesito toda tu atención. Aunque camines por el valle de la sombra de muerte, no temerás mal alguno, porque yo estoy contigo; mi vara y mi bastón te confortarán. No importa lo que enfrentes hoy, lo enfrentaremos juntos. Ponte toda la armadura de Dios, porque yo te protegeré, mi amado.

## *16 de octubre*

# TRIUNFAR A TRAVÉS DEL PROCESO

Mateo 4:4

Jesús respondió: "Está escrito: 'No sólo de pan vivirá el hombre, sino de toda palabra que sale de la boca de Dios.

Hechos 3:20-21

y que envíe al Mesías, que ha sido designado para ustedes: Jesús. [21]
El cielo debe recibirlo hasta que llegue el momento en que Dios restaure todo, tal como lo prometió hace mucho tiempo a través de sus santos profetas.

El Padre dice: "¡Has superado las pruebas!" Te mantuviste firme a pesar de la presión de los ataques y los intentos del enemigo de utilizar las circunstancias, las personas y las distracciones para descarrilarte. Cada vez que el enemigo atacaba, te levantabas y luchabas. El proceso que estás soportando es necesario; fortalece tu carácter y refuerza tu fe. Cuando te sientas vacío, ven a mí y deja que mi presencia te llene. Deseo ofrecerte agua viva para que nunca más tengas sed. Recuerda, el hombre no vive sólo de pan, sino de toda palabra que sale de la boca de Dios. Pídele al Espíritu Santo que renueve tu mente y rejuvenezca tu alma. Aunque estés cansado, yo te estoy restaurando y reviviendo para devolverte al orden.

*17 de octubre*

# Liberarse de la trampa del enemigo

Santiago 4:2

Deseas, pero no tienes, así que matas. Codicias, pero no puedes obtener lo que deseas, así que discutes y peleas. No tienes porque no se lo pides a Dios.

Efesios 4:27

y no le den lugar al diablo.

El Padre está diciendo: "No caigan en la trampa del enemigo". Muchos de mis hijos se aferran al rencor, la ira y la amargura, lo que sólo le da ventaja al enemigo. Dejar ir estas cosas los liberará de las ataduras del enemigo y eliminará cualquier ventaja para sus planes. Elijan hoy la alegría y la paz; yo se las doy gratuitamente. No tienen porque no piden. Cuando pidan en mi nombre con fe, se les dará. Se volverán más fuertes y sabios al salir del desierto. Cuando el enemigo les recuerde su pasado, recuérdenle su futuro. Liberen cualquier rencor u otras cargas que el Espíritu Santo les indique y reciban su libertad hoy en el nombre de Jesús.

## *18 de octubre*

# REGOCIJÁNDOSE EN MEDIO DE LOS ATAQUES DEL ENEMIGO

Filipenses 4:6

No se preocupen por nada, sino que, en toda ocasión, con oración y ruego y dando gracias, presenten sus peticiones a Dios.

Juan 15:5

"Yo soy la vid; ustedes son las ramas. El que permanece en mí y yo en él, ese da mucho fruto; porque separados de mí no pueden hacer nada.

El Padre está diciendo: "Eres un objetivo para el enemigo, pero regocíjate, porque te he elegido y no te he rechazado. Te he llamado por tu nombre y te he apartado para este momento". Los ataques a los que te enfrentas son prueba de tu importancia en el reino espiritual. Eres una amenaza para el reino de las tinieblas. A medida que transcurra el día, concéntrate en mí y no en los ataques, que no son más que distracciones. Ora continuamente y permanece en comunión conmigo; Satanás huirá porque posees el poder y la autoridad que provienen de mi presencia en ti. Usa la autoridad que te he dado, porque la unción de tu vida es una bendición. Quédate quieto y reconoce que yo soy Dios. Pide al Espíritu Santo la gracia para afrontar los desafíos de hoy. Mi gracia es suficiente, y tú estás dando mucho fruto en mi nombre. Los frutos del Espíritu (amor, gozo, paz, paciencia, benignidad, bondad, mansedumbre, fidelidad y dominio propio) serán evidentes en ti. Trae todas tus preocupaciones a mí en oración.

*19 de octubre*

# FIDELIDAD EN MEDIO DE LA PRESIÓN

Mateo 7:15-20

"Cuidado con los falsos profetas. Vienen a ustedes con piel de cordero, pero por dentro son lobos feroces. [16] Por sus frutos los reconocerán. ¿Acaso se recogen uvas de los espinos, o higos de los cardos? [17] Del mismo modo, todo árbol bueno da frutos buenos, pero el árbol malo da frutos malos. [18] Un árbol bueno no puede dar frutos malos, ni un árbol malo dar frutos buenos.[19] Todo árbol que no da buen fruto es cortado y echado al fuego. [20] Así, por sus frutos los reconocerán.

El Padre está diciendo: "Permanezcan fieles incluso cuando sientan la presión". ¡Sepan que están firmes! Sus ojos y oídos están abiertos; ahora ven a las personas, los lugares y las cosas a través de mi perspectiva. Continúen buscándome, porque les estoy dando gloria en el nombre de Jesús. Miren, estoy haciendo algo nuevo, ¿no lo perciben? Estoy abriendo un camino en el desierto y ríos en la tierra baldía. Ten cuidado con quienes dejas entrar en tu vida y pide al Espíritu Santo que te revele la verdadera naturaleza de las personas que te rodean. Algunas son enviadas por mí y otras por el maligno. Pide al Espíritu Santo que aumente tu discernimiento espiritual. No tienes porque no pides. Recuerda que Satanás es el padre de la mentira y disfraza el mal como algo bueno. Ten cuidado con los falsos profetas que usan mi nombre pero carecen de verdadero poder. Yo soy la fuente de todo poder y autoridad; los reconocerás por sus frutos.

## *20 de octubre*

# CONFIAR EN EL PLAN PERFECTO DE DIOS

Nehemías 8:10

Nehemías dijo: “Vayan y disfruten de manjares selectos y bebidas dulces, y envíen algunos a los que no tienen nada preparado. Este día es santo para nuestro SEÑOR. No se aflijan, porque el gozo del SEÑOR es su fortaleza”.

Isaías 58:6

“¿No es este el ayuno que he elegido: desatar las cadenas de la injusticia y desatar las cuerdas del yugo, liberar a los oprimidos y romper todo yugo?

Jeremías 29:11

Porque yo sé los planes que tengo para ustedes” declara el SEÑOR, “planes de prosperidad y no de calamidad, planes de darles un futuro y una esperanza.

El Padre está diciendo: “No dudes de lo que he planeado para ti”. Lo que he dicho se cumplirá en el nombre de Jesús. No te preocupes por el futuro. ¿No he dicho: “Porque yo sé los planes que tengo para ustedes, declara el Señor, planes de prosperidad y no de calamidad, planes de darte un futuro y una esperanza”? Yo soy el Señor tu Dios y controlo cada situación y circunstancia.

¿Confiarás en mí? Nunca te he fallado ni decepcionado, y sé lo que es mejor para ti. Entrégame todas tus cargas, incluidas las relacionadas con tu familia. Yo soy el salvador del mundo. No cargues con cargas falsas que no te corresponden, ya que pueden abrir la puerta a un espíritu de pesadez. Morí en la cruz por tu quebrantamiento y tu ansiedad, y resucité al tercer día. El enemigo busca robarte tu alegría y tu paz. Baja la guardia para que yo pueda obrar libremente en tu vida.

## *21 de octubre*

# Aceptar el amor incondicional de Dios

Romanos 8:1

Por lo tanto, ahora no hay condenación para los que están en Cristo Jesús,

Lucas 22:31

"Simón, Simón, Satanás ha pedido zarandearlos a todos como se zarandea el trigo.

El Padre dice: "Te has esforzado mucho, pero no hay necesidad de esforzarte, amado mío. No tienes que ganarte mi amor; te lo doy libremente cuando me lo pides".

Estoy aquí con los brazos abiertos, siempre dándote la bienvenida a mi presencia. No es un sentimiento lo que buscas, sino mi presencia. Estoy en ti, y mi Espíritu mora en ti, guiándote y enseñándote. Si tu mente se distrae por falta de confianza, renuncia hoy a tu vergüenza y autocondena. No hay condenación para los que están en Cristo Jesús. Cuando el enemigo te tiente con mentiras, recuérdale quién eres en mí y que caminas diariamente conmigo, rindiéndote a mi voluntad.

# 22 de octubre

# CONSUELO EN CADA PRUEBA

1 Corintios 10:13

No te ha sobrevenido ninguna tentación que no sea común a todos los hombres. Y Dios es fiel; no permitirá que seas tentado más allá de lo que puedes soportar. Pero cuando seas tentado, él también te dará una salida para que puedas soportarlo.

Salmo 23:1-6

El SEÑOR es mi pastor; nada me falta.[2] Me hace descansar en verdes praderas; me conduce junto a aguas tranquilas,[3] me refresca el alma. Me guía por sendas de justicia por amor a su nombre. [4] Aunque camine por el valle más oscuro, no temeré ningún mal, porque tú estás conmigo; tu vara y tu bastón me reconfortan.

El Padre dice: "Enfrentarás pruebas y tribulaciones, pero recuerda que nunca estarás solo. Aunque camines por el valle de la sombra de muerte, no temerás mal alguno, porque yo estoy contigo; mi vara y mi bastón te reconfortarán. Estoy contigo en cada prueba y circunstancia. Toma mi mano y confía en mí; escucha mi voz suave y apacible que te llama desde tu interior. Nunca te desviaré del camino. A pesar de los desafíos diarios, nunca estás solo. Pide a mi Espíritu Santo que te llene de mi presencia para que tu mente se alinee con la Palabra de Dios. El enemigo puede tentarte, pero debe pedirme permiso. Nunca permitiré que seas tentado más allá de lo que puedes soportar, mi amado".

## *23 de octubre*

# PRECIOSO Y COMPLETO EN MÍ

Proverbios 3:15

Ella es más preciosa que los rubíes; nada de lo que desees se puede comparar.

Salmo 23:5

Preparas una mesa delante de mí, en presencia de mis enemigos; unges con aceite mi cabeza, y mi copa está rebosando.

El Padre está diciendo: "Eres más precioso que los rubíes". Si sientes que necesitas hacer más o te sientes insuficiente, recuerda que ya eres todo lo que te he llamado a ser. Todo lo que necesitas está dentro de ti: soy yo. No te falta nada, eres suficiente. Eres hermoso, creado a mi imagen. Ven y comunícate conmigo; empápate de mi presencia. Déjame refrescarte y ungirte con mi aceite. Eres digno, hermoso, guapo, inteligente y real. Estás revestido de justicia. Sé tu nombre. Cualquier cosa que pidas en mi nombre, te la daré.

## *24 de octubre*

# La rectitud en la humildad

Éxodo 3:6

Entonces dijo: "Yo soy el Dios de tu padre,[a] el Dios de Abraham, el Dios de Isaac y el Dios de Jacob". Al oír esto, Moisés ocultó su rostro porque temía mirar a Dios.

Mateo 6:34

Por lo tanto, no te preocupes por el mañana, porque el mañana se preocupará por sí mismo. Cada día tiene sus propios problemas.

El Padre dice: "Ten cuidado de no practicar la rectitud por el bien de los demás". Recuerda que es a través de mí que te haces santo y completo. Comienza cada día con acción de gracias, porque yo soy el gran Yo Soy. Humíllate cada día y reconoce que yo soy Dios. Puedo mover montañas de aquí para allá. Yo te creé y veo cada parte de ti. No te preocupes por el mañana; ya tiene sus propios problemas. Todo lo que necesitas ya está dentro de ti. Para cualquier decisión, ven a mí y pregúntame, en lugar de buscar el consejo de otros. Si te falta algo, ven a mí y te lo daré gratuitamente. Yo soy el Dios de Abraham, Isaac y Jacob. Tienes la victoria en cada situación, circunstancia o batalla a través de la sangre del Cordero y el poder de tu testimonio.

*25 de octubre*

# Confiando en la provisión de Dios

Hebreos 4:9-11

Queda, pues, un descanso especial para el pueblo de Dios;[10]
porque cualquiera que entra en el reposo de Dios, también
descansa de sus obras, como Dios descansó de las suyas. [11]
Procuremos, pues, entrar en ese reposo, para que nadie perezca
siguiendo su ejemplo de desobediencia.

Isaías 40:31

pero aquellos que esperan en el SEÑOR renovarán su fuerza, volarán como águilas, correrán y no se cansarán, caminarán y no flaquearán.

El Padre está diciendo: "No te faltará nada bueno. Todo lo que pidas en mi nombre, lo recibirás. Aunque te sientas mal, deja que el Espíritu Santo te guíe en lugar de tus sentimientos. Estoy contigo tanto si me llamas desde el este como desde el oeste. Si sientes que algo intenta apoderarse de ti a través de un ataque enemigo, reprende a ese espíritu maligno y pide al Espíritu Santo que te revele lo que está oculto. Cuando estés cansado, busca la guía del Espíritu Santo para saber si debes descansar o seguir orando.

Descansa en mi presencia y yo renovaré tus fuerzas. Deja que mi amor llene tu corazón y tu mente".

# *26 de octubre*

# SUPERANDO EL MIEDO CON LA PRESENCIA DE DIOS

2 Timoteo 1:7

Porque el Espíritu que Dios nos ha dado no nos hace tímidos, sino que nos da poder, amor y autodisciplina.

Isaías 41:9-10

Te traje desde los confines de la tierra, desde sus rincones más lejanos, te llamé. Te dije: "Tú eres mi siervo", te he elegido y no te he rechazado. [10] Así que no temas, porque yo estoy contigo; no te desalientes, porque yo soy tu Dios. Te fortaleceré y te ayudaré; te sostendré con mi diestra justa.

El Padre dice: "No dejes que el miedo te paralice". Muchos de mis hijos se preocupan por el futuro o el presente, pero el miedo es innecesario. Esta es una de las mayores tácticas de Satanás: engañarte para que creas que eres impotente. Reprende cada ataque demoníaco y ordena a Satanás que se vaya en el nombre de Jesús. Recuerda: Dios no nos ha dado un espíritu de temor, sino de poder, amor y autodisciplina. Cuando sientas miedo, invoca mi nombre y yo estaré contigo, ayudándote a superar los desafíos. Pídele al Espíritu Santo que te lleve más cerca de mí. Yo te he elegido y no te rechazaré. No temas, porque yo estoy contigo. Yo te fortaleceré y te ayudaré, sosteniéndote con mi diestra justa.

*27 de octubre*

# Confiando en la provisión de Dios

Apocalipsis 3:7-8

"Al ángel de la iglesia en Filadelfia, escribe:

Estas son las palabras del que es santo y verdadero, el que tiene la llave de David. Lo que él abre, nadie puede cerrarlo, y lo que él cierra, nadie puede abrirlo. [8] Yo conozco tus obras. Mira, he puesto delante de ti una puerta abierta que nadie puede cerrar. Sé que tienes poca fuerza, pero has guardado mi palabra y no has negado mi nombre.

Filipenses 4:6-7

No se preocupen por nada, sino que en toda ocasión, con oración y ruego, y dando gracias, presenten sus peticiones a Dios. [7] Y la paz de Dios, que sobrepasa todo entendimiento, guardará sus corazones y sus mentes en Cristo Jesús.

El Padre está diciendo: "Ningún hombre ni enemigo puede cerrar las puertas que yo abro. Yo soy quien abre las compuertas del cielo y los bendice. Yo supliré todas sus necesidades. Confía en mí, no en el mundo, porque este es temporal, mientras que mi palabra y mi vida son eternas. Cuando te sientas abrumado, ora y pídeme que expulse todo espíritu inmundo y toda mentira en mi nombre.

Toma cautivo todo pensamiento y hazlo obediente a Cristo Jesús. Yo estoy contigo, y recibirás todo lo que pidas en mi nombre. Recuerda, la fe es esencial en todo lo que hagas".

## *28 de octubre*

# ABRAZANDO LA PRESENCIA DE DIOS

Deuteronomio 31:6

Sé fuerte y valiente. No temas ni te acobardes ante ellos, porque el SEÑOR tu Dios va contigo; nunca te dejará ni te abandonará.

1 Juan 2:27

En cuanto a ustedes, la unción que recibieron de él permanece en ustedes, y no necesitan que nadie les enseñe. Pero como su unción les enseña todas las cosas, y como esa unción es verdadera, no falsa, tal como les ha enseñado, permanezcan en él.

El Padre dice: "Con frecuencia te preguntas cómo sería la vida sin el sacrificio de mi Hijo en la cruz. Recuerda que te amo profundamente y que te he elegido y ungido para este momento. Todas las promesas que te he hecho se cumplirán. Veo tu corazón y el amor que tienes por los demás. Escucho tus audaces oraciones y veo tu dolor. Está bien llorar cuando te duele algo; ven a mí y derrama todo tu dolor. Te conozco íntimamente, incluso el número de cabellos que tienes en la cabeza. Deja que mi presencia te llene y te revele mis planes. Nunca estás solo; nunca te dejaré ni te abandonaré".

# *29 de octubre*

# Aceptando tu nueva identidad

Hebreos 13:8

Jesucristo es el mismo ayer, hoy y siempre.

1 Corintios 6:20

fueron comprados por un precio. Por lo tanto, honren a Dios con sus cuerpos.

El Padre está diciendo: "No permitas que las preocupaciones de este mundo te agobien". Tú eres apartado como santo para mí, elegido de entre todas las naciones como mi tesoro especial. Tu antiguo yo ha desaparecido; ahora eres una nueva creación en Cristo Jesús. Pídele a mi Espíritu Santo que cambie tu perspectiva, para que veas a las personas, los lugares y las circunstancias como yo los veo. No dejes que las emociones pasajeras dicten tu identidad. Fuiste comprado por un precio: el sacrificio de mi Hijo. Yo soy inmutable, el mismo ayer, hoy y por los siglos. Confía en quien te he hecho ser.

*30 de octubre*

# Redescubriendo lo que se había perdido

Isaías 43:19

¡Miren, estoy haciendo algo nuevo! Ahora brota; ¿no lo ven? Estoy abriendo un camino en el desierto y ríos en la tierra baldía.

Filipenses 4:19

Y mi Dios suplirá todas sus necesidades según las riquezas de su gloria en Cristo Jesús.

El Padre dice: "Lo que creías perdido, ahora se ha encontrado". Estoy haciendo algo nuevo; ¿puedes percibirlo? Estoy abriendo un camino en el desierto y ríos en la tierra baldía. Lo que creías perdido —personas, cosas, deseos— lo estoy trayendo de vuelta a tu vida con nuevas bendiciones. He puesto esos deseos en tu corazón y estoy preparando el camino para que se hagan realidad. Nunca te dejaré ni te abandonaré, porque eres la niña de mis ojos. Confía en que satisfaré todas tus necesidades.

*31 de octubre*

# MANTENIÉNDOSE FIRME EN LA FE

1 Corintios 10:20-21

No, pero los sacrificios de los paganos se ofrecen a los demonios, no a Dios, y no quiero que ustedes participen con los demonios.21 No pueden beber de la copa del SEÑOR y de la copa de los demonios; no pueden participar tanto en la mesa del SEÑOR como en la mesa de los demonios.

Efesios 5:11

No intervengas en las obras infructuosas de las tinieblas, sino más bien descúbrelas.

El Padre está diciendo: "No se comprometan en este día". Aunque Halloween pueda parecer inocente, hay mucha oscuridad detrás de esta festividad. Las brujas y los brujos se dedican a la brujería y los hechizos. Incluso si quieren llevar a sus hijos a pedir dulces, resistan la tentación de participar. En cambio, glorifiquen Mi santo nombre a través de la alabanza y la oración. Celebren el mayor regalo que les he dado: Mi Hijo, Jesucristo. Recuerda: "Porque tanto amó Dios al mundo, que dio a su Hijo unigénito, para que todo aquel que cree en él no perezca, sino que tenga vida eterna". Lleva la luz a la oscuridad y busca mi guía a través del Espíritu

Santo. Evita abrir las puertas a la brujería y no le des pie al enemigo. Tu bienestar es siempre mi prioridad y te amo profundamente".

*1 de noviembre*

# Abrazando la libertad a través de Cristo

Proverbios 14:30-35

Un corazón tranquilo da vida al cuerpo, pero la envidia pudre los huesos. [31]Quien oprime al pobre desprecia a su Creador, pero quien es bondadoso con el necesitado honra a Dios. [32] Cuando llega la calamidad, los malvados son derribados, pero incluso en la muerte, los justos buscan refugio en Dios. [33] La sabiduría reposa en el corazón de los discernidores, e incluso entre los necios, ella se da a conocer.[34] La justicia exalta a una nación, pero el pecado condena a cualquier pueblo. [35] Un rey se deleita en un siervo sabio, pero un siervo vergonzoso despierta su furia.

Lucas 6:27

"Pero a ustedes que están escuchando, les digo: Amen a sus enemigos, hagan el bien a quienes los odian,

El Padre está diciendo: "Conmigo, puedes hacer todo a través de Cristo, quien te fortalece. No hay límite para lo que puedo lograr en tu vida". No te conformes con menos que la plenitud de lo que te ofrezco. Como hijo amado del único Rey verdadero, se te concederá todo lo que pidas en el nombre de Jesús. Todo lo que se necesita es una semilla de mostaza de fe.

Si hay algo que no puedes perdonar en tu corazón, ya sea hacia un amigo, un familiar o cualquier otra persona, no tardes en soltar y perdonar. Recuerda que es posible que ellos no comprendan del todo el impacto de sus acciones. La falta de perdón puede propagarse como una enfermedad dañina dentro de ti. Es mucho mejor perdonar y dejar ir. Ora por tus enemigos y muestra amabilidad hacia aquellos que puedan albergar rencor hacia ti.

Aunque estés en este mundo, no eres de él. Trae cualquier dolor o trauma a Mí y libérate de él, porque nunca fue tuyo. Permítete liberarte hoy de estas cargas, en el nombre de Jesús

## *2 de noviembre*

# Confiando en el que abre caminos

1 Corintios 2:9

Sin embargo, como está escrito: "Lo que ningún ojo ha visto, lo que ningún oído ha oído y lo que ninguna mente humana ha concebido", las cosas que Dios ha preparado para aquellos que lo aman.

Isaías 64:4

Desde tiempos antiguos nadie ha oído,

ningún oído ha percibido,

ningún ojo ha visto a ningún Dios aparte de ti,

que actúa en nombre de aquellos que le esperan.

El Padre está diciendo: "No dudes de lo que puedo hacer en tu vida". Yo soy el Creador, el Señor, tu Santo, el Creador de Israel, tu Rey. Yo abro un camino a través del mar y una senda a través de las aguas poderosas. Como escribió el apóstol Pablo: "Lo que ningún ojo ha visto, ni oído ha escuchado, ni corazón humano ha imaginado, Dios lo ha preparado para aquellos que lo aman".

Tu mente humana no puede comprender plenamente lo que tengo reservado para ti. Cuando eliminaste los límites que me habías impuesto, tu vida comenzó a cambiar. Soy un Dios grande, un Dios sobrenatural. Cuando te abro una puerta, nadie puede cerrarla. Busca a Mi Espíritu Santo para que te revele estas cosas. Si te falta sabiduría, pídela y te la daré generosamente.

*3 de noviembre*

# Encontrando paz en Mi presencia

2 Corintios 5:17

Por lo tanto, si alguien está en Cristo, ha llegado la nueva creación:[a] ¡Lo viejo ha pasado, lo nuevo está aquí!

Colosenses 3:15-17

Dejen que la paz de Cristo reine en sus corazones, ya que, como miembros de un solo cuerpo, fueron llamados a la paz. Y sean agradecidos. [16] Que la palabra de Cristo habite en abundancia entre ustedes, mientras se enseñan y se exhortan unos a otros con toda sabiduría, mediante salmos, himnos y cánticos espirituales, cantando a Dios con gratitud en sus corazones. [17] Y todo lo que hagan, ya sea en palabra o en obra, háganlo en el nombre del Señor Jesús, dando gracias a Dios Padre por medio de él.

El Padre dice: "Todo está bien, mi amado. No hay necesidad de apresurarse en la vida". Tómate tiempo para sumergirte en Mi presencia. Déjame llenarte, desde la coronilla hasta la planta de los pies. Deseo tocar cada lugar seco de tu vida, incluidos aquellos que tal vez no conozcas. Invita a Mi Espíritu Santo a llenar cada parte de tu ser.

Acepta el proceso de transformación y renovación cada día. Estoy reemplazando lo viejo por lo nuevo dentro de ti. Como promete la Escritura: "Si alguno está en Cristo, es una nueva creación; lo viejo ha pasado, y ha comenzado una nueva vida". Alégrate y regocíjate. Dale gracias en cada circunstancia y batalla, y practica la gratitud en todo lo que hagas. No le des al enemigo ningún espacio en tu vida.

*4 de noviembre*

# PERMANECIENDO FIRME EN MI AMOR

Lucas 7:38

Mientras estaba detrás de él, a sus pies, llorando, comenzó a mojarle los pies con sus lágrimas. Luego se los secó con su cabello, los besó y perfumó.

Mateo 5:15

Tampoco se enciende una lámpara para ponerla debajo de un recipiente. Por el contrario, se coloca en un lugar elevado, y así ilumina a todos los que están en la casa.

El Padre dice que mientras otros están preocupados por las inquietudes y preocupaciones de este mundo, tú permaneces firme. Al igual que María Magdalena, tú me amas profundamente y sigues mis mandamientos. En medio de las distracciones que cautivan a otros, tú ofreces tus lágrimas, las enjuagas con tu cabello, besas y unges con ungüento precioso.

Adórenme y alábenme, porque los he llamado dignos, los he liberado y soltado de toda esclavitud. Los he apartado como una luz en este mundo. Una ciudad sobre una colina no puede ocultarse. No oculten su luz; dejen que brille para que todos la vean. Miren lo que he hecho; todo esto lo he hecho por ustedes.

## *5 de noviembre*

# ACEPTANDO TU LLAMADO Y CONFIANDO EN MI PROVISIÓN

Mateo 6:26-34

Miren las aves del cielo: no siembran, ni cosechan, ni almacenan en graneros, y sin embargo, su Padre celestial las alimenta. ¿No son ustedes mucho más valiosos que ellas? 27 ¿Acaso alguno de ustedes, por mucho que se preocupe, puede añadir una sola hora a su vida? 28"¿Y por qué se preocupan por la ropa? Miren cómo crecen las flores del campo. No trabajan ni hilan. 29 Sin embargo, les digo que ni siquiera Salomón, en todo su esplendor, se vestía como una de ellas.30 Si así viste Dios a la hierba del campo, que hoy está aquí y mañana es arrojada al fuego, ¿no vestirá mucho más a ustedes, hombres de poca fe? 31 No se preocupen, diciendo: "¿Qué comeremos?" o "¿Qué beberemos?" o "¿Con qué nos vestiremos?"32 Porque los paganos buscan todas estas cosas, y su Padre celestial sabe que ustedes las necesitan. 33 Busquen primero su reino y su justicia, y todas estas cosas les serán añadidas. 34 Por lo tanto, no se preocupen por el mañana, porque el mañana se preocupará por sí mismo. Cada día tiene sus propios problemas.

Deuteronomio 28:12

El SEÑOR abrirá los cielos, el almacén de su generosidad, para enviar lluvia a tu tierra en su temporada y bendecir todo el trabajo de tus manos. Prestarás a muchas naciones, pero no pedirás prestado a ninguna.

El Padre está diciendo que ahora es el momento de compartir las buenas nuevas. Si eres llamado a predicar, entonces predica; si es a enseñar, entonces enseña; si es a servir, entonces sirve. Busca Mi Espíritu Santo para que te guíe. Pídele al Espíritu Santo que te revele tu llamado si no estás seguro. Recuerda, no tienes que hacerlo porque no lo pides. Todo lo que pidas en Mi nombre, te lo daré en el nombre de Jesús. Yo soy el Señor que provee todas tus necesidades. Considera las aves del cielo: no siembran, ni cosechan, ni almacenan comida, pero tu Padre Celestial las alimenta. Tú eres mucho más valioso para mí que ellas. Bendeciré tus almacenes y cada acción de tus manos. Te bendeciré en la tierra que te estoy dando. Confía en mi provisión y acepta mi llamado en tu vida.

## *6 de noviembre*

# MANTENIÉNDOME FIRME EN MI VERDAD

Josué 3:5

Josué dijo al pueblo: "Conságrense, porque mañana el SEÑOR hará cosas maravillosas entre ustedes".

Cantares 2:10

Mi amante me habló y me dijo: "Levántate, querida mía, hermosa mía, ven conmigo.

El Padre está diciendo que cuando dudas, te invade la confusión, y el enemigo se aprovechará de esa confusión. No dudes de Mí ni de las promesas que te he hecho. Cuando sientas que el enemigo te está confundiendo, busca Mi estrategia. Mantente firme contra toda conspiración, plan y engaño, y sé prudente como una serpiente, pero inocente como una paloma.

Recompenso a aquellos que me buscan con el corazón y se sumergen en el Pan de la Palabra. Conságrate solo a Mi Palabra; Yo soy todo lo que necesitas. Evita dejarte consumir por las cosas de este mundo o ponerme en último lugar. Yo debo ser siempre lo primero en tu vida. Recuerda, tú no eres de este mundo, amado mío. Te amo y siempre estaré contigo.

*7 de noviembre*

# Llamados a la santidad y a la confianza

Proverbios 3:5

Confía en el SEÑOR con todo tu corazón y no te apoyes en tu propio entendimiento;

Filipenses 4:19

Y mi Dios suplirá todas tus necesidades según las riquezas de su gloria en Cristo Jesús.

El Padre está diciendo: "Yo soy un Dios santo, y tú estás llamado a ser santo". Eres precioso a mis ojos, y estoy trabajando diariamente en tu vida para darte el entendimiento que buscas. Cada palabra que he dicho se cumplirá, ya sea pronto o ya se haya cumplido. Te estoy transformando diariamente, quitando lo que no pertenece y poniendo ante ti nuevos deseos y oportunidades.

Hay nuevas oportunidades en el horizonte. Confía solo en mí y confía en mí con todo tu corazón, alma y mente. No confíes en tu entendimiento. Si necesitas algo, pídelo en mi nombre, en el nombre de Jesús, y recibirás según mi voluntad. Concéntrate en lo que tienes en lugar de en lo que te falta. Agradéceme por todo lo que te he dado. Recuerda, el enemigo es el padre de la mentira, pero yo soy tu Dios y supliré todas tus necesidades.

*8 de noviembre*

# Regocijarse en medio de las pruebas

Isaías 43:2

Al cruzar las aguas, yo estaré contigo; al cruzar los ríos, no te cubrirán sus aguas. Al caminar por el fuego, no te quemarán; las llamas no te abrasarán.

Deuteronomio 3:22

No les tengan miedo; el SEÑOR su Dios mismo luchará por ustedes.

El Padre dice que enfrentarás dificultades, persecución y muchas pruebas, pero regocíjate y alégrate, porque las soportas por amor a tu Padre. La batalla no es tuya, es mía, dice el Señor. Cuando atravieses las aguas, yo estaré contigo, y cuando cruces los ríos, no te cubrirán. Aunque camines por el fuego, las llamas no te consumirán.

Yo estoy contigo; si yo estoy contigo, ¿quién puede estar en tu contra? Quizás aún no lo veas físicamente, pero ya se ha producido un cambio, y ese cambio está en ti. Te estás acercando a tu destino. Recuerda esto, amado mío: yo siempre estoy contigo, sin importar lo que enfrentes. Yo estoy contigo, y no debes temer, porque el Señor tu Dios lucha por ti.

*9 de noviembre*

# Entregarse completamente a Dios

1 Pedro 2-3

Efesios 4:31-32

Desháganse de toda amargura, ira y enojo, peleas y calumnias, junto con toda forma de malicia. 32 Sean amables y compasivos unos con otros, perdonándose unos a otros, así como Dios los perdonó en Cristo

Deuteronomio 26:9

Él nos trajo a este lugar y nos dio esta tierra, una tierra que mana leche y miel;

El Padre está diciendo que debes entregarme cada aspecto de tu vida. Algunos de mis hijos tratan de mantenerse a caballo entre el mundo y mi presencia, pero yo deseo tenerlos a todos en mi abrazo. En mí eres completo y perfecto. Quizás te preguntes dónde estoy, pero nunca me he ido; te he estado esperando.

Deja ir toda malicia, engaño, hipocresía, envidia y calumnia. Al hacerlo, crecerás en tu salvación, habiendo probado que el Señor es bueno. Deja hoy mismo todo arrepentimiento, mancha, duda y temor. Estas cosas son del enemigo y no sirven para nada en el camino que te estoy guiando. Yo cumpliré todo en tu vida, guiándote a un lugar donde abundan la leche y la miel.

## *10 de noviembre*

# SOMETERSE A DIOS Y ENCONTRAR LA VERDADERA LIBERTAD

Santiago 4:7-8

Sométanse, pues, a Dios. Resistan al diablo, y él huirá de ustedes· 8 Acérquense a Dios, y él se acercará a ustedes. Lávense las manos, pecadores, y purifiquen sus corazones, indecisos.

1 Tesalonicenses 5:3

Mientras la gente diga "Paz y seguridad", la destrucción les sobrevendrá repentinamente, como los dolores de parto a una mujer embarazada, y no podrán escapar.

El Padre está diciendo que se sometan a Mí. Resistan al diablo, y él huirá de ustedes. Cuando se alineen con Mi autoridad y se alejen de sus malos caminos, resistan al diablo, y él huirá de ustedes en el nombre de Jesús. Caminen por fe, no por vista.

Limpia tus manos y purifica tu corazón. No puedes servirte a ti mismo y a Mí al mismo tiempo. Purifica tu corazón y aléjate de todo pecado. Vivir para este mundo conduce a la destrucción, pero vivir para Mí trae vida eterna en el cielo. Mi gracia es suficiente para ti, mi amado. Es hora de poner fin a las relaciones y los hábitos que ya no te sirven. He estado impulsando tu espíritu para que te alejes de ellos. Entrégalos a Mí y siéntate conmigo, mi amado.

## *11 de noviembre*

# ENCONTRAR FUERZA EN LA TORMENTA

Salmo 139:2

Sabes, cuando me siento y cuando me levanto, percibes mis pensamientos desde lejos.

Malaquías 3:10

Traigan todo el diezmo al almacén, para que haya alimento en mi casa. Pruébenme en esto", dice el SEÑOR Todopoderoso, "y vean si no abro las compuertas del cielo y derramo tantas bendiciones que no habrá lugar suficiente para almacenarlas.

El Padre está diciendo: "Incluso en medio de la tormenta, yo soy fiel. Te daré fuerzas cuando estés débil, porque en tu debilidad encontrarás la verdadera fuerza". La batalla no es tuya, es mía, dice el Señor. Confía en que incluso el más mínimo detalle está en mis manos cuando suceden cosas y no entiendes por qué. Yo sé lo que es mejor para ti. Yo soy el Señor tu Dios; sé cuándo te sientas y cuándo te levantas.

Prueben mi fidelidad, dice el Señor Todopoderoso, y vean si no abriré las compuertas del cielo y derramaré tantas bendiciones que no tendrán espacio suficiente para contenerlas.

*12 de noviembre*

# Confiar en Dios con cada preocupación

Números 23:19

Dios no es humano, para mentir ni cambiar de parecer. ¿Acaso habla y luego no actúa? ¿Promete y no cumple?

Juan 12:44

Entonces Jesús exclamó: "El que cree en mí, no cree solo en mí, sino en aquel que me envió.

El Padre dice: "El tiempo que pasas conmigo siempre es bien empleado". Trae todas tus preocupaciones y déjalas a mis pies. Puedes confiarme tu vida por completo. Entrégame todas tus cargas, incluidas tus finanzas y tus circunstancias familiares. Están mejor en mis manos que en las tuyas, amado mío. Entrégame todo por completo.

Entiendo que puedas sentirte abrumado e inseguro sobre el futuro. Sin embargo, puedes confiar en que cada promesa que te he hecho es sí y amén. Dios no es un hombre que mienta o cambie de opinión. ¿Alguna vez ha hablado y no ha actuado? ¿Alguna vez ha prometido algo y no lo ha cumplido? Ten fe solo en mí.

*13 de noviembre*

# CRISTO, TU CIMIENTO FIRME

Hebreos 13:8

Jesucristo es el mismo ayer, hoy y siempre.

Jeremías 32:27

"Yo soy el SEÑOR, el Dios de toda la humanidad. ¿Hay algo demasiado difícil para mí?

El Padre está diciendo: "Haz de Cristo tu fundamento firme. Yo nunca te defraudaré". Las personas pueden marcharse y abandonarte, pero Mi amor por ti permanece firme e inmutable. Yo soy el mismo ayer, hoy y siempre. Cuando la vida se sienta inestable, susurra Mi nombre y Yo estaré allí. Yo soy el Señor, el Dios de toda la humanidad. ¿Hay algo demasiado difícil para mí? Silencia todas las voces y distracciones para que puedas oír mi voz suave y apacible que te llama. Muchos de mis hijos desean oírme hablar, pero yo me comunico diariamente a través de mi Palabra y mis profetas. Yo te hablo continuamente. Silencia el ruido que te rodea y descansa en mi presencia mientras buscas mi rostro.

# *14 de noviembre*

# BUSCANDO LA PROVISIÓN DEL SEÑOR

Salmo 34:10

Los leones pueden debilitarse y pasar hambre, pero los que buscan al SEÑOR no carecen de ningún bien.

Santiago 1:4

Dejen que la perseverancia haga su trabajo para que puedan ser maduros y completos, sin que les falte nada.

Salmo 37:5

Encomienda al SEÑOR tu camino; confía en él, y él hará esto:

El Padre dice que aunque los leones puedan debilitarse y pasar hambre, aquellos que buscan al Señor no carecen de nada bueno. Sigan buscándome en todos sus caminos. Si necesitan gracia, pídanmela y yo se la daré libremente. Si necesitan perseverancia para completar la obra que les he encomendado, pídanla. Dejen que la perseverancia haga su trabajo para que puedan ser maduros y completos, sin carecer de nada.

Ahora que te has rendido completamente a Mí, todo está a punto de cambiar: tu familia, tu amigo perdido y tu compañero de trabajo por quien has estado orando. No hay nada imposible para Mí. Lo imposible se vuelve posible con fe y creencia. Encomienda tu camino al Señor, confía en Mí y Yo actuaré.

## *15 de noviembre*

# ABRAZAR LO ETERNO EN MEDIO DE LO TEMPORAL

Juan 10:18

Nadie me la quita, sino que yo la entrego por mi propia voluntad. Tengo autoridad para entregarla y autoridad para volver a tomarla. Este mandato lo recibí de mi Padre".

Juan 5:24

"En verdad les digo que quien escucha mi palabra y cree en aquel que me envió tiene vida eterna y no será juzgado, sino que ha pasado de la muerte a la vida.

El Padre está diciendo que lo que estás pasando es temporal; tus sentimientos son temporales. Pero yo soy eterno. Quien escucha mi palabra y cree en aquel que me envió tiene vida eterna. Esa persona no será juzgada, sino que ha pasado de la muerte a la vida.

¿Estás dispuesto a renunciar a todo por mí? Renuncia a esa adicción, a ese hábito perjudicial o a esa persona de la que te he pedido que te alejes. Aléjate de lo que no tiene sentido en tu vida. Nadie puede quitarme la vida; yo la entregué voluntariamente y puedo retomarla según el mandato de mi Padre.

*16 de noviembre*

# Centrándonos en el corazón

Mateo 10:1

Miren, los envío como ovejas en medio de lobos. Sean, pues, prudentes como serpientes y sencillos como palomas.

El Padre está diciendo que no hay arma demasiado grande para que yo la desmantele. El enemigo lo intentó todo y fracasó. Para algunos de ustedes, el enemigo intentó viejos hábitos. Incluso intentó usar viejos hábitos como tentación para ustedes, pero escucho al Señor decir que ninguna arma forjada contra ustedes prosperará en el nombre de Jesús. Esas personas, lugares y cosas ya no funcionan. El enemigo está frustrado porque lo ha intentado todo, literalmente, y ustedes siguen sirviéndome; siguen acudiendo y no retrocedieron cuando las cosas se pusieron difíciles. Siguieron intentándolo hasta alcanzar la meta. Cada ataque de brujería, cada maldición y cada hechizo en el nombre de Jesús. Lo estoy rompiendo, dice el Señor. Lo estoy rompiendo en este momento. Porque sabrán, dice el Señor, que yo soy su Dios. Soy un Dios grande.

No hay poder más grande que yo. Yo tengo todo el poder y la autoridad. Cuando tus enemigos te miren, sabrán que sólo por la mano de Dios sobre tu vida, él ha derrotado al enemigo; cada vez que el enemigo lo intentó, fracasó. Las viejas tácticas no funcionan porque yo te he dado sabiduría para saber cuándo el enemigo está al acecho o cuándo un demonio está al acecho. Estoy aumentando tu discernimiento, que es la capacidad concedida por Dios para distinguir la verdad del engaño, el bien del mal y lo que proviene de Dios de lo que no proviene de Él, a través del Espíritu Santo y la Palabra de Dios. Tú lo has pedido. Sabrás distinguir lo real de lo falso. El diablo ya no te burlará ni te acosará en el nombre de Jesús.

*17 de noviembre*

# El corazón por encima de la apariencia

Efesios 3:20

Ahora bien, a aquel que es capaz de hacer mucho más de lo que pedimos o imaginamos, según el poder que obra en nosotros,

El Padre está diciendo que, aunque tú te centres en tu apariencia exterior, Yo miro tu corazón y tu actitud. No te preocupes demasiado por tu apariencia exterior o tu peso. En cambio, elige alimentos más saludables y pide a Mi Espíritu Santo que te guíe. El Espíritu Santo, tu defensor, te apoyará en todas las cosas. Confía en que Yo puedo hacer todas las cosas en tu vida. Yo soy Dios Todopoderoso, El Shaddai. Al servirme, recibirás todo lo que pidas en Mi nombre, en el nombre de Jesús. Por encima de todo, guarda tu corazón, porque todo lo que haces fluye de él.

# *18 de noviembre*

# DIOS DEL AVANCE

Romanos 8:31

¿Qué diremos entonces ante estas cosas? Si Dios está con nosotros, ¿quién estará en nuestra contra?

2 Samuel 5:20

Entonces David fue a Baal Perazim, y allí los derrotó. Dijo: "Como brotan las aguas, así ha brotado el SEÑOR contra mis enemigos delante de mí". Por eso ese lugar se llamó Baal Perazim.[a]

1 Crónicas 14:11

Entonces David y sus hombres subieron a Baal Perazim, y allí los derrotó. Él dijo: "Como brotan las aguas, Dios ha brotado contra mis enemigos por mi mano". Por eso, aquel lugar se llamó Baal Perazim.

El Padre dice: "Yo soy el Dios del avance". Estás a punto de superar esa adicción, maldición o dificultad financiera que te ha estado preocupando. En el nombre de Jesús, te guiaré a través de ello. Algo se está moviendo, ¡está a punto de romperse! Se romperá porque la sangre de Jesús se opone a todas las enfermedades y maldiciones.

Cuando digo que me estoy preparando para sacarte de ahí, te estoy equipando para que te liberes de toda maldición generacional, problema financiero y forma de esclavitud. Estás a punto de ser liberado de esas cargas en el poderoso nombre de Jesús. Recuerda, tú eres mío. Si yo estoy contigo, ¿quién puede estar en tu contra? Nadie.

## *19 de noviembre*

# El amor inquebrantable del Pastor

Lucas 15:4

“Supongamos que uno de ustedes tiene cien ovejas y pierde una de ellas. ¿No deja las noventa y nueve en el campo y va en busca de la oveja perdida hasta que la encuentra?

Éxodo 14:14

El SEÑOR peleará por ti; sólo tienes que estar tranquilo.

Apocalipsis 1:18

Yo soy el que vive; estuve muerto, y ahora miren, ¡estoy vivo por los siglos de los siglos! Y tengo las llaves de la muerte y del Hades.

El Padre está diciendo: “Dejaría las noventa y nueve solo por ti, mi oveja perdida”. Así como un hombre con cien ovejas dejaría las noventa y nueve en la montaña para buscar a la perdida, yo te persigo apasionadamente. Te perseguiría y lucharía por ti.

Morí y resucité, y vivo para siempre. Amén. Tengo las llaves del Hades y de la Muerte. Ningún demonio, brujo o fuerza puede separarte de Mi amor. Siempre te defenderé y lucharé por ti. Tú eres Mío, y Yo soy tuyo. Recuerda, eres querido e importante para Mí, siempre.

## *20 de noviembre*

# LA PROMESA DEL RETORNO

Mateo 21:29-31

29 "'No iré,' respondió él, pero más tarde cambió de opinión y fue.
30 "Entonces el padre se dirigió al otro hijo y le dijo lo mismo. Él
respondió: 'Sí, señor' pero no fue. 31 "¿Cuál de los dos hizo lo que
su padre quería?" "El primero", respondieron ellos. Jesús les dijo:
"En verdad les digo que los recaudadores de impuestos y las
prostitutas entrarán antes que ustedes en el reino de Dios.

Lucas 15:11-32

Jesús continuó: "Había un hombre que tenía dos hijos. 12 El menor
le dijo a su padre: 'Padre, dame la parte de los bienes que me
corresponde.' Así que dividió sus bienes entre ellos. 13 "Poco
después, el hijo menor reunió todo lo que tenía, se marchó a un
país lejano y allí malgastó su fortuna en una vida desenfrenada. 14
Cuando lo hubo gastado todo, sobrevino una gran hambruna en
todo aquel país, y empezó a pasar necesidad. 15 Entonces fue y se
puso a trabajar con un habitante de aquel país, quien lo mandó a
sus campos a cuidar cerdos. 16 Anhelaba llenar su estómago con las
vainas que comían los cerdos, pero nadie le daba nada. 17 "Cuando
recobró el sentido, dijo: '¡Cuántos jornaleros de mi padre tienen
comida de sobra, y aquí estoy yo muriéndome de hambre! 18 Me
levantaré e iré a mi padre, y le diré: Padre, he pecado contra el cielo
y contra ti. 19 Ya no soy digno de ser llamado tu hijo; hazme como

a uno de tus jornaleros'. [20] Así que se puso en marcha y volvió a la
casa de su padre. Todavía estaba lejos cuando su padre lo vio y,
conmovido, corrió a su encuentro, lo abrazó y lo besó. [21]

"El hijo le dijo: 'Padre, he pecado contra el cielo y contra ti. Ya no
soy digno de ser llamado tu hijo'.[22] "Pero el padre dijo a sus siervos:
'¡Rápido! Traigan la mejor túnica y vístanlo. Pónganle un anillo en
el dedo y sandalias en los pies.[23] Traigan el ternero cebado y
mátenlo. Hagamos un banquete y celebremos. [24] Porque este hijo
mío estaba muerto y ha vuelto a la vida; estaba perdido y ha sido
hallado'. Y comenzaron a celebrar. [25] "Mientras tanto, el hijo
mayor estaba en el campo. Cuando se acercó a la casa, oyó la
música y los bailes. [26] Entonces llamó a uno de los sirvientes y le
preguntó qué estaba pasando. [27] 'Tu hermano ha vuelto', le
respondió, 'y tu padre ha matado el ternero cebado porque lo ha
recuperado sano y salvo'. [28] "El hermano mayor se enfadó y se
negó a entrar. Entonces su padre salió y le rogó que entrara. [29] Pero
él respondió a su padre: '¡Mira! Todos estos años he estado
esclavizado por ti y nunca he desobedecido tus órdenes. Sin
embargo, nunca me has dado ni siquiera un cabrito para celebrar
con mis amigos. [30] Pero cuando vuelve este hijo tuyo, que ha
malgastado tus bienes con prostitutas, ¡matas para él el ternero
cebado!' [31] "'Hijo mío,' le dijo el padre, 'tú siempre estás conmigo,
y todo lo mío es tuyo. [32] Pero teníamos que celebrar y alegrarnos,
porque este hermano tuyo estaba muerto y ha vuelto a la vida;
estaba perdido y ha sido hallado'".

## *21 de noviembre*

# Obedecer la voz suave y apacible

Mateo 8:27

Los hombres se quedaron asombrados y preguntaron: "¿Qué clase de hombre es este, que incluso los vientos y las olas le obedecen?"

Juan 10:27

Mis ovejas escuchan mi voz; yo las conozco y ellas me siguen.

El Padre está diciendo: "Obedezcan cada uno de los mandamientos que les he dado". Es crucial escuchar Mi voz suave y apacible. Cuando hablo, todo se mueve; las montañas se desplazan y las tormentas cesan. Recuerden cómo los discípulos estaban aterrorizados y preguntaban: "¿Quién es este hombre? ¡Hasta el viento y las olas le obedecen!".

No tengas poca fe ni temas, amado. Yo soy el Dios que reprende a los vientos y al mar y calma la tormenta a la perfección. No albergues incredulidad ni dudas en lo que hago o digo. Reprende toda voz que no sea la mía. Mis ovejas oyen mi voz; yo las conozco y ellas me siguen

# *22 de noviembre*

# DESCANSANDO EN EL DIOS DE LA RESTAURACIÓN

Éxodo 3:6

Entonces dijo: "Yo soy el Dios de tu padre,[a] el Dios de Abraham, el Dios de Isaac y el Dios de Jacob". Al oír esto, Moisés ocultó su rostro porque tenía miedo de mirar a Dios.

Genesis 50:20

Tú pretendías hacerme daño, pero Dios lo dispuso para bien, a fin de lograr lo que ahora se está haciendo: salvar muchas vidas.

El Padre está diciendo: "Oh, hombres de poca fe, recuerden que yo soy el Dios que está sentado en el trono. Dejen a un lado toda incredulidad, porque yo, el Señor, les proporciono todo lo que necesitan". Estoy trabajando entre bastidores por ustedes y sus familias en todo momento. Soy el Dios que restaura las cosas muertas y pone todo en orden.

Yo soy tu Dios, el Dios de Abraham, Isaac y Jacob. Ten fe solo en mí. Aunque el enemigo intente hacerte daño, yo lo convertiré todo en bien. Por lo tanto, dame gracias y adórame, sabiendo que yo tengo el control y trabajo para tu beneficio.

*23 de noviembre*

# Adorar a través de las pruebas

Mateo 6:25-34

"Por eso les digo: No se preocupen por su vida, qué comerán o beberán; ni por su cuerpo, con qué se vestirán. ¿No es la vida más que el alimento, y el cuerpo más que el vestido? 26 Observen las aves del cielo: no siembran, ni cosechan, ni almacenan en graneros, y sin embargo, su Padre celestial las alimenta. ¿No son ustedes mucho más valiosos que ellas? 27 ¿Acaso alguno de ustedes, por mucho que se preocupe, puede añadir una sola hora a su vida? 28 "¿Y por qué se preocupan por la ropa? Miren cómo crecen las flores del campo. No trabajan ni hilan. 29 Sin embargo, les digo que ni siquiera Salomón, en todo su esplendor, se vestía como una de ellas.30 Si así viste Dios a la hierba del campo, que hoy está aquí y mañana es arrojada al fuego, ¿no vestirá mucho más a ustedes, hombres de poca fe? 31 No se preocupen, diciendo: '¿Qué comeremos?' o '¿Qué beberemos?' o 'Con qué nos vestiremos?'32 Porque los paganos buscan todas estas cosas, y su Padre celestial sabe que ustedes las necesitan. 33 Busquen primero su reino y su justicia, y todas estas cosas les serán añadidas. 34 Por lo tanto, no se preocupen por el mañana, porque el mañana se preocupará por sí mismo. Cada día tiene sus propios problemas.

El Padre dice: "Cuando enfrentes cualquier prueba o aflicción, adórame con acción de gracias". Reconoce mi soberanía y bondad incluso en medio de las dificultades. Dale gracias por el problema, la prueba, la tormenta o la dificultad. Yo, tu Padre, te lleno con mi presencia y te concedo paz. La paz que yo doy no es como la paz del mundo. No dejes que tu corazón se turbe ni se asuste. Yo estoy siempre contigo.

En lugar de preocuparte, ora por cada asunto y circunstancia, incluso por aquellas cosas o personas que te avergüence mencionar. Tráeme todo y yo te guiaré y te conduciré.

## *24 de noviembre*

# SATISFECHO POR LA JUSTICIA

Mateo 5:6

Bienaventurados los que tienen hambre y sed de justicia, porque ellos serán saciados.

Marcos 9:2-3

Seis días después, Jesús tomó consigo a Pedro, a Santiago y a Juan, y los llevó a una montaña alta, donde estaban solos. Allí se transfiguró delante de ellos. 3 Sus vestiduras se volvieron blancas resplandecientes, más blancas de lo que nadie en el mundo podría blanquearlas.

El Padre dice: "Bienaventurados los que tienen hambre y sed de justicia, porque ellos serán saciados". Es una bendición que desees vivir según Mi voluntad. Pídele al Espíritu Santo que te dé lo que necesitas hoy y agradéceme por todo. Yo soy la razón de tu transformación y la fuente de tu fortaleza. Recuerda que siempre estoy contigo en cada paso de tu camino. Comunícate conmigo siempre y no dudes en acudir a tu padre con tus peticiones. Estoy aquí, escuchando cada palabra de tu oración.

*25 de noviembre*

# UN PADRE EN EL CIELO

Mateo 23:9

Y no llamen a nadie "padre" en la tierra, porque solo tienen un Padre, y él está en el cielo.

Juan 14:12

En verdad les digo que el que cree en mí hará las obras que yo he hecho, y las hará aún mayores que estas, porque yo voy al Padre.

El Padre dice: "No llamen a nadie Padre en la tierra, porque ustedes tienen un solo Padre, y Él está en el cielo". Él provee todas sus necesidades, dándoles lo que necesitan en el momento perfecto. Él es inmutable, el mismo ayer, hoy y siempre. Él conoce su anhelo de verlo, y lo verán. Continúen buscando Su rostro y siguiendo Su voluntad.

Pídele al Espíritu Santo que te guíe y te dirija, y que llene tu vida de amor. Él te dará ojos para ver y oídos para oír. Cuando mires a los demás, los verás a través de Sus ojos y oirás lo que el Espíritu te dice. Él siempre habla a través de Su palabra, las personas, las canciones y la naturaleza. Su voz está siempre presente.

# *26 de noviembre*

# La fe lo hace todo posible.

Mateo 19:26

Jesús los miró y les dijo: "Para los hombres esto es imposible, pero para Dios todo es posible".

2 Corintios 2:14

Pero gracias a Dios, que siempre nos lleva como cautivos en la procesión triunfal de Cristo y nos utiliza para difundir por todas partes el aroma de su conocimiento.

El Padre está diciendo: "Todo es posible si crees". ¡Conmigo, todo es posible! Lo que puede parecer imposible para los hombres es posible con Dios. Aquellos que tienen fe en mí y creen con todo su corazón comprenden que nada es demasiado difícil. Pídele al Espíritu Santo que elimine toda duda y fortalezca tu fe en el nombre de Jesús.

Demos gracias a Dios, que siempre nos lleva como cautivos en la procesión triunfal de Cristo y nos utiliza para difundir por todas partes la fragancia del conocimiento de Él.

# *27 de noviembre*

# Ora con valentía

Lucas 18:27

Jesús respondió: "Lo que es imposible para los hombres es posible para Dios".

Hebreos 10:35-36

Así que no pierdas la confianza; serás ampliamente recompensado.[36] Debes perseverar para que, cuando hayas hecho la voluntad de Dios, recibas lo que él ha prometido.

El Padre dice que debes comenzar el día orando con valentía. Recuerda que sirves a un Dios poderoso y que nada es demasiado grande para Él. Si Él está contigo, nadie puede estar en tu contra. Así que comienza hoy con oraciones valientes, entendiendo que si te falta algo es porque no lo has pedido. No tienes porque no pides.

Acércate a Él con confianza, sabiendo que sirves a un Dios todopoderoso, tu Padre, en la tierra y en el cielo. Ten fe y cree que todo es posible. Lo que es imposible para los hombres es posible para Dios. Él responderá a cada oración que se le haga con fe y creencia. Confía solo en Él, porque nada es demasiado difícil para Él, dice el Señor.

## *28 de noviembre*

# ENTENDIENDO TU IDENTIDAD EN CRISTO

Efesios 2:6

Y Dios nos resucitó con Cristo y nos sentó con él en los lugares celestiales en Cristo Jesús,

Lucas 10:19

Les he dado autoridad para pisotear serpientes y escorpiones y para vencer todo el poder del enemigo; nada les hará daño.

El Padre está diciendo: "Comprende tu identidad y pertenencia en Cristo Jesús". No eres simplemente un creyente; eres Mi hijo amado, y Yo soy tu Padre. Recuerda, Dios nos resucitó con Cristo y nos sentó en los reinos celestiales.

Ora con convicción, pidiendo que se envíe confusión al campamento enemigo y ordenando que todas las bendiciones robadas por el enemigo te sean devueltas en el nombre de Jesús. Se te ha dado poder y autoridad sobre todo el poder del enemigo. No temas nada. Debes saber que yo soy tu Señor, tu Dios, y te fortaleceré en cada temporada y batalla. No sólo eres un conquistador, sino que eres victorioso en Cristo Jesús. No sólo eres un superviviente, sino un vencedor en el nombre de Jesús.

# *29 de noviembre*

# GUIADO POR MI ESPÍRITU

Zacarías 4:6

Entonces me dijo: "Esta es la palabra del SEÑOR a Zorobabel: 'No con poder, ni con fuerza, sino con mi Espíritu', dice el SEÑOR Todopoderoso.

Mateo 6:33

Busquen primero su reino y su justicia, y todas estas cosas les serán añadidas.

El Padre está diciendo: "No por fuerza ni por poder, sino por Mi Espíritu". Has sido renovado y sanado. Es por Mi Espíritu que cada paso que das es guiado, y es por Mi Espíritu que te enseñaré Mis caminos y renovaré tu mente.

Aunque enfrentarás dificultades, persecuciones, pruebas y tribulaciones, Mi Espíritu te ayudará a superarlas todas. Yo soy quien dirige los pasos de los justos y restaura el orden a lo que está fuera de lugar. Busca primero el Reino de Dios y Su justicia, y todas estas cosas te serán dadas. Es por Mi Espíritu que se te da todo lo que necesitas.

## *30 de noviembre*

# EL VERDADERO TESORO

Isaías 45:3

Te daré tesoros escondidos, riquezas guardadas en lugares secretos, para que sepas que yo soy el SEÑOR, el Dios de Israel, que te llama por tu nombre.

Mateo 6:20

Pero acumulen para ustedes tesoros en el cielo, donde ni las polillas ni los gusanos destruyen, y donde los ladrones no entran a robar.

El Padre está diciendo que el tesoro que buscas se encuentra en Mí. Te daré los tesoros escondidos en la oscuridad y las riquezas guardadas en lugares secretos para que sepas que Yo, el Señor, el Dios de Israel, te llamo por tu nombre. Mientras buscas tesoros en este mundo, recuerda que la verdadera riqueza no se encuentra aquí. El Señor dice que la plata y el oro son míos; no son creaciones del hombre, sino que son valiosos por Mi diseño.

El oro y la plata son productos intrínsecamente valiosos y hermosos creados por mí. No se empañan ni se corroen. Por lo tanto, te insto a que guardes tus tesoros en el cielo, donde las polillas y los insectos no pueden destruirlos. Estos tesoros celestiales representan las recompensas y bendiciones espirituales que superan con creces las riquezas terrenales. Yo soy el Señor que da y quita. Yo soy tu Dios.

*1 de diciembre*

# CUBIERTO Y PROTEGIDO

Lucas 12:7

De hecho, hasta los cabellos de su cabeza están contados. No tema; usted vale más que muchos gorriones.

Salmo 91:4

Él te cubrirá con sus plumas, y bajo sus alas encontrarás refugio; su fidelidad será tu escudo y tu baluarte.

Mateo 10:29

¿No se venden dos gorriones por un centavo? Sin embargo, ninguno de ellos caerá a tierra sin que su Padre lo sepa.

El Padre dice: "Conozco el número de cabellos que tienes en la cabeza; vales más que muchos gorriones. Te conozco íntimamente, como la palma de mi mano". No temas nada; estoy contigo desde el amanecer hasta el atardecer. Te escondo bajo mi ala y te cubro con mis plumas; encontrarás refugio bajo mis alas. Mi fidelidad será tu escudo y tu baluarte.

Cuando sientas miedo, susurra mi precioso nombre, Jesús, y yo estaré allí. ¿No se venden dos gorriones por un centavo? Sin embargo, ninguno de ellos cae al suelo sin que yo lo sepa. Sé cuándo te levantas y siempre velaré por ti.

*2 de diciembre*

# CORRIENDO LA CARRERA CON RESISTENCIA

Isaías 41:13

Porque yo soy el SEÑOR tu Dios, que te toma de la mano derecha

y te dice: No temas, yo te ayudaré.

Hebreos 12:1-7

Por lo tanto, ya que estamos rodeados de una gran nube de testigos, despojémonos de todo lo que nos estorba y del pecado que tan fácilmente nos enreda. Y corramos con perseverancia la carrera que tenemos por delante, [2] fijando nuestra mirada en Jesús, el pionero y perfeccionador de la fe. Por el gozo que le esperaba, soportó la cruz, menospreciando su vergüenza, y se sentó a la diestra del trono de Dios· [3] Consideren a aquel que soportó tanta oposición de los pecadores, para que no se cansen ni pierdan el ánimo.4 En tu lucha contra el pecado, aún no has resistido hasta el punto de derramar tu sangre. [5] ¿Y has olvidado por completo esta palabra de aliento que te dirige como un padre se dirige a su hijo? Dice: "Hijo mío, no menosprecies la disciplina del Señor, ni te desanimes cuando te reprenda,[6] porque el Señor disciplina a quien ama, y castiga a todos los que acepta como hijos suyos". [7] Soporta las dificultades como disciplina; Dios te trata como a sus hijos. ¿Qué hijos no son disciplinados por su padre?

El Padre dice: "Yo soy tu Dios, el Señor que te sostiene de la mano". No temas, porque estoy aquí para ayudarte. Te fortaleceré y te daré la resistencia que necesitas para correr la carrera que tienes por delante. Pídele al Espíritu Santo que aumente tu resistencia.

Miren a Jesús, el fundador y perfeccionador de su fe, quien, por el gozo que le esperaba, soportó la cruz, menospreciando su vergüenza, y ahora está sentado a la derecha del trono de Dios. Enfrentarán pruebas, tribulaciones y tentaciones, pero regocíjense y alégrense, porque están sufriendo por mi nombre.

## *3 de diciembre*

# La luz de la santidad

1 Pedro 1:16

Porque está escrito: "Sean santos, porque yo soy santo".

1 Timoteo 6:15

que Dios realizará a su debido tiempo: Dios, el bendito y único Gobernante, el Rey de reyes y SEÑOR de SEÑORES,

El Padre está diciendo: "Donde yo estoy, la oscuridad no puede permanecer. Yo soy santo, y está escrito: Sean santos porque yo soy santo". Este llamado a la santidad es para que puedan vivir una vida recta, pura y santificada. Si necesitan ayuda en cualquier área de su vida, pídanle a mi Espíritu Santo. Él está aquí para extender la gracia y traer nueva vida a esas áreas.

Yo soy el Rey de reyes, el Señor de señores, el Dios grande, poderoso y temible, que es imparcial y no acepta sobornos. Yo te renuevo, rejuvenezco y restauro, haciendo nuevas todas las cosas. El pasado se ha ido, y lo nuevo ha llegado en el nombre de Jesús. Haz todo lo posible por glorificar Mi nombre, el nombre por encima de todo nombre. Adórame con cánticos de acción de gracias.

## *4 de diciembre*

# ACUDIR A DIOS CON TODO TU SER

Éxodo 14:15

Entonces el SEÑOR dijo a Moisés: "¿Por qué clamas a mí? Di a los israelitas que sigan adelante.

Mateo 24:6

Oirán hablar de guerras y rumores de guerras, pero no se alarmen. Es necesario que sucedan estas cosas, pero aún no es el fin.

El Padre está diciendo: "No necesitas ser perfecto para venir a mí". Trae tus cicatrices, tus heridas y tu quebrantamiento; yo puedo sanar cada parte de ti. Has soportado traumas y golpes duros, pero levántate y sigue luchando. Recuerda quién está contigo: yo estoy contigo. Yo pelearé cada batalla; tú solo necesitas estar quieto. Ningún valle es demasiado profundo ni ninguna montaña demasiado alta para que yo las mueva.

Yo soy el Dios de Abraham, Isaac y Jacob. No se alarmen por la presencia del enemigo ni se desanimen por las noticias inquietantes. Oirán hablar de guerras y rumores de guerras, pero no se inquieten. Esas cosas deben suceder, pero aún no ha llegado el fin. Confíen en mí, su Dios, y encuentren fuerza y paz en mi presencia.

## *5 de diciembre*

# LEVANTARSE DE NUEVO CON FUERZA

Eclesiastés 4:12

Aunque uno pueda ser vencido, dos pueden defenderse. Una cuerda de tres hilos no se rompe fácilmente.

2 Timoteo 1:7

Porque el Espíritu que Dios nos ha dado no nos hace tímidos, sino que nos da poder, amor y autodisciplina.

El Padre dice que, aunque los justos puedan caer siete veces, se levantan de nuevo, mientras que los malvados tropiezan en tiempos de dificultad. El camino de la vida está lleno de altibajos, pero tú tienes la fuerza para levantarte cada vez que caes. Aunque las personas, los lugares y las circunstancias puedan cambiar, yo permanezco inmutable.

Cuando el miedo comience a aparecer, átalo con la fuerza de una cuerda de tres hilos en el poderoso nombre de Jesús. Incluso si te sientes abrumado, recuerda que, aunque dos pueden defenderse, una cuerda de tres hilos no se rompe fácilmente. No te he dado un espíritu de temor, sino de poder, amor y una mente sana. Mantén la esperanza en cada situación, sabiendo que estoy actuando en tu nombre en todo lo que haces.

## *6 de diciembre*

# VENCE A TRAVÉS DE SU AMOR

Romanos 8:37-39

No, en todas estas cosas somos más que vencedores por medio de aquel que nos amó. [38] Porque estoy convencido de que ni la muerte ni la vida, ni los ángeles ni los demonios, ni el presente ni el futuro, ni ningún poder, [39] ni lo alto ni lo profundo, ni ninguna otra cosa en toda la creación, podrá separarnos del amor de Dios que está en Cristo Jesús, nuestro SEÑOR.

Romanos 8:28

Y sabemos que en todas las cosas Dios obra para el bien de aquellos que lo aman, que han sido llamados según su propósito.

El Padre dice: "A través de Él, puedes conquistar cualquier cosa. Eres más que vencedor a través de Aquel que te ama en todas estas cosas. Nada, ni la muerte ni la vida, ni los ángeles ni los gobernantes, ni el presente ni el futuro, ni los poderes, ni la altura, ni la profundidad, ni ninguna otra cosa en toda la creación, puede separarte del amor de Dios en Cristo Jesús, nuestro Señor".

No te dejes engañar por las mentiras del enemigo; él es el padre de la mentira. Busca al Espíritu Santo para obtener discernimiento espiritual y pon tu confianza únicamente en mí. Nunca te dejaré ni te abandonaré. Como tu Padre, estoy haciendo que todas las cosas obren para el bien de aquellos que están en Cristo Jesús. Rechaza las distracciones, confía en mi plan y descubrirás la esperanza y el propósito.

## *7 de diciembre*

# SALIENDO VICTORIOSO

2 Corintios 10:4

Las armas con las que luchamos no son las armas del mundo. Por el contrario, tienen poder divino para derribar fortalezas.

Salmo 21:11

Aunque tramen el mal contra ti y urdan planes malvados, no podrán prevalecer.

El Padre está diciendo que muchos de ustedes están saliendo de una temporada de intensa guerra. Puede que haya parecido una batalla cuesta arriba sin fin, pero la guerra se ha ganado. He estado con ustedes en cada momento, guiándolos y apoyándolos. Pronuncien las promesas de Dios en su situación actual y observen cómo actúo en su nombre. Recuerden, la transformación no ocurre por la fuerza o el poder, sino por el Espíritu del Dios vivo.

Esta batalla y las circunstancias que la rodean están cambiando para mejor. Probé tu fe para fortalecerte, pero tú siempre has sido consciente de Mi presencia. Ahora te estás preparando para una nueva temporada, un nuevo nivel y una nueva dimensión de crecimiento. Estoy muy orgulloso de ti por mantenerte firme ante los ataques y por usar la armadura de Dios para defenderte.

Por fe, permanecemos unidos y reprendemos cada complot y cada plan del enemigo. Tú eres un guerrero en el reino espiritual, equipado y preparado para lo que venga.

# *8 de diciembre*

# ACEPTANDO TU IDENTIDAD REAL

2 Reyes 3:16

Y él dijo: "Esto es lo que dice el SEÑOR: Llenaré este valle de estanques de agua.

Efesios 3:20-21

Ahora bien, a aquel que es capaz de hacer mucho más de lo que pedimos o imaginamos, según el poder que obra en nosotros,[21] ¡a él sea la gloria en la iglesia y en Cristo Jesús por todas las generaciones, por los siglos de los siglos! Amén.

El Padre está diciendo: "Arregla tu corona, hija mía. ¡Eres hija o hijo de un Rey! Reconoce a quién perteneces en el nombre de Jesús". El Señor declara: "Haré que este lecho seco se llene de charcos". En momentos de debilidad, pide a mi Espíritu Santo que te llene. Cuando no estés seguro de qué orar, el Espíritu Santo intercederá con gemidos demasiado profundos para expresarlos con palabras. Él te guiará y te conducirá de maneras que no esperas. Anticipa lo inesperado, porque yo soy el Dios que supera tu imaginación. Siempre estoy contigo. Pon toda tu atención en mí, dice el Señor. Ata toda distracción y reprende todo ataque contra tu mente, tu familia, tu matrimonio y tu ministerio. La sangre de Jesús lo cubre todo en el nombre de Jesús.

# *9 de diciembre*

# ELEGIDO Y NOMBRADO

Deuteronomio 14:2

Porque tú eres un pueblo santo para el SEÑOR tu Dios. De entre todos los pueblos de la tierra, el SEÑOR te ha elegido para ser su posesión preciada.

Números 23:19

19 Dios no es humano, para mentir ni cambiar de parecer. ¿Acaso habla y luego no actúa? ¿Promete y no cumple?

El Padre está diciendo que has sido apartado como santo para el Señor tu Dios. Él te ha elegido de entre todas las naciones de la tierra para ser Su tesoro especial. Has sido llamado y designado para un tiempo como este. Si has estado buscando confirmación, aquí la tienes: Yo te he llamado y te he cualificado. No importa lo que digan tus enemigos; lo que Yo, el Señor, he dicho se cumplirá en el nombre de Jesús. Recuerda, Dios no es un hombre para que mienta, ni un hijo de hombre, para que cambie de opinión. ¿Acaso ha dicho Él algo y no lo hará? ¿O ha hablado Él y no lo cumplirá? Alégrate, porque Dios está luchando activamente por ti y actuando en tu nombre en el nombre de Jesús.

## *10 de diciembre*

# Renueva tu mente y tu corazón

Efesios 4:31

Deshazte de toda amargura, ira y enojo, peleas y calumnias, junto con toda forma de malicia.

El Padre nos dice que dejemos atrás todas las mentalidades dañinas. Reemplaza todos los pensamientos negativos con una petición al Espíritu Santo para que desmantele toda influencia demoníaca y renueve tu mente. Busca la guía del Espíritu Santo para limpiar tu corazón de la injusticia, eliminando la amargura, la ira, la rabia, las peleas, la calumnia y toda forma de malicia. Estas cosas malas no son de Él, sino del enemigo, y deben ser quemadas con el fuego del Espíritu Santo en el nombre de Jesús. En su lugar, abraza el fruto del Espíritu: amor, alegría, paz, paciencia, amabilidad, generosidad, fidelidad, mansedumbre y dominio propio. Al hacerlo, experimentarás un crecimiento personal, y el Espíritu Santo te ayudará a dar mucho fruto en el nombre de Jesús.

## *11 de diciembre*

# CONFIANZA PLENA EN EL PADRE

Proverbios 3:5

Confía en el SEÑOR con todo tu corazón y no te apoyes en tu propio entendimiento.

El Padre está diciendo: "Confía en mí con todo tu corazón, mente y alma". No hay lugar para las dudas. Entiendo tu lucha por confiar en mí, así que te insto a que confíes en mí por completo y no te bases en tu propio entendimiento. En todos tus caminos, sométete a mí, y yo enderezaré tus sendas. Es hora de que pongas tu confianza en mí con respecto a ese trabajo, al hijo que está perdido en la adicción, al matrimonio problemático o a la relación que parece no tener esperanza. Hay esperanza para cada situación. Quédate quieto y confía en mí con todo tu corazón, mente y alma. Es hora de hablar menos y actuar más por mi reino. Recuerda, sin fe es imposible complacerme. Cualquiera que venga a mí debe creer que existo y recompensaré a aquellos que me buscan sinceramente.

# *12 de diciembre*

# CONFIAR MIENTRAS ESPERAS

Juan 16:33

“Les he dicho estas cosas para que en mí tengan paz. En este mundo tendrán aflicciones, pero ¡ánimo! Yo he vencido al mundo”.

Romanos 8:37

No, en todas estas cosas somos más que vencedores por medio de aquel que nos amó.

1 Juan 4:4

Queridos hijos, ustedes son de Dios y los han vencido, porque el que está en ustedes es más grande que el que está en el mundo.

El Padre dice: “Apóyate en Mi presencia mientras Me esperas”. Esperar en Mí es un acto de confianza. Me deleito en ver a Mis hijos confiar en Mí de todo corazón y no depender de nada ni de nadie más que de Mí. No tengo nada que ver con los ídolos ni con las cosas mundanas. Aunque el enemigo engaña a muchos, tú, amado, tienes Mi Espíritu Santo y darás fruto en Mi nombre. Recibirás todo lo que pidas en mi nombre, con fe y creencia en que yo soy el único Dios verdadero. Conmigo, todas las cosas son posibles. Incluso una fe tan pequeña como un grano de mostaza puede mover montañas. Conmigo puedes superar cualquier cosa, ya sea un trabajo, una adicción, lograr el éxito, o ganar una lucha oculta que sólo yo conozco y veo. Pide a mi Espíritu Santo que purgue todo lo que no sea de Mí, en el nombre de Jesús.

## *13 de diciembre*

# OFRECER TUS PRIMEROS FRUTOS

Proverbios 3:9-10

Honra al SEÑOR con tus riquezas, con los primeros frutos de todas tus cosechas; [10] entonces tus graneros se llenarán hasta rebosar, y tus bodegas rebosarán de vino nuevo.

Malaquías 3:10

Traigan todo el diezmo al almacén, para que haya alimento en mi casa. Pruébenme en esto", dice el SEÑOR Todopoderoso, "y vean si no abro las compuertas del cielo y derramo tantas bendiciones que no habrá lugar suficiente para almacenarlas.

El Padre está diciendo: "Tráiganme sus primicias. Yo soy su proveedor, Jehová Jireh. Dios proveerá". Honren al Señor con sus riquezas y con las primicias de todos sus productos. Al hacerlo, sus graneros se llenarán de abundancia y sus cubas rebosarán de vino nuevo. Reconozcan que cualquier ingreso que reciban es una bendición del cielo. Sé un dador alegre, trayendo el diezmo completo al almacén para que haya comida en mi casa. Ponme a prueba en esto, dice el Señor de los ejércitos, y ve si no abro las ventanas del cielo y derramo una bendición hasta que no haya más necesidad. Regocíjate en la promesa de abundancia, porque es un faro de esperanza y optimismo.

# *14 de diciembre*

# Avanzando con Dios

Isaías 43:18-19

"Olvida lo pasado, no te detengas en ello. [19] ¡Miren, estoy haciendo algo nuevo! Ahora brota; ¿no lo ven? Estoy abriendo un camino en el desierto y ríos en la tierra baldía.

Genesis 19:26

Pero la mujer de Lot miró atrás y se convirtió en una estatua de sal.

El Padre está diciendo: "No mires atrás. El enemigo utilizará tu pasado para impedirte avanzar hacia las cosas buenas y los planes que Dios tiene para ti". Evita ser como la mujer de Lot, que, por desobediencia, miró atrás y se convirtió en una estatua de sal. No vuelvas a las viejas costumbres, mentalidades o personas de las que Dios te ha liberado. Olvida las cosas pasadas y no te detengas en el pasado. En cambio, fija tu mirada hacia adelante, con Dios como tu enfoque y prioridad. Él te guiará y te instruirá en el camino que debes seguir.

## *15 de diciembre*

# EL MEJOR AYUDANTE

Salmo121:1

Alzo mis ojos a las montañas: ¿de dónde vendrá mi socorro?

Salmo 3:3

Pero tú, SEÑOR, eres un escudo a mi alrededor, mi gloria, el que levanta mi cabeza.

El Padre está diciendo que Él es el ayudante definitivo. Concéntrate en Su presencia y encontrarás la fuerza que necesitas para cualquier situación, problema o circunstancia. Todo lo que necesitas se encuentra en Él. Encontrarás plenitud en Él si sientes alguna carencia. Todos los deseos de tu corazón se satisfacen sólo a través de Él. El amor y la plenitud que buscas están en Él. Si te falta el amor de un padre o un amigo, recuerda que Él es ahora tu Padre. Él promete amarte incondicionalmente y nunca abandonarte ni dejarte. Él siempre está aquí con los brazos abiertos, esperándote, su amado. Levanta tus ojos y pregunta de dónde viene tu ayuda: del Señor, el creador del cielo y de la tierra. De hecho, el que vela por Israel no dormirá ni dormitará. No hay otro ayudador sino el que nos creó.

## *16 de diciembre*

# ACEPTANDO NUEVOS COMIENZOS

Malaquías 3:10-11

Traigan todo el diezmo al almacén, para que haya alimento en mi casa. Pruébenme en esto", dice el SEÑOR Todopoderoso, "y vean si no abro las compuertas del cielo y derramo tantas bendiciones que no habrá lugar suficiente para almacenarlas.[11] Impediré que las plagas devoren sus cosechas, y las vides de sus campos no perderán su fruto antes de madurar, dice el SEÑOR Todopoderoso.

Isaías 43:19

¡Miren, estoy haciendo algo nuevo! Ahora brota; ¿no lo ven? Estoy abriendo un camino en el desierto y ríos en la tierra baldía.

El Padre está diciendo: "Estoy haciendo nuevas todas las cosas. Fuera lo viejo y dentro lo nuevo. ¡Miren, estoy haciendo algo nuevo!" Esto podría ser un nuevo trabajo, una nueva relación o una oportunidad que han estado esperando. Ahora está surgiendo, ¿no lo perciben? Estoy abriendo un camino en el desierto y ríos en la tierra baldía. Estoy creando un camino donde parece que no existe ninguno. En lugar de distraerte, mira hacia mí, de donde viene tu ayuda. Estoy abriendo puertas a nuevas oportunidades, trabajos y relaciones. ¿No lo percibes, mi amado? Estoy haciendo que todas las cosas obren para tu bien. Pídele a mi Espíritu Santo que te revele estas nuevas oportunidades y verás si no abro las compuertas del cielo y derramo tantas bendiciones que no tendrás espacio para contenerlas".

## *17 de diciembre*

# Renovado en Su Gracia

2 Corintios 12:9

Pero él me dijo: "Mi gracia te basta, porque mi poder se perfecciona en la debilidad". Por lo tanto, me gloriaré aún más gustosamente en mis debilidades, para que el poder de Cristo repose sobre mí.

Malaquías 3:6

"Yo, el SEÑOR, no cambio. Por eso, ustedes, descendientes de Jacob, no serán destruidos.

El Padre está diciendo: "Escucha, hijo mío, no te desanimes. Yo, tu Padre, estoy trabajando diligentemente en todas las cosas para tu bien. Recuerda arrepentirte cada vez que te des cuenta de que has cometido un error". Vuelve a mí, amado mío, porque estoy trabajando constantemente y renovando las cosas para ti. Yo, el Señor, no cambio; por lo tanto, ustedes, hijos míos, no son consumidos. El cambio es lo único constante, pero no espero que sean perfectos, como yo soy perfecto. Busquen mi rostro, y yo los llenaré con mi presencia. Rechacen todos los ataques del enemigo, y él huirá de ustedes. En el nombre de Jesús, mi gracia es suficiente para ustedes, porque mi poder se perfecciona en la debilidad.

*18 de diciembre*

# GUIADOS POR SU MIRADA AMOROSA

Salmo 32:8

Te instruiré y te enseñaré el camino que debes seguir; te aconsejaré con mi mirada amorosa puesta en ti.

Proverbios 24:16

Porque aunque los justos caigan siete veces, se levantan de nuevo, pero los malvados tropiezan cuando llega la calamidad.

El Padre está diciendo: "Te instruiré y te enseñaré el camino que debes seguir; te aconsejaré con mi mirada amorosa sobre ti". No hay necesidad de esforzarse ni de comparar tu viaje único con el de los demás. El Espíritu Santo, tu defensor, te guiará y te instruirá en todos tus caminos. Algunos de ustedes se han esforzado y han comparado sus vidas con las de los demás, pero eso es innecesario. Estás exactamente donde quiero que estés. Aunque hayas tropezado, te has levantado y lo has vuelto a intentar. Mi fuerza está dentro de ti. Confía solo en mí, mi amado. Eres perfecto a mis ojos. Una persona justa puede caer siete veces y levantarse de nuevo, pero los malvados tropiezan en el desastre y se derrumban.

# *19 de diciembre*

# Vivir en Su presencia

Salmo 38:8

Estoy débil y completamente abatido; mi corazón gime con angustia.

Salmo 95:1-7

Vengan, cantemos con alegría al SEÑOR; clamemos con fuerza a la Roca de nuestra salvación. 2 Presentémonos ante él con acción de gracias y exaltémoslo con música y canto. 3 Porque el SEÑOR es el gran Dios, el gran Rey por encima de todos los dioses. 4 En su mano están las profundidades de la tierra, y las cimas de los montes le pertenecen. 5 Suyo es el mar, pues él lo hizo, y sus manos formaron la tierra firme. 6 Vengan, postrémonos en adoración, arrodillémonos ante el SEÑOR, nuestro Creador; 7 porque él es nuestro Dios y nosotros somos el pueblo de su pasto, el rebaño bajo su cuidado. Hoy, si tan solo escucharan su voz,

El Padre nos dice que seamos conscientes en todo momento de Su presencia. Él está contigo dondequiera que vayas, hablándote cada día a través de las Escrituras, los sueños e incluso la naturaleza. Él es el único Dios, y en Él encontrarás todo lo que necesitas. Si alguna vez sientes que te falta algo, recuerda que lo encontrarás en Él. Él llevará a cabo Sus planes para ti y cumplirá Su propósito para tu vida. Su amor inquebrantable perdura para siempre. No abandones la obra de Sus manos en todo lo que hagas. Da gracias en Él, porque solo Él es digno de alabanza.

## *20 de diciembre*

# ADORACIÓN EN CADA ESTACIÓN

Job 1:20-21

Entonces Job se levantó, rasgó su manto y se afeitó la cabeza. Luego se postró en tierra en señal de adoración [21] y dijo: "Desnudo salí del vientre de mi madre, y desnudo partiré. El SEÑOR dio, y el SEÑOR quitó; sea bendito el nombre del SEÑOR".

1 Corintios 15:19

Si sólo en esta vida tenemos esperanza en Cristo, somos los más dignos de compasión de todos los hombres.

El Padre está diciendo: "Adórenme en todas las cosas". Ya sea en los buenos o en los malos momentos, soy digno de su alabanza. No me pierdan de vista. Soy fiel e inmutable. Así como Job respondió en sus pruebas rasgando su túnica, afeitándose la cabeza y postrándose en adoración, diciendo: "Desnudo salí del vientre de mi madre, y desnudo partiré. El Señor dio y el Señor quitó; sea bendito el nombre del Señor", así también tú debes permanecer firme. Aunque te sientas abrumado, mantén tus ojos fijos en mí y confía en que yo te fortaleceré y te daré esperanza en todas las circunstancias. Independientemente de cómo se vean las cosas, yo tengo la última palabra en todo y soy tu esperanza.

## *21 de diciembre*

# Encontrar descanso en Él

1 Pedro 5:7

Deposita toda tu ansiedad en él, porque él cuida de ti.

Mateo 11:28

"Vengan a mí todos los que están cansados y agobiados, y yo les daré descanso.

El Padre está diciendo: "Sé que estás enfrentando presiones en la vida, el matrimonio y el trabajo, pero recuerda mantenerte enfocado en mí con todo tu corazón". Algunos de mis hijos tienden a desviarse y a sentirse abrumados por las cargas, pero estas nunca fueron destinadas para que las llevaran. Pon toda tu ansiedad en mí, porque yo cuido de ti. Deja todo a los pies de Jesús y deja que él levante tus cargas. Vengan a mí todos los que están cansados y agobiados, y yo les daré descanso. Tomen mi yugo sobre ustedes y aprendan de mí, porque soy manso y humilde, y encontrarán descanso para sus almas. Mi yugo es fácil y mi carga es ligera.

*22 de diciembre*

# ACEPTANDO MIS PLANES

Isaías 48:8

No has oído ni entendido; desde hace tiempo tus oídos permanecen cerrados. Yo sé bien cuán traicionero eres; desde que naciste fuiste llamado rebelde.

Jeremías 29:11

Porque yo sé los planes que tengo para ustedes" declara el SEÑOR, "planes de prosperidad y no de calamidad, planes de darles un futuro y una esperanza.

El Padre está diciendo: "Sí, te revelaré cosas completamente nuevas que nunca antes has oído". Entiendo tu naturaleza rebelde, ya que has sido rebelde desde que naciste. Sin embargo, incluso antes de que nacieras, yo ya conocía mis planes para ti. Puede que no siempre hayas entendido o considerado estos planes, pero yo siempre he pensado en ti y te he amado. Sé que has cometido errores y no espero que seas perfecto, pero te pido que confíes en mí y en mis planes para tu vida. Porque yo sé los planes que tengo para ti, declara el Señor, planes de prosperidad y no de calamidad, planes de darte un futuro y una esperanza.

## *23 de diciembre*

# SOBRE UNA BASE SÓLIDA

Romanos 15:13

Que el Dios de la esperanza los llene de toda alegría y paz al confiar en él, para que rebosen de esperanza por el poder del Espíritu Santo.

Salmo 33:20-22

Esperamos confiados en el SEÑOR; él es nuestra ayuda y nuestro escudo. [21] En él se regocija nuestro corazón, porque confiamos en su santo nombre.[22] Que tu amor inquebrantable esté con nosotros, SEÑOR, mientras ponemos nuestra esperanza en ti.

El Padre está diciendo: "Yo soy el fundamento firme sobre el que te apoyas. Nada ni nadie es tan fuerte como yo. Nunca te fallaré ni te abandonaré". Que el Dios de la esperanza te llene de alegría y paz en la fe, para que reboses de esperanza por el poder del Espíritu Santo. Confía en mí con todo tu corazón; no limites tu confianza a las cosas o personas que prefieres, pon todo en mis manos. Están mejor en las mías que en cualquier otro lugar. Ponemos nuestra esperanza en el Señor. Yo soy tu protector y tu ayuda. Puedes alegrarte porque confías en mi santo nombre. Que mi amor inquebrantable esté contigo mientras sigues esperando en mí".

# *24 de diciembre*

# CONFÍA EN MI PROPÓSITO

Romanos 8:28

Y sabemos que en todas las cosas Dios obra para el bien de aquellos que lo aman, que han sido llamados según su propósito.

Hechos 17:26

De un solo hombre hizo todas las naciones, para que habitaran toda la tierra, y determinó los tiempos señalados en la historia y los límites de sus territorios.

El Padre está diciendo: "Sabemos que, en todas las cosas, Dios obra para el bien de aquellos que le aman y son llamados según Su propósito". Sepan y crean que Yo soy Dios, el gran YO SOY. Confía en mí con todo tu corazón, mente y alma. Estoy trabajando para restaurar familias y liberar a los que están atados por la adicción. Estoy rompiendo las cadenas de la esclavitud en el nombre de Jesús. Incluso las pequeñas preocupaciones que tienes están ahora en mis manos, ya que me las has entregado. Entiendo que las cosas pueden parecer que se mueven rápidamente, pero esta es mi voluntad para tu vida. Confío en ti con lo que te he dado y no te decepcionaré.

*25 de diciembre*

# Elegidos para dar fruto duradero

Juan 15:16

No me eligieron ustedes a mí, sino que yo los elegí a ustedes y los comisioné para que vayan y den fruto, fruto que perdure, y para que todo lo que pidan al Padre en mi nombre, él se los dé.

Juan 3:16

Porque Dios amó tanto al mundo que dio a su Hijo unigénito para que todo aquel que cree en él no perezca, sino que tenga vida eterna.

El Padre está diciendo: "No me escogieron ustedes a mí, sino que yo los escogí a ustedes y los designé para que vayan y den fruto, un fruto que perdure". Todo lo que pidan en mi nombre, el Padre se lo concederá. Hoy no se trata de sus dones ni del dinero que tienen en su cuenta bancaria. Se trata de mi Hijo, a quien envié al mundo. Porque Dios amó tanto al mundo que dio a su Hijo único, para que todo aquel que cree en él no perezca, sino que tenga vida eterna. Yo morí para que pudieras ser liberado, rescatado y sanado. Así de profundo es mi amor por ti. No conocerás un amor más grande. Alégrate y regocíjate hoy y todos los días, porque yo estoy en ti y tú estás en mí.

*26 de diciembre*

# ENCONTRAR ALEGRÍA EN LAS PRUEBAS

Santiago 1:2-3

Consideren como un gran gozo, hermanos míos, cuando se enfrenten a diversas pruebas, 3 porque saben que la prueba de su fe produce perseverancia.

Isaías 43:2

Al cruzar las aguas, yo estaré contigo; al cruzar los ríos, no te cubrirán sus aguas. Al caminar por el fuego, no te quemarán; las llamas no te abrasarán.

El Padre está diciendo: "Te enfrentarás a pruebas; es de esperar. Consideren como un gran gozo, hermanos y hermanas, cuando se enfrenten a pruebas de todo tipo, sabiendo que la prueba de su fe produce perseverancia". Entiendo que se sientan abrumados, pero eso es una mentira del infierno. Rechacen cada ataque del enemigo. Yo los fortaleceré y los guiaré a través del fuego. Cuando pasen por las aguas, estaré con ustedes, y cuando crucen los ríos, no los arrastrarán. Cuando caminen por el fuego, no se quemarán; las llamas no los consumirán.

# *27 de diciembre*

# El llamado a la obediencia

1 Samuel 15:22

Pero Samuel respondió: "¿Acaso el SEÑOR se complace tanto en los holocaustos y sacrificios como en la obediencia al SEÑOR? Obedecer vale más que sacrificar, y escuchar es mejor que la grasa de los carneros.

Efesios 4:27

y no le den cabida al diablo.

El Padre está diciendo: "La obediencia es más importante que el sacrificio". Si te he dicho que no hagas algo, ya sea a través de un sueño o de Mi palabra, presta atención a Mi guía. Algunos problemas han surgido debido a la desobediencia, alejándote de Mi voluntad para tu vida. Cuando desobedeces, le abres la puerta al enemigo. Arrepiéntete y vuelve tu corazón hacia Mí. Pide al Espíritu Santo sabiduría y gracia, porque Mi gracia es suficiente. No te obsesiones con tus errores; Yo soy un Dios de amor y gracia que perdona. Perdónate a ti mismo y sigue adelante conmigo. Samuel dijo: "¿Acaso el Señor se complace tanto en los holocaustos y sacrificios como en la obediencia a la voz del Señor? Obedecer es mejor que sacrificar, y escuchar es mejor que la grasa de los carneros".

## *28 de diciembre*

# PAZ EN LA TORMENTA

Marcos 4:39

Tan pronto como el grano está maduro, él pone la hoz en él porque ha llegado la cosecha.

Josué 1:9

¿No te lo he mandado? Sé fuerte y valiente. No temas ni te desanimes, porque el SEÑOR tu Dios estará contigo dondequiera que vayas.

El Padre está diciendo: "Sé que estás enfrentando una tormenta, ya sea una enfermedad, una dificultad o una prueba de tu fe". Quédate tranquilo y recuerda que yo soy Dios. Así como Jesús reprendió al viento y le dijo al mar: "Calla, quédate tranquilo", y la tormenta se calmó, tú también puedes ordenar la sanidad de tu cuerpo, la restauración de tu matrimonio y la libertad de la adicción. Pídele al Señor que aumente tu fe en cada circunstancia. Si estás desanimado y te preguntas por qué estás pasando por esto, recuerda que yo te estoy fortaleciendo. ¿No te he ordenado que seas fuerte y valiente? No temas ni te desanimes, porque el Señor tu Dios está contigo. Esta es mi orden: no temas.

## *29 de diciembre*

# UNA CORONA DE ESPLENDOR

Isaías 62:3-10

Serás una corona de esplendor en la mano del SEÑOR, una diadema real en la mano de tu Dios. [4] Ya no te llamarán "Abandonada", ni llamarán a tu tierra "Desolada". Te llamarán "Mi deleite" y a tu tierra "Mi esposa", porque el SEÑOR se deleitará en ti y tu tierra se casará. [5] Como un joven se casa con una joven, así tu Constructor se casará contigo; como un novio se regocija por su novia, así tu Dios se regocijará por ti. He puesto centinelas en tus murallas, Jerusalén; nunca callarán, ni de día ni de noche. Ustedes, los que invocan al SEÑOR, no se den descanso, [7] y no le den descanso a él hasta que establezca a Jerusalén y la convierta en la alabanza de la tierra. El SEÑOR ha jurado por su diestra y por su brazo poderoso: "Nunca más daré tu grano como alimento a tus enemigos, y nunca más los extranjeros beberán el vino nuevo por el que has trabajado; [9] sino que los que lo cosechan lo comerán y alabarán al SEÑOR, y los que recogen las uvas lo beberán en los atrios de mi santuario". [10] ¡Pasen, pasen por las puertas! Preparen el camino para el pueblo. ¡Construyan, construyan la carretera! Quiten las piedras. Levanten un estandarte para las naciones.

Malaquías 3:12

"Entonces todas las naciones te llamarán bendita, porque tu tierra será una tierra encantadora", dice el Señor Todopoderoso.

El Padre está diciendo: "Serás una corona de esplendor en la mano del Señor, una diadema real en la mano de tu Dios". Eres valioso y apreciado. Algunos de Mis hijos se sienten indignos de Mi amor, pero eso es una mentira del infierno.

No te dejes llevar por emociones pasajeras. En cambio, pide al Espíritu Santo que sane tus heridas traumáticas. En Mi presencia, recordarás Mi amor inmutable por ti. Nunca cambiaré de opinión acerca de ti. Todo lo que necesites, tu Padre celestial te lo dará. Todas las naciones te llamarán bendito, porque tu tierra será una tierra deliciosa, dice el Señor Todopoderoso.

## *30 de diciembre*

# Honrando a los fieles

Proverbios 31:28-31

Sus hijos se levantan y la llaman bienaventurada; también su marido, y él la alaba: [29] "Muchas mujeres hacen cosas nobles, pero tú las superas a todas". [30] El encanto es engañoso y la belleza es pasajera, pero la mujer que teme al SEÑOR es digna de alabanza. [31] Hónrenla por todo lo que han hecho sus manos, y que sus pobras le traigan alabanza a la puerta de la ciudad.

Éxodo 14:21

Entonces Moisés extendió su mano sobre el mar, y toda aquella noche el SEÑOR hizo retroceder el mar con un fuerte viento del este y lo convirtió en tierra seca. Las aguas se dividieron,

El Padre dice: "Sus hijos se levantan y la llaman bienaventurada; también su marido, y él la alaba: Muchas mujeres hacen cosas nobles, pero tú las superas a todas. El encanto es engañoso y la belleza es pasajera, pero la mujer que teme al Señor es digna de alabanza. Hónrenla por todo lo que han hecho sus manos, y que sus pobras le traigan alabanza a la puerta de la ciudad. Amado mío, siempre estoy trabajando en tu vida, atendiendo cada detalle. No hay nada que yo no sepa o vea. Estoy muy orgulloso de tu crecimiento espiritual. Sigue confiando plenamente en mí y continúa permitiéndome ser el Señor de tu vida. Observa cómo se rompen todas las barreras. En el nombre de Jesús, ya que me has hecho Señor sobre todo, me estoy preparando para separar el Mar Rojo en tu vida.

# *31 de diciembre*

# UN NUEVO AÑO PROMETEDOR

Jeremías 29:11

Porque yo sé los planes que tengo para ustedes" declara el SEÑOR, "planes de prosperidad y no de calamidad, planes de darles un futuro y una esperanza.

Salmo 65:11

Coronas el año con tu generosidad, y tus carros rebosan de abundancia.

El Padre dice: "A medida que este año llega a su fin, un nuevo año está a la vuelta de la esquina". No es ningún secreto que el enemigo te ataca desde todos los ángulos, tratando de frustrar tus planes y los míos para ti. Ningún diablo, demonio, bruja o brujo puede impedir los planes que he ordenado para tu vida, declara el Señor. Yo conozco mis planes para ti: prosperar y no hacerte daño, darte esperanza y un futuro. No dejes que el enemigo te engañe para que renuncies a tu bendición. Muchos de mis hijos pierden sus bendiciones al desanimarse cuando los resultados no llegan de inmediato. Recuerda, esto es un proceso y un viaje. Acepta todo lo que tengo para ti en el nuevo año. Corono este año con bondad y tus caminos rebosarán de abundancia"

# Acerca del autor

Mi nombre es Allison Velázquez. Soy discípula de Jesucristo de Nazaret. Amo al Señor con todo mi corazón, mente y alma.

Jesús me salvó la vida. Mi infancia no fue fácil; pasé por muchas cosas y enfrenté muchas dificultades. Sé que sin Dios no soy nada. Dios me salvó de mí misma. El Señor me salvó de la depresión, del suicidio y del miedo. En 2021, Dios me dio la visión de iniciar un podcast. Estoy en todas las plataformas: Facebook, Instagram, YouTube y TikTok. Unos meses más tarde, Él comenzó a mostrarme visiones de escribir un devocional profético de 365 días. Sea lo que sea a lo que te enfrentes, ten por seguro que nunca lo harás solo. Tienes un Padre celestial que te ama y siempre está contigo. Que el Señor te bendiga y te utilice, en el nombre de Jesús.

www.ingramcontent.com/pod-product-compliance
Lightning Source LLC
LaVergne TN
LVHW020646110826
845149LV00012B/1926

*9798993690261*